스마트 관광 도시

본 서는 2016년 대한민국 교육부와 한국연구재단의 지원을 받아 수행된 연구임(NRF-2016S1A3A2925146)

Smart Tourism City
Inclusive Innovation Platform

스마트 관광 도시
포용적 혁신의 플랫폼

| 정남호 외 지음 |

프롤로그

포용과 혁신이 가능한 도시, 어떻게 만들 것인가?

나는 여행을 좋아해서 시간만 나면 가족들과 국내외 여러 곳을 방문하곤 한다. 교통수단을 이용하는 것보다 걸어서 하는 여행을 특히 좋아하는데, 스마트폰이 생기기 전에는 어느 도시를 가더라도 지도를 이용했다. 지도가 없으면 어디가 어딘지 알 수 없어서 여행을 가면 관광 안내소를 찾아 지도부터 구하곤 했다. 그러다가 자동차용 내비게이션을 사용하면서부터는 내비게이션을 차에서 분리시켜서 들고 다녔고, 스마트폰이 생기면서부터는 스마트폰의 다양한 기능을 활용해 수월하게 길을 찾게 되었다.

스마트폰의 다양한 기능은 일상생활뿐 아니라 여러 산업전반에 걸쳐 영향을 미치고 있다. 관광산업계에도 변화의 바람이 불고 있다. 사람들은 더 이상 전화를 걸어서 항공권이나 호텔을 예매하지 않는다.

여행사에게 모든 일정을 맡기는 단체관광도 점점 줄고 있다. 스마트폰을 통해 많은 정보를 실시간으로 얻을 수 있게 된 사람들은 여행 준비부터 여행을 하는 과정 그리고 여행 이후의 시간을 스스로 통제하고 즐길 준비가 되어 있다.

텔레비전 너머로 보는 동유럽의 고풍스러운 멋진 성들이 더 이상 꿈에 그리는 공간이 아니며 시간과 예산만 더 사용할 수 있다면 이탈리아 중세 소도시까지 둘러보는 것도 큰 문제가 아니다. 여기에 함께 등장한 공유숙박과 살아보기 열풍은 관광지 중심 여행에서 벗어나 현지인과 같은 공간에서 그들의 삶을 체험하기를 강권하는 것처럼 보인다.

스마트폰으로 무장한 여행객들은 '공유숙박'이라는 이름으로 현지인들이 사는 곳에 깊숙하게 진입하고 있으며 이러한 공유숙박 이용객의 증가는 관광산업의 확산 이면에 또 다른 문제를 일으킨다. 현지인들의 삶의 공간이 관광객을 위한 숙박업소로 변하면서 임대료 문제 등으로 인해 현지인들이 더 이상 그들의 공간에 살지 못하는 문제가 발생하는 것이다. 유명 관광지에서는 이러한 문제가 더욱 두드러지게 나타나고 있는 실정이다.

통상적으로 국가가 도시를 설계할 때에는 적정한 인구를 고려해 도시의 기반시설을 설계하고 운영을 할 터인데, 수용가능 인원을 훨씬 능가하는 관광객 수가 유입되는 현상은 현지에 사는 주민들과 관광객 모두에게 큰 어려움으로 다가오고 있다.

편리함과 어려움이 공존하는 가운데 이미 많은 국가들이 삶의 질 향상이나 국가 경쟁력 강화를 기치로 스마트 도시(Smart City) 사업을 추진하고 있다. 스마트 도시는 정보기술을 이용해 도시 생활 속에서 유발되는 교통 문제, 환경 문제, 주거 문제, 시설, 비효율 등을 해결함으로써 시민들이 편리하고 쾌적한 삶을 누릴 수 있는 환경을 조성한다. 그런데 스마트 도시는 주로 해당 도시에 거주하고 있는 주민을 대상으로 하고 있기 때문에 관광객의 급속한 유입에 따른 문제를 해결하기에는 개념적으로 한계가 있다.

이 책에서 언급하고 있는 '스마트 관광 도시'는 스마트 도시라는 하드웨어적 기반에 거주민과 관광객의 조화로운 삶을 지향하는 소프트웨어적 측면을 가미한 새로운 개념이다. 이제 도시는 거주민만이 아니라 해당 지역을 방문하는 관광객까지 고려해야 한다. 관광객을 급격한 도시화를 야기하는 문제가 아니라 지자체의 도시 운영을 위한 최소 인원 확보 수단으로 본다면 새로운 기회라고도 할 수 있다.

본 서는 경희대학교 스마트관광연구소(strc.khu.ac.kr)의 SSK 스마트관광사업단 참여교수들이 그간의 연구에 기반을 두어 기술한 것이다. 관광과 정보기술의 결합이라는 단순한 접근에서 시작한 이 연구에서 지역 이해관계자들이 모두 협력해야만 이루어질 수 있는 생태계 구축이 필수적이라는 것을 깨닫게 되었다. 그 결과 관광과 정보기술이 어우러진 궁극의 생태계가 바로 스마트 관광 도시라는 결론에 도달했다. 스마트 관광 연구의 정점은 스마트 관광 도시에 있다고 해도 과언이 아닐 것이다.

스마트 관광 도시 연구는 이제 시작점에 서 있다. 2019년을 기점으로 경희대학교 스마트관광연구소는 데이터 경제에 기반하여 어떻게 혁신적인 일자리를 창출할 수 있을지, 스마트 관광 도시의 글로벌 확산은 어떻게 이룰 수 있을지, 지속가능발전목표(Sustainable Development

Goals: SDGs) 실천을 위한 스마트 관광 도시 정책수립은 어떻게 하는 게 좋은지, 그리고 스마트 관광 사례 데이터베이스 구축 및 유형별 모델 개발을 통한 컨설팅 실행은 어떻게 진행할 것인지에 대해 연구를 수행하고자 한다. 이러한 연구가 우리나라의 관광산업의 혁신적인 발전과 더불어 거주민이 관광객을 포용적으로 맞을 수 있는 기반을 마련하는 계기가 되었으면 한다.

바쁜 와중에서 기꺼이 시간을 내서 본서의 각 장을 집필해주신 교수님들께 이 지면을 빌려 다시 한번 감사의 말씀을 드리고 우리 스마트관광연구소의 석박사과정 학생들에게도 고마움을 표하고 싶다. 특히, 이러한 연구를 수행할 수 있도록 지원해준 한국연구재단에도 감사의 말씀을 드린다.

2019년 6월 저자들을 대신하여

스마트관광연구소장 정남호

차례

I

모빌리티와 관광, 그리고 스마트 도시

구 철 모 (경희대학교 컨벤션경영학과)

1. 스마트 도시[1]

도시를 스마트하게 한다는 것은 기존의 공공 인프라 시설에 디지털 인터페이스를 설치하는 것, 또는 도시를 편안하고 합리적으로 운영하는 것만을 의미하는 것이 아니다. 삶을 구성하는 데 필요한 모든 서비스와 문화 그리고 기술과 데이터가 결합해 삶의 질이 높아진 상태를 의미한다.

오늘날 우리는 기술이 할 수 있는 많은 것들로 인해 윤택하고 편리한 생활을 하고 있다. 인터넷 시대로 접어들면서 기술은 공간적 제약을 벗어난 가상의 네트워크 공간 속에서 상호작용하는 새로운 개념의 모빌리티를 만들어 내고 있다.

'새로운 모빌리티(New Mobilities)' 패러다임은 인간의 모든 장소가 실제로는 각각의 장소를 넘어 어떤 곳이든 가상과 물리적 네트워크에 묶여 있음을 의미하며, 도시 안에 거주하는 시민과 밖에서 도시를 방문하는 관광 소비자들이 관광지나 그 도시의 모빌리티를 공유하는 것이 한 가지 예이다. 모빌리티 패러다임은 실제로 모든 장소가 각각의 장소를 넘어 어떤 곳으로 계속 이동하고 상호작용하며, 새로움을 추구하고 공간이 물리적 네트워크에 묶여 있음을 강조한다. 따라서 새로운 패러다임은 21세기 스마트 도시라는 새로운 개념의 도시공간을 창출하고 있다. 급속하게 발전하고 있는 현재의 기술은 도시에 살고

---

1 본 내용은 구철모(2019)의 "스마트 관광 : 모빌리티와 관광, 그리고 스마트 도시" 연구에 기반하여 재구성한 것이다.

있는 우리의 삶을 접속(Connected)과 분리(Disconnected)의 연속과 비연속 선상에서 공간 안에 있으나 공간의 제약을 뛰어넘어 주거체계, 교통체계, 교통량, 교통 서비스, 음식 배달, 건강 서비스, 공공안전 경보 등의 다양한 정보에 접근하도록 한다. 이는 도시 밖에서 온 방문자들도 사용할 수 있도록 연동된 시스템으로 발전하고 있다.

스마트는 고통 속에서 새로운 것이 창조된다는 함의를 담고 있으며, 스마트 기술은 일을 수행하는 데 있어 귀찮거나 고통을 주는 과정을 좀 더 간편화하거나 제거하기 위해 고안된 것이다. 이와 같은 어원을 갖는 스마트가 특정 대상에 수식어로 붙으면 디지털 환경 내에서 이용이 쉽고 참여 가능한 효과적인 시스템을 갖추었다는 것을 뜻하게 된다. 스마트가 갖는 의미와 개념은 유비쿼터스(어디에나 있음)이며, 이는 어학적으로는 라틴어 '우비퀘(Ubique)'를 어원으로 한다. 사전적으로는 '동시에 어디에나 존재하는, 편재하는' 이라는 의미를 갖는 한편, 철학적으로는 신학 용어인 '옴니프리즌스(Omnipresence)'개념을 내포하며 '편재'와 같은 의미로 신께서 모든 곳에 계신다는 의미를 갖는다. 이와 같은 개념이 컴퓨터 기술과 접목되면서 시간이나 장소에 상관없이 네트워크로 연결된 정보통신망을 통해 다양한 정보통신서비스를 활용할 수 있는 개념으로 발전했다. 또한 '배우고, 이해하고, 합리적인 결정을 할 수 있는 능력'이라는 지능의 사전적 의미를 내포하고 있다. 사전적 의미에서만 본다면 지능은 스마트와 비슷한 의미를 갖는다. 하지만 넓은 의미에서 지능은 이해능력뿐만 아니라 경험에서 얻을 수 있는 이익을 바탕으로 지식을 습득하고 그것을 지속적으로 활용하여 새로운 상황에서 신속하게 대응하는 능력을 의미한다. 즉, 지능(Intelligence)의 개념은 광의의 스마트 개념을 포함하고 있으며 클라우드 컴퓨팅, 빅데이터의 등장, 네트워크의 활성화, 인공지능 알고리즘의 발전으로 보다 역동적이며 혁신적인 개념으로 확산되었다.

스마트 도시라는 개념은 다음의 세 가지 특징을 구성한다. 첫째, 도시 안의 네트워크가 상호 간에 연결되어 기술과 데이터가 도시의 경쟁력을 높이고, 효율성과 효과성을 최적화할 수 있는 도시에 관한 데이터를 지속적으로 수집해 분석하고 배포해야 한다. 둘째, 공통의 정의와 표준을 수립하여 도시에 관한 데이터와 정보를 상호 공유하며 이를 쉽게 재이용할 수 있도록 한다. 셋째, 종합적 관점에서 도시의 다양한 문제에 관한 해결책을 제공할 수 있도록 다기능적으로 작용해야 한다. 스마트 도시는 인간이 삶을 영위해 나가는 데 있어 도시의 다양한 서비스 및 상업적인 활동을 포함한 도시민의 욕구에 인공지능적으로 응답할 수 있는 능력을 갖춘 도시로 정의된다. 스마트 도시는 스마트 인프라스트럭처(infrastructure)를 구축하는 것만이 아니라 스마트 정부, 스마트 시민, 스마트 경제, 스마트 환경, 스마트 삶과 같이 도시 생태계를 구성하는 각 요소를 하나로 연결하는 사상이다.

〈그림 1〉은 스마트 도시의 구성을 개념과 활동들에 대한 소개이다.

〈그림 1〉 스마트 도시의 핵심적 요소

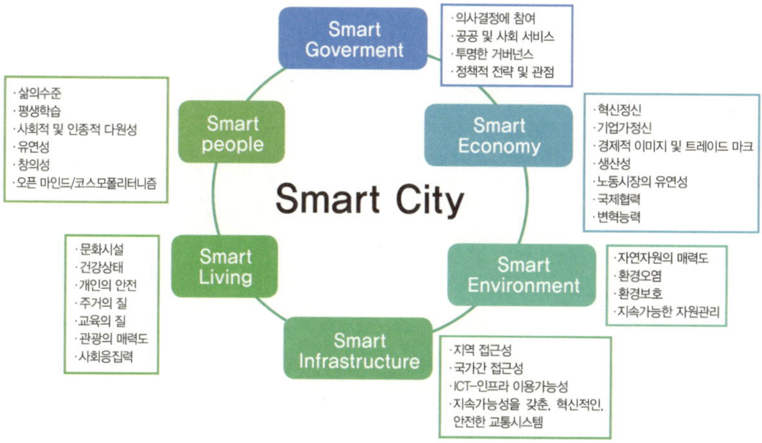

출처: 구철모 · 정남호, 2019

이와 같은 스마트 도시의 요소들은 초연결(Hyper-Connected), 초지능(Hyper-Intelligence)의 특성을 갖고 있으며, 사물인터넷(Internet of Things: IoT), 빅데이터, 인공지능(Artificial Intelligence: AI), 가상현실(Virtual Reality: VR) 등의 기술을 기반으로 도시 전반에 변혁을 가져오고 있다.

예를 들어, 스마트 도시의 다양한 교통 시스템과 기술들을 살펴보자(Mckinsey Global Institute, 2018). 스마트 모빌리티 애플리케이션은 도시별로 밀도와 기존에 보유하고 있는 대중교통의 인프라, 시민들의 통근 패턴과 앱과 연결하여 스마트하게 공간을 활용하고 사용편리성을 증가시킨다.

· **실시간 대중교통 정보 제공 :** 비공식적인 대중교통 시스템을 포함한 모든 대중교통의 도착 및 출발 시간에 대한 정보를 실시간으로 제공한다.

- **디지털 대중교통 지불 시스템** : 선불 및 빠른 탑승을 허용하는 대중교통 수단 디지털 및 터치리스 지불 시스템으로, 스마트 카드 및 모바일 결제가 포함된다.
- **자율주행 자동차** : 센서 및 자율주행 소프트웨어가 장착된 차량으로, 자율주행이 가능하다.
- **교통 관련 인프라 수요 예측 및 유지보수** : 대중교통과 관련한 도로, 교량 등의 인프라 상태를 센서 기반으로 모니터링하여 고장 및 장애가 발생할 시기를 예측할 수 있으며, 그에 맞는 유지관리가 가능하다.
- **지능형 교통신호** : 교통 신호등을 제어해 전반적인 교통 흐름을 개선함으로써 도로의 혼잡을 감소시키고, 그에 따라 차량이 정지하고 이동하는 빈도가 감소한다. 비상차량, 공공버스 등에 이동 우선권을 부여하는 교통 신호등 제어 선점기술을 포함한다.
- **혼잡성에 따른 가격 탄력 책정** : 특정 지역에서 개인 자동차 사용료, 수요가 많은 시간대 등에 따라 수수료를 부과하자 교통 혼잡이 감소했다.
- **수요에 근거한 이동 수단** : 자동차나 택시, 버스와 같은 교통수단을 앱(APP)을 통해 예약해 원하는 장소에서 타고 내릴 수 있는 서비스를 제공한다. 기존 대중교통 경로를 보완하며 과거의 수요패턴을 활용하여 경로, 차량 크기, 주행빈도를 결정한다.
- **스마트파킹**(smartparking) : 운전자에게 주차 가능한 공간을 직접 알려주는 시스템으로, 다양한 수수료를 통해 도시 혼잡성 및 수요에 영향을 줄 수 있다.
- **E-hailing** : 모바일 디바이스를 통해 목적지와 출발지를 설정하여 운송수단을 직접 부르는 시스템으로, 차량의 활용도를 높이고 이를 위해 실시간 지역별 수요를 최적화하여 호환 가능한 노선을 제공한다. 별도로 호출되는 매칭을 포함한다.
- **자동차 공유 시스템** : 차량 소유 없이 차량을 단기간 사용할 수 있는 시스템으로, 대여 장소 기반으로 단 방향, 개인과 개인 간의 거래를 중개해주는 플랫폼을 통해 이용 가능하다.
- **자전거 공유 시스템** : 도킹허브 또는 프리플로팅(Free-floating)방식의 공공

자전거로 대중 교통이용 및 개인 자전거 보유에 대한 대안을 제공한다. 사람들이 이용하고자 하는 곳까지 대중교통이 연결되어 있지 않을 때, 출발지와 도착지를 자전거를 통해 이동할 수 있다.

- **통합된 다양한 정보** : 다양한 방면으로 가격, 시간 및 차량 옵션의 가용성에 대한 정보를 실시간 제공한다.
- **소포 로드 풀링**(Parcel Load Pooling) : 이용 가능한 트럭을 수요와 매칭해 공급함으로써 택배 및 우편 등의 전달을 위한 차량 활용도를 극대화. 운송 횟수를 줄이고 불필요한 트럭의 이동을 최소화한다.
- **스마트 택배함** : 모바일 디바이스로 전송된 개별 접근 코드를 이용하여 택배 등을 픽업할 수 있는 현장 드롭박스가 가능하도록 한다.

이용 빈도가 높은 대중교통 시스템을 갖춘 도시는 실시간으로 업데이트되는 정보를 통해 교통수단으로서 뿐만 아니라 도시 관광객들의 레저 목적으로도 활용될 수 있다.

예를들면, 산탄데르 사이클(Santander Cycles)로 런던에서 30분 안에 자전거로 한 정거장을 이동할 경우 24시간 기준 2파운드로 공유자전거를 빌려서 탈 수 있는 대중교통 서비스이다. 런던 전역 750개의 정거장에 11,500개 이상의 자전거가 준비되어 있다. 영국 런던의 산텐데르 자전거의 사례를 살펴보면, 우선 도시 전체적으로 자전거 도로가 잘 정비되어 있고, 자전거를 빌리기 쉽게 시스템이 구축되어 있다. 산텐데르 자전거는 자전거 대여소에서 2파운드를(3천원) 결제하면 24시간 동안 자전거를 탈 수 있다. 해외에서 사용할 수 있는 비자나 마스터 카드만 있으면 간단하게 자전거를 빌리는 모든 과정이 10분 안에 해결된다. 스마트폰 앱 등을 통해 간편하게 카드결제가 가능하며 대여와 반납도 도킹식으로 간단하게 해결할 수 있다.

〈그림 2〉 스마트 관광 도시 (예: 런던 공유자전거 산탄데르 자전거)

또한, 런던 시내 대학 및 거리에 설치된 자동 주차시스템은 동전을 이용하는 전통적인 방식과 전화 그리고 스마트 앱(APP)을 이용한 사용자 편의를 주는 옵션을 제공하고 있다(〈그림 3〉 참조).

〈그림 3〉 스마트 관광 도시 (예: 서리대학교 스마트 파킹 시스템)

다양한 스마트 도시의 모빌리티는 스마트 도시를 살아가는 사람들에게 뿐만 아니라 방문자와 관광객에게도 같은 이점으로 제공되어야 한다. 관광산업적인 측면에서 핵심적인 인프라를 담당하고 있는 호텔, 관광지, 교통, 그리고 음식 산업은 하나의 커다란 모빌리티 개념을 적용해야만 하며 이는 '스마트 관광 도시'라는 새로운 형태의 스마트 관광 생태계를 만든다.

2. 스마트 관광 도시

스마트 관광 도시는 최신 정보기술을 관광 분야에 적용해 관광객이 숙박, 교통 또는 플랫폼 서비스를 경험하고, 기존의 환대산업과 여행업을 통합해 이것을 지능화하고자 하는 사회적 현상으로 정의할 수 있다. 관광지에서 스마트 관광을 경험하기 위해 해당 도시가 스마트 도시 기능을 해야 한다는 관점에서 보면 스마트 도시의 기능이 매우 중요하다. 즉, 스마트 관광 도시는 관광객이 관광(목적)지 주민의 삶과 관련된 공공시스템을 관광객을 위한 환경으로 확장 또는 변환하고, 이를 통해 관광객이 목적지의 스마트 도시 기능을 관광목적에 최적화하여 사용할 수 있도록 조성한 도시를 의미한다. 오늘날 관광객 사이에서는 스마트폰을 통해 관광지를 선택하기 이전에 관광지에 관한 정보를 검색하는 것이 일상화되었으며, 관광지가 결정되고 나면 항공, 숙박, 이동 교통수단, 주요 방문지에 관한 예약까지 모든 과정을 한 번에 해결하기를 원한다.

한 가지 예로, 관광객이 세계 최대 규모의 여행정보를 제공하는 모바일 앱인 '트립어드바이저(TripAdvisor)'를 이용하여 목적지에서 유명한 레스토랑을 찾으려고 한다고 가정해보자. 관광객이 목적지에서 로밍서비스로 데이터를 자유롭게 사용하지 못하거나 와이파이(WiFi) 서비스를 이용하지 못한다면, '트립어드바이저'는 무용지물이 될 것이다. 또, 트립어드바이저로 찾은 관광지나 레스토랑 등에 갈 수 있게 길을 안내해주는 구글 지도, 레스토랑에서 온라인으로 결제할 수 있게 해주는 시스템은 스마트 도시의 잘 갖추어진 인프라를 이용해 스마트 관광을 가능하게 해주는 것들이다. 결국 스마트 도시와 스마트 관광은 상호보완적이고 필수불가결한 관계이며, 스마트 도시 위에 구축된 스마트 기능들을 관광 분야의 주요 서비스인 관광, 숙박, 교통, 안전 등과 끊임없이 연결(Linkage)할 때에 스마트 관광 목적지의 경쟁력을 달성할 수 있다.

아울러 스마트 도시와 스마트 관광을 완벽하게 연결하기 위해서는 정부차원의 정책적 지원과 기존에 구축된 시스템들을 통합하는 노력이 뒷받침되어야 한다.

스마트 도시는 시민이 관광객을 포용하고 관광객은 시민의 삶의 혜택을 공유할 수 있는 디지털 융합(컨버전스)을 기반으로 하는 새로운 창의적인 가치를 경제적 · 문화적 · 사회적으로 발전시키는 데 그 목표를 두어야 한다. 즉, 현대 스마트 도시는 개개인의 삶의 질을 향상시키는 동시에 도시의 경제를 성장시키고 관광객과 시민이 공공서비스를 함께 공유하여 스마트 관광 도시로서의 중요한 역할을 할 수 있어야 한다.

그렇다면 스마트 도시의 대표적인 중점 분야가 관광과 접목되어 스마트 관광 도시가 어떻게 재탄생되어야 할까(Mckinsey Global Institute, 2018). 〈그림 4〉는 스마트 도시와 관광의 기능이 어떻게 구조적으로 결합되어 새로운 아키텍처를 만들어야 하는가를 보여준다.

〈그림 4〉 스마트 관광 도시의 아키텍처

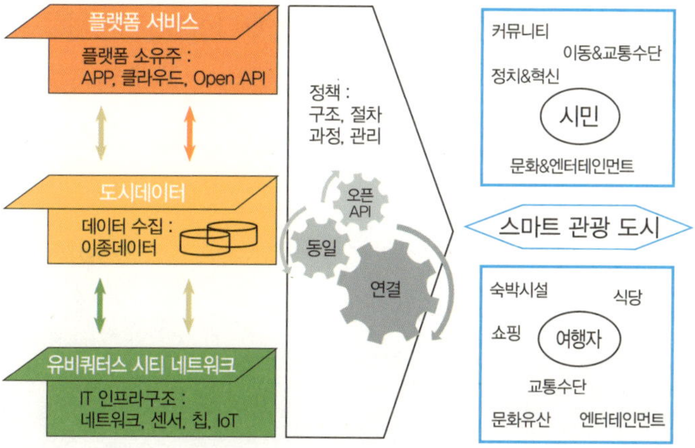

〈그림 4〉는 스마트 도시들은 현존하는 도시의 시스템에 지능화된 유비쿼터스 인프라를 통해 데이터 수집과 서로 관련성이 있는 데이터를 결합하며 데이터를 의미있게 연결하여 유효하고 정확한 정보를 각종 플랫폼 서비스, 스마트 도시 속 시스템과 연결한다. 또, 다양한 애플리케이션을 통해 실시간으로 정확하면서도 명백한 정보에 손쉽게 접근할 수 있도록 하여 사용자들의 효율적인 선택을 돕는다. 스마트 관광 도시는 시민과 방문객이 더욱 효율적으로 다양한 도시 기능을 활용할 수 있다. 자체로 생산과 소비 그리고 재생산의 도시가 되어야

한다. 현재 많은 도시들이 스마트 도시가 되기 위해 데이터와 디지털 기술들을 이용해 시민들에게 필요한 정보를 정확하게 전달하고 있다. 이렇게 발전한 스마트 도시는 자체적으로 스마트 관광 도시로 진화한다. 가장 진보된 스마트 도시의 선두주자인 암스테르담, 뉴욕, 서울, 싱가포르, 스톡홀름과 같은 도시들은 모두 초고속 통신네트워크를 구축한 상태이며, 다른 비슷한 도시들과 비교해 네트워크에 연결된 센서 감지기 등의 IT 인프라도 많이 확장한 상태이다. 이처럼 도시자본이 많은 도시들은 근본적인 기술 기반을 계속 구축해 나가면서 시민의 삶과 방문객의 편리한 도시 기능을 활용할 수 있는 스마트 관광 도시를 만들어가고 있다.

그렇다면, 무엇이 도시를 스마트 관광 도시로 만드는 걸까? 아래의 선진 스마트 관광 도시를 통해 이를 살펴보자.

- **암스테르담**(네덜란드) : 암스테르담은 스마트 도시의 효율적 운영을 위해 "Amsterdam Smart City(ASC)"라는 정책적 기획에 따라 인구의 48%가 자전거를 소유하고 있으며 자전거를 주요 교통수단으로 활용. 바이크 스카우트(Bike-scout)라는 지능정보기술이 내재된 도로시스템 애플리케이션을 사용해 자전거의 사고발생률을 줄인다. 교차로와 횡단보도에 설치된 센서는 자전거의 방향과 속도를 감지하여 자전거가 교차로에 도착하기 50m앞에서 도로바닥에 설치된 LED 불빛으로 알려준다. 자동차는 이 불빛을 통해 자전거를 인지하고 사고 발생을 방지할 수 있으며, 자전거 운전자는 안전한 도로주행을 할 수 있다. 이는 스마트 관광 도시의 가장 기본이 되는 교통시스템임과 동시에 환경문제와 공해문제를 근본적으로 해결할 수 있는 공유자전거 시스템으로 확대되고 있다.
- **바르셀로나**(스페인) : 바르셀로나가 선택한 스마트 도시 구축방식은 도시를 지식집약 중심의 고기술산업 집합체로 변화시켰다. 바르셀로나는 도시 전체에

"Barcelona Wi-Fi"를 제공함으로써 스마트 도시의 공공시설을 확장하기 위해 노력하고 있다. 이는 도시 전체에 분포된 다양한 측정 센서를 이용해 시민과 방문객의 데이터를 수집하고 생성된 정보를 서로 공유한다. 스마트 조명, 스마트 워터, 스마트 쓰레기통과 같은 다양한 프로젝트를 통해 공공과 사회 서비스, 환경, 모빌리티 등의 다양한 영역에서 시민의 삶의 질을 개선하고 있다.

- **런던**(영국) : 런던은 다른 유럽 연합 도시와 공동으로 공공 및 민간 부문에서 새로운 스마트 도시 서비스를 창출할 수 있는 표준화된 정보를 제공하는 "London Data Store"를 설립하여 이를 체계적으로 관리하고 있다. 데이터를 기반으로 한 도시 문제를 해결하고 2015년까지 기존 데이터의 절반을 업데이트 하는 도시의 데이터 관리에 힘쓰고 있다. 런던의 오픈데이터에 따르면 런던이 어떻게 교통/환경/도시정책 등의 다양한 영역에서 오픈데이터를 다각화하고 있는지를 직접 확인할 수 있다. 또, 애플리케이션이나 웹사이트를 통해 주차 가능 공간을 공유하는 "JustPark"나 세입자와 집주인이 생활공간을 공유할 수 있도록 하는 "Cityflatpals"를 통해 지속가능한 경제 서비스를 증진하고 있다. RingGo 파킹 서비스는 동전 없이도 파킹이 가능하며 전화 또는 컴퓨터로 파킹이 가능하다.
- **샌프란시스코** : 샌프란시스코는 ICT정보화 5개년 계획을 수립하고, 공공 오픈데이터 정책과 IT 인프라 확장을 위한 COIT(Committee on Information Technology)를 설립했다. COIT는 개방형 데이터 플랫폼을 대중의 데이터 투명성 향상을 위한 역할과 더불어 스마트 도시 구축의 핵심원천이라 생각하고, 대중 참여율을 높이기 위해 시민과 개발자가 자유롭게 도시 데이터를 활용하고 공유할 수 있도록 한 것이다. 샌프란시스코는 우수한 대역폭을 가지며, 전송 중에 신호 손실이 적은 광섬유를 이용한 네트워크를 구축하고, 도시 내 무료 무선 인터넷 서비스인 "SF Wi-Fi"의 설치를 확장했다. 이로써 샌프란시스코는 도시 전역에 설치된 광대역 연결성을 향상시키면서 개발자와 시민들 모두에게 광범위한 서비스를 제공하고 있다. 이를 이용하여 샌프란시스코는 감지 센서를 네트워크에 연결하여 효율적인 공간 관리를 조정하는 "SF Park"를 시범 운영 중이다. "SF Park"는 실시간으로 주차 가능한 공간을 알

려줄 뿐만 아니라 주차가격을 탄력적으로 운영하여주차 밀집지역의 수요를 줄이며, 수요 대응형 주차패턴을 조정한다. "SF Park"는교통량을 줄여 거리의 혼잡성을 낮추고, 시민들이 주차하기 위해 낭비하는 시간을 줄여 준다.

· **싱가포르** : 싱가포르는 총리의 지시아래 'Smart Nation Program Office' 를 설 립하고 'Smart City Project' 를 감독하기 위해 새로운 관리직(Smart Nation's Officer)을 임명했다. 싱가포르는 도시국가라는 특성을 활용한 통일된 공공정책 시스템을 구축하여 스마트 도시 프로젝트를 추진하고 있다. 특히 신생조직인 GDS(Government Digital Service) 설립을 통해 끊임없이 새로운 프로토 타입의 서비스를 도입하고, 2차 데이터를 생성하고자 하는 목적의 공공 데이터 생태계를 구현하고자 한다. 예를 들어, "Beeline" 은 교통정보를 제공하고, 좌석 예약 및 최적의 경로를 제시할 뿐만 아니라 시민들로부터 경로에 대한 피드백을 수렴하여 대중교통 회사(버스, 택시 등)가 새로운 경로를 제공할 수 있도록 데이터를 재창조한다.

3. 스마트 관광 도시 구현을 위한 결언

위에 소개된 도시들로부터 우리는 다음과 같은 스마트 관광 도시의 최종 목적은 다음과 같은 개념을 포함하여 발전해야 한다는 것을 알 수 있다.

· **지속가능성** (Sustainability) : 지속가능성이라는 기본적 개념의 토대 위에서 플랫폼이 운영되어야 한다. 도시 속에서 시민을 위한 지속가능성의 기본은 도시환경(공기, 물, 쓰레기, 미세먼지)과 에너지(태양광, 무공해 전기)를 기반으로 공공시설의 인프라와 기술 그리고 시민 서비스를 연결시키는 것이다. 따라서 관광이라는 활동 개념을 도시와 연계시켜 시민의 삶과 관광이 조화롭게 진행

될 수 있도록 환경과 에너지 문제를 해결하는 것이다.

· **지능** (Intelligence) : 사물인터넷(Internet of Things: IoT) 기술과 데이터 그리고앱을 통해 스마트 도시 내 정보가 시민과 관광객으로부터 수집되는 동시에 서비스가 제공되는 것이다. 이와 같은 서비스들의 대부분은 시민들의 프라이버시와 밀접한 관계가 있으며, 실시간으로 도시에서 수집되는 데이터를 통합하고, 혁신적인 서비스를 제공하는 지능적 인프라를 개선하는 데 목표를 두고 있다. 더 나아가 도시는 AI(인공지능)기반 지능형 서비스를 더욱 많이 제공하고, 첨단 기술을 활용해 도시 문제를 해결할 수 있어야 한다.

· **도시 개방 데이터와 관광객 데이터의 상호 연결성** : 스마트 도시의 중요한 문제는 도시 데이터를 민간 부분이 그들의 사업 목적에 맞게 재가공해서 사용할 수 있느냐 하는 것이다. 스마트 도시는 시민을 위한 서비스 개선과 사업기회 모색과 함께 외부에서 방문하는 방문객과 관광객에게 수집한 자료를 다양한 측면에서 공개하고 데이터가 소비될 수 있도록 해야 할 것이다.

· **도시 인프라와 관광 인프라의 통합** : 개방형 데이터 구축은 스마트 도시를 구현하는 데 매우 중요한 요소이며, 이는 때때로 정부기관의 리더십과 국가 및 민간 부문의 노력에 달려 있다. 스마트 도시의 인프라 통합은 1) 글로벌 접근 가능한 네트워크 인프라 확장 2) 시민과 방문자의 상호보완적인 운용 플랫폼 구축 3) 시민 중심의 데이터 구축과 관광객 중심의 차별화된 데이터 관리가 연결이 가능한 데이터 구조가 되어야 한다.

· **스마트 관광 도시 정책**(Governance) : 스마트 관광 도시는 거버넌스의 확립이 매우 중요하다. 첫째, 스마트 도시 리더십, 둘째, 스마트 도시와 관광 운영 전담 부서 협력, 셋째, 스마트 관광 도시의 전략에 따른 인프라, 데이터, 플랫폼, 정책과 법률적인 근거 마련, 그리고 글로벌 접근성을 기반에 둔 운영이 이루어져야 한다.

스마트 관광 도시에서는 살아가는 '사람'과 외부의 '방문자' 모두에게 초점을 맞추어 기술이 개발되어야 하고 글로벌하게 이용되는 통합된 도시를 구축해야 한다. 스마트 관광 도시의 기술은 각 도시의 자치단체와 그 도시의 시민들 그리고 방문객 사이의 관계를 변화시킬 수 있다. 시민들이 활용하는 소셜 미디어와 모바일 앱(APP)을 통해 지방자치단체 공무원 또는 기관과 양방향의 대화가 가능하지만, 이것은 바로 방문객 또는 관광객 또한 양방향 대화로 그 기능의 모든 요소가 관광에 필수적인 기능 서비스로 연결되어야 할 것이다. 스마트 도시는 기술을 이용하여 광범위한 도시 문제들을 해결하려면 대중의 의견을 반영하고, 지속적인 글로벌 사용자들을 받아들일 수 있도록 시스템을 확장하고 옵션을 개선을 해야 한다. 결국, 스마트 관광 도시로 변한다면 최종적으로 시민의 삶의 질을 향상시킬 수 있으며 그 도시를 방문하는 관광객과 시민의 요구가 충돌하지 않고 효과적인 기능이 접합되어 도시가 좀 더 글로벌해지며 다양한 방문자들이 잠시 또는 장기간 방문하여 머물고 있는 동안에도 스마트 도시 속 모든 기능을 활용할 수 있도록 해야 한다.

II

함께 잘 사는 스마트 관광 도시

이 팜 (경희대학교 호텔관광대학)

1. 골라 담는 관광 경험

1-1 관광의 패러다임 변화

관광(Tourism)의 어원은 여러 곳을 '유람하다'라는 라틴어의 'Tornus'(순회하다)에서 왔으며 한 지역의 훌륭한 문물(文物)을 관찰하거나 보여준다는 뜻을 담고 있다. 인류의 관광 활동은 유목 시대의 생존을 위해 옮겨 다니면서 시작되었으며 고대에는 올림픽 경기 참가, 신전 방문을 목적으로 하는 관광이 주를 이루었다. 그 후 중세에 접어들면서 예루살렘을 비롯한 성지순례에 대한 열망이 커지면서 자연스럽게 수도원에서 며칠을 지내는 숙박을 포함하는 '머무르는' 관광이 성행하게 되었다. 이때만 해도 관광은 상류사회의 전유물이었다. 그러다가 18세기 산업혁명을 거치면서는 근대적 의미의 관광 형태로 바뀌었고 증기 기관차의 등장은 일반 대중들도 관광 활동을 할 수 있게 하였다. 이동 수단의 발전은 목적지와 체류 기간의 선택의 폭을 넓혔고 관광의 형태도 다채롭게 변화시켰다. 세계대전 이후에는 관광이 경제부흥의 방편이 되면서 '돈이 되는' 산업으로 주목을 받기 시작했다. 특히, 사회의 급속한 발전으로 초래된 인간의 도피 욕구와 미지의 세계에 대한 동경을 자극시키면서 관광은 국가의 핵심 산업으로 자리매김했다.

우리나라 관광의 역사는 신라 화랑도의 명소 순회여행, 시인(詩人)·묵객(墨客)의 풍류여행, 불교신도의 봉축행사 참가, 각 지방의 민속행사 참가, 뱃놀이 등에서 그 시작을 찾아볼 수 있다. 구한말, 일제

강점기, 8 · 15 광복 등을 거치면서 호텔, 외래 방문객 등 관광사업에 태동이 있었으나 그 기틀을 다진 것은 한국 전쟁 이후 1954년 2월 교통부 육운국에 '관광과'가 최초로 신설되면서다. 88서울 올림픽, 대전 엑스포, 2002 월드컵 등의 세계적 메가이벤트 개최와 최근 K-culture 돌풍으로 한국은 명실상부한 '가보고 싶은 나라'가 되었으며, 외래 방문객 2천만 명을 바라보는 관광 강대국이 되었다. 이에 관광이 국가의 성장 동력 산업으로 인지되면서 중앙정부의 각종 규제 철폐, 제도 및 인프라 정비, 그리고 지방자치단체들의 차별화된 관광콘텐츠 개발을 통해 경쟁력 제고를 위해 박차를 가하고 있다.

파인과 길모어(Pine and Gilmore)의 경험경제 이론에 의하면 경제의 가치는 원자재에서 시작해 상품 경제 및 서비스 경제를 거쳐 이제는 '경험'에 그 가치를 두고 있다. 관광도 마찬가지이다. 관광산업의 태동기에는 관광하는 것(이동) 자체에 의미를 두었으나 점차 무엇을 보았는지 그리고 남보다 어떤 특별한 것(체험)을 했는지에 관광의 가치를 두고 있다. 관광의 전통적 의미인 '구경'이 아닌 이제는 직접 '경험'하는 보다 적극적이고 유니크한 자기만의 관광을 만들어가는 것이다. 즉, 관광은 더 이상 구경을 위한 신체의 이동이 아니라 목적지에서 남과 다른 나만의 유니크한 체험을 통해 자신만의 아이덴티티를 표출하거나 만들어 간다는 새로운 의미를 내포한다. 〈그림 1〉은 이러한 관광 패러다임의 변화를 설명하고 있다.

〈그림 1〉 경제 가치와 관광 가치의 변환

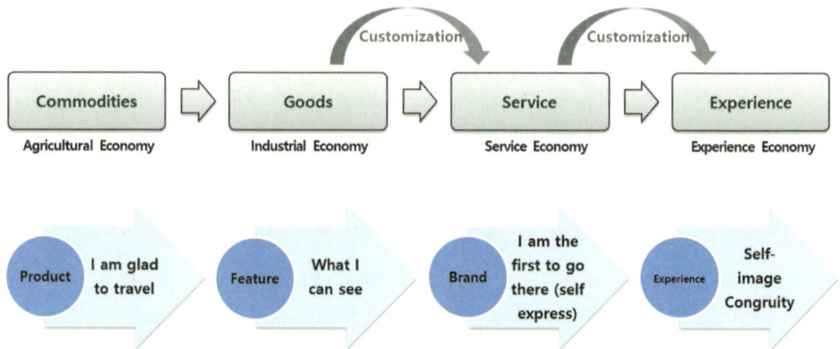

1-2 경험과 정보

근래의 관광객은 매력물 앞에서 사진을 찍고 기념품 가게에서 '상품'을 구매하는 것이 아니라 현지인의 삶을 들여다보고 그들의 일상을 따라해 보는 '체험'을 구매하는 데 더 집중한다. 보다 적극적인 개인 맞춤형 관광에 매료된다. 이제 그들은 관광 상품 공급자에 의해 미리 짜여진 일정이 아닌 개별적인 취향에 따라 원하는 상품을 나만의 '장바구니'에 담는다. 이러한 관광 패러다임의 변화는 관광 생태계에 큰 변화를 가져왔다. 〈그림 2〉는 관광 활동이 나만의 독특한 체험에 그 가치를 두고 있음을 설명한다. 관광 패러다임의 변화로 지자체와 산업은 차별화된 관광 환경 조성 및 콘텐츠 개발에 힘을 기울이고 있다. 문화 관광, 농촌 관광, 생태 관광 등의 체험을 포함하는 관광 상품을 제공하고 있으며 그중 템플스테이는 대표적인 체험관광 상품이라고 볼 수 있다. 이 외에도 한류와 연계한 다양한 체험관광 상품이 기획 · 실행되고 있다.

〈그림 2〉 관광 경험의 특징

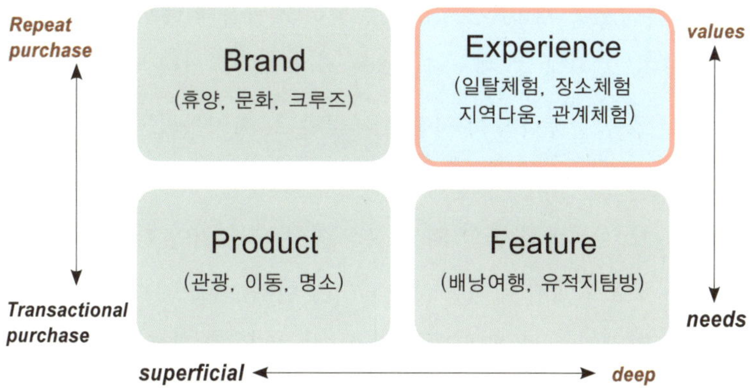

지난 10년간 사회 전반에 걸쳐 괄목할 만한 변화를 가져온 정보기술(ICT: Information Communications Technologies)의 발전은 관광도 큰 변화를 가져왔다. 특히, 골라 담는 개인 맞춤형 관광은 정보통신기술의 발전에 의해 가속화되고 그 내용이 더욱 풍성해졌다. 이제 관광객들은 대여섯 번 접힌 커다란 지도나 『론리 플래닛』(Lonely Planet)과 같은 두꺼운 가이드북을 갖고 다니지 않는다. 그 대신 손바닥 크기 만한 스마트폰을 이용해 정보를 검색하고 자신의 구미에 맞는 상품을 요구하거나 구매한다(이병철 · 변효정, 2014). 스마트폰을 이용한 관광 관련 정보들은 개별 자유 여행객을 포함한 다양한 관광객들에게 매우 빠르고 정확한 정보를 제공하고 있다(정남호 등, 2013). 이와 같은 관광 행태의 변화에 따라 관광 비즈니스 트렌드도 바뀌고 있다. 모바일 기기에 적합한 맞춤형 관광 서비스 상품 애플리케이션 개발 등 스마트한 관광 환경

을 제공하는 것이 더욱 중요해지고 있으며, 세계의 많은 관광 도시들은 관련 산업계와 협업하여 정보통신기술을 바탕으로 하는 다양한 체험 관광 콘텐츠를 개발하고 있다. 효율적 개발을 위해서 정부는 지역 간 · 서비스 간 연계 도구를 제공해야 한다. 한편, 지역 공급업체는 다양한 콘텐츠를 상품화하여 시장에 제공하고, 지역사회는 적극적인 참여로 산업의 양 · 질적 성장을 도모해야 한다. 그리고 외래 관광객은 적극적 정보 검색과 맞춤형 의사 결정을 할 수 있어야 한다. 그리하여 이해당사자 모두에게 혜택이 보장되어야 한다(김수경 · 이상용, 2014).

모두가 관여하는 미래형 관광은 참여 · 소통 플랫폼, 인프라 등이 유 · 무선상으로 연결되는 Connected City를 기반으로 이루어져야 한다. 그리하여 스마트 관광 콘텐츠 개발을 위한 모든 노력과 시도들은 이해당사자들의 공생발전을 우선으로 하는 건강한 관광 생태계 조성의 토대에서 이루어져야 한다. 〈그림 3〉은 정보기술의 발전과 함께 진화된 이해당사자 간의 유기적 관계를 보여주고 있다.

〈그림 3〉 관광 참여자 간의 유기적 관계

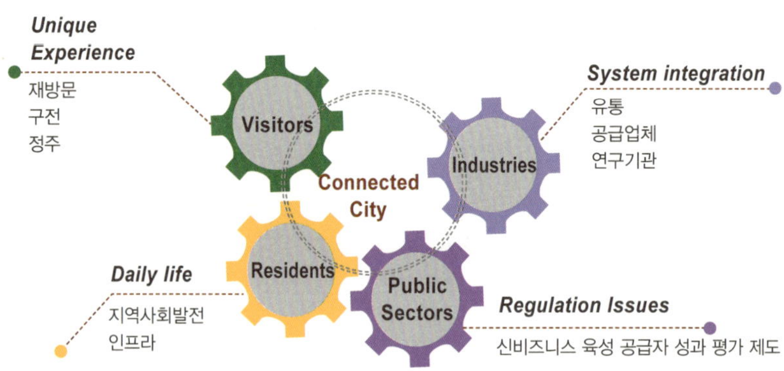

싱가포르는 정보통신기술을 바탕으로 차별화된 스마트 관광 경험 제공을 위해 'Central Hub for Tourism'을 구축했다. 관광객에게는 편리함과 유니크한 경험을 제공하고 관련 산업에는 원스톱 플랫폼인 Open Marketplace를 통해 정보와 서비스 자원을 공유할 수 있도록 한다. 중국(Guo, Liu, & Chai, 2014) 역시 도래하는 4차 산업혁명의 환경에서 관광 이해당사자 간의 융합 발전에 큰 관심을 갖고 관련 프로젝트를 추진하는 단계에 있다.

2. 스마트 도시에서 하는 스마트한 관광

2-1 스마트한 관광을 위한 구성요소

관광은 거주지를 벗어나 새로운 곳으로 이동하는 사회, 문화, 경제적 현상으로 새로운 문화에 대한 몰입의 의미가 크다. 최근에는 여행지에서의 특별한 체험과 합리적 소비를 선호하는 개별여행객의 증가로 인터넷 등 정보기술의 역할이 커지고 있다. 타 문화에 대한 몰입은 정보기술의 발전과 함께 그 형태가 더욱 다양하고 드라마틱해지고 있다. 한편, ICT의 발전에 힘입어 적극적이고 효율적인 관광 경험이 가능해지면서 '스마트관광'이라는 새로운 조어가 등장하였다. 스마트관광이란 실시간 접근성과 휴대성을 특징으로 하는 스마트 정보통신기술을 이용하여 언제 어디서나 정보탐색, 커뮤니티 구성, 의사 결정을 포함한 최적화된 서비스를 제공받는 관광을 일컫는다(구철모 · 김정현 · 정남호, 2014).

스마트 관광은 최첨단의 정보기술을 바탕으로 콘텐츠와 산업 생태계의 혁신에 힘입어 고부가가치를 창출하는 차세대 관광 형태임이 틀림없다. 스마트폰 보급의 확산에 따라 실시간 소통과 위치 정보를 기반으로 한 관광객에게 실시간, 맞춤형 서비스가 가능해졌다. 이제 관광객들은 인터넷, SNS 등을 통한 정보 수집은 물론 나만의 유니크한 관광 '체험'을 실시간으로 다른 사람과 공유한다. 기존의 특정한 시간 혹은 특정한 장소 중심의 콘텐츠 이용에서 이동 중 콘텐츠 이용도 가능해지면서 관광 행동 전반에 걸쳐 변화를 가져왔다. 그들의 관광은 더욱 "스마트"해지고 있는 것이다.

스마트해진 관광 시장은 기존의 관광 상품의 대량 생산이 아닌 정보기술력을 바탕으로 한 맞춤형 관광 상품 개발을 요구했다. 이러한 시장의 요구에 부응하는 스마트한 상품을 제공하기 위해서는 관광 행동이 얼마만큼 스마트해졌는지에 대한 이해가 필요하다. 스마트 관광을 관광 전(계획 단계), 관광 중(목적지 현지 경험 단계), 관광 후(관광 경험 공유 단계) 등의 '전, 중, 후' 3단계로 나눌 수 있으며 (Buhalis and Amaranggana, 2013) 스마트관광의 세 가지 주요 요소로 목적지, 경험, 산업이 제시된다(Gretzel et al., 2015). 특히, 산업 분야의 활발한 교류와 가치의 공동 창출을 강조하면서 관광 관련 정보의 수집, 교환, 분석 등의 다차원적인 Connectivity(접속과 결속)를 강조한다.

〈그림 4〉는 이러한 스마트 관광의 요소 및 필요 환경을 도식화하고 있다. 스마트 관광 요소는 교통, 숙박, 음식, 관광 매력물, 부수적 서비스 등 다섯 가지로 나눌 수 있는데, 이러한 요소의 효율적 전달을 위해서는 이해당사자 간의 정보 공유를 기본으로 하는 산업 환경

의 스마트화가 전제되어야 한다. 다시 말해서 스마트 관광의 효과를 극대화하기 위해서는 사용자 개인의 사용 행태(정보 획득과 공유)를 포함한 이해당사자 간의 활발한 정보공유를 통한 스마트 비즈니스 생태계 조성이 전제되어야 한다. 여행자는 더 이상 단순 소비자가 아닌 경험 '공유자'로서 더 나은 관광 환경 조성을 위한 '데이터 분석'에 필요한 정보의 '공급자'인 것이다.

〈그림 4〉 스마트 관광의 구성요소

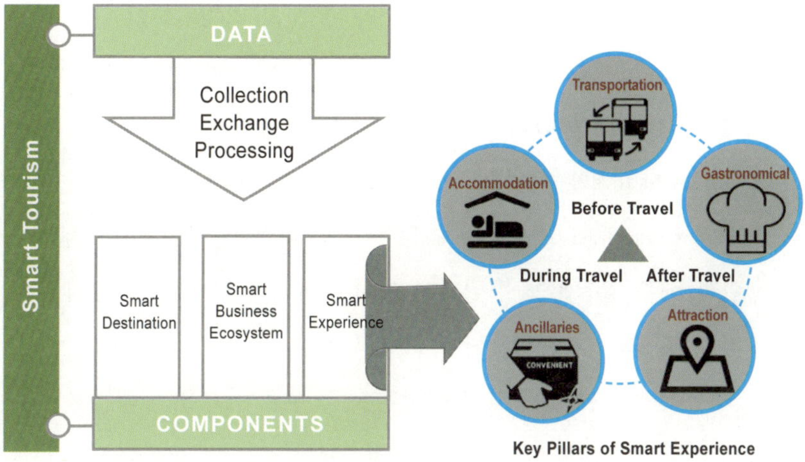

2-2 스마트한 도시를 위한 구성요소

도시는 지난 수십년 간 최신 사회 인프라 조성에 전력을 다했고, 인구밀도, 대기오염, 환경생태계 파괴, 자원고갈 등 도시화에 따른 부작용을 야기했다. 이러한 지나친 산업화와 도시화 문제가 대두되면서 도시의 '건강한 발전'에 관심이 쏠리게 되었고 도시는 사회, 경제, 조직 등 사회 전반에 걸쳐 부작용 없는 도시의 구현이라는 새로운 도전에 직면했다.

최신 정보기술은 과학적이고 예측 가능한 도시 기획과 실행을 위한 해답이 되고 있다(Neirotti et al., 2014). 공공 교통, 상하수, 전력 공급, 자원 재활용, 전자 정부, 시민 참여 등 사회의 유·무형적 인프라가 다양한 데이터 분석을 통해 스마트화되면서 지나친 도시화가 초래한 문제들을 극복하는 것은 물론 도시 전체의 디지털화를 통한 부작용 없는 미래형 도시의 구현이 가능해졌다. 도시의 디지털화와 함께 떠오른 '스마트 도시'라는 조어는 정보기술에 기반하는 인프라를 바탕으로 도시 서비스를 다각적으로 향상시키는 것을 의미한다(Caragliu et al., 2011). 시민에게 이익을 제공하기 위한 이해당사자간의 초연결성(Hyper-interconnected services)과 여기에서 발현되는 서비스는 시민의 일상생활과 매우 밀접하게 관련되어 있어야 한다는 것이 핵심 개념이다. 스마트 도시의 디자인은 해당 도시의 인구 밀도와 지리적 위치 등의 지역 특유의 요소들에 따라 상이하므로 정보 지식을 통해 도시마다 직면한 도전에 대한 개발 우선순위를 정하는 것이 중요하다.

두바이 정부는 'Smart Dubai Initiative'를 소개하면서 전자결재, 자동차 등록 체계, ATM 기기 서비스, 신고 시스템, 택시 서비스 등을 아우르는 50개의 스마트 공공서비스를 제공했다. 싱가포르는 2014년 이래 국민들의 일상생활과 관련한 각종 데이터를 국가적 차원에서 수집·분석하는 작업을 했다. 그 결과 도시 집중화, 공공 구역의 위생, 교통 문제 등 도시화와 관련한 부정적 문제들을 처리하는 해결 창구 역할을 하는 'Singapore Smart Nation' 과 온라인 플랫폼인 'Virtual Singapore'을 개발해 제공하고 있다. 그리하여 정부는 관련 정책들을 효율적으로 적용해 기업과 시민들이 실시간으로 제공되는 정보를 통해 다양한 영역에서 더 나은 결정을 할 수 있는 환경을 만들 수 있었다〈그림 5〉. 그들의 이러한 스마트 도시 구현을 위한 노력은 '더 살기 좋아진 싱가포르'라는 평가를 받으며 성공적인 사례로 인정받았다.

〈그림 5〉 스마트 도시 싱가포르

Virtual Singapore
섬을 3D로 시각화하여
교통, 질병, 재난, 안전
등의 관리

Singapore Smart Nation
디지털 트윈을 이용하여 도시개발,
토지, 교통, 건축 등의 분야에 활용

스마트 도시의 목적은 사회 인프라의 효율을 극대화하여 더 나은 시민 서비스를 제공함으로써 도시의 역할을 향상시키고 녹색 성장을 통한 삶의 질을 제고하는 것이다. 그러기 위해서는 공공기관과 사적

기관을 포함한 다양한 이해당사자 간의 정보 공유를 통해 다각적인 협업이 무엇보다 중요하다.

스마트 도시의 구성 요소는 하드 영역 (교통, 빌딩, 환경 등)과 소프트 영역(교육, 의료, 안전 등)의 두 부분으로 나뉘기도 하고(Neirotti et al., 2014) 정책, 경제, 환경, 교통, 리빙, 시민 등을 포함하여 여섯 개의 영역으로 좀 더 상세히 구분되기도 한다(Cohen, 2011; Zubizarreta et al., 2015). 〈그림 6〉은 기존의 연구와 실례를 바탕으로 스마트 도시의 주요 구성요소를 보여주고 있다. 그 영역을 서비스, 인프라, 랜드 등의 세 부분으로 나누었으며 서비스는 헬스, 교육, 엔터테인먼트 등의 세부 요소를 포함하고, 인프라는 교통, 빌딩 등의 세부 요소를 포함하고, 랜드는 환경 관련 세부 요소를 포함한다.

〈그림 6〉 스마트 도시의 구성요소

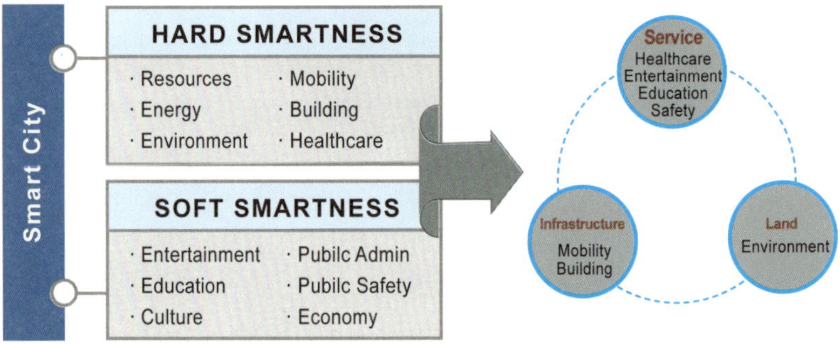

2-3 스마트 관광 도시

스마트 도시는 최첨단 기술이 구현되고 교통, 에너지, 안전, 복지 등 다양한 분야에서 스마트 솔루션이 집적된 도시 플랫폼을 말한다. 스마트 도시의 핵심과제는 지역의 특성을 살리면서 스마트 전략을 접목하는 것이다. 많은 도시들이 정보기술을 활용해 도시의 스마트 시스템을 계획하고 있으며, 4차 산업혁명의 도래로 선진국에서는 도시 재생 및 도시 문제는 물론 경기 부양을 위한 해결책으로 스마트 도시를 경쟁적으로 추진하고 있다. 혁신 도시 등의 도시환경정비 프로그램과의 융합을 통해 도시 이미지 개선을 위한 중요한 수단이 되며 주민의 질적 삶을 저해하는 관광의 부정적 현상을 제거할 수 있을 것으로 기대한다.

이러한 최첨단 기술이 적용되는 스마트 도시는 스마트한 관광 환경을 구현하는 데 최상의 지렛대라고 할 수 있다. 즉, 스마트 도시 구현을 위한 인프라 구축은 똑똑한 관광을 가능하게 하며 목적지 경쟁력의 중요한 요소가 된다. 이미 세계의 많은 관광 도시가 도래하는 4차 산업혁명의 환경에서 스마트 도시와 스마트 관광의 융합 발전에 관심을 가지며 그것을 추진 및 실행 단계에 있다(Guo et al., 2014). 우리 정부는 올해 1월 세계적 수준의 스마트 도시 신규 조성, 스마트 도시 재생 뉴딜 시범사업 추진, 스마트 도시 성과 고도화와 대·내외 확산방안 등의 스마트 도시 추진계획을 발표했다. 지역사회와 외래 관광객 모두에게 편리성을 제공하는 스마트 도시에서의 스마트 관광이야말로 진정한 미래형 관광 형태라고 할 수 있다.

'도시'는 시민(거주민)의 관점을 강조하는 반면 '목적지'는 방문객의 만족도 제고를 강조한다는 데 그 차이점이 있다(Neuhofe et al., 2012). 스마트 관광 도시는 거주민의 삶의 질과 관광객의 만족도가 균형을 이루는 정보통신기술 기반의 미래형 관광 도시를 일컫는다. 스마트 관광 도시의 목표는 시민의 일상생활을 방해하지 않는 범위 내에서 도시의 스마트한 인프라를 통해 방문객에게 교통, 음식, 숙박, 매력물 등을 똑똑한 방법으로 제공하는 것이다. 이러한 스마트 관광 도시의 구현을 위해서는 스마트 도시의 하드 영역과 소프트 영역의 자산이 스마트 관광 도시 개발의 중요한 토대가 되어 해당 도시가 보유한 핵심 정보기술, 자원의 데이터 베이스, 기타 도시의 특유의 조건 등을 관광 개발에 효율적으로 적용해야 한다.

스마트 관광 도시 역시 그 핵심 개념은 이해당사자 간의 데이터 공유를 통한 정보의 공급자와 서비스의 수요자 간의 유기적 관계에 있다. 〈그림 7〉은 이러한 관계를 도식화하여 설명하고 있다. 세 가지 영역의 스마트 도시 인프라를 바탕으로 다섯 영역의 스마트 관광 요소는 여행의 전 · 중 · 후 3단계에서 독특한 개인 맞춤형 관광 경험을 제공한다. 중요한 것은 그 일련의 과정에서 거주민과 외래 방문객은 경험을 공유하면서 동시에 실시간 정보를 획득하는 매우 다이나믹한 '관계'를 형성한다는 점이다((Lee et al., 2020).

〈그림 7〉 스마트 관광 도시의 개념모델

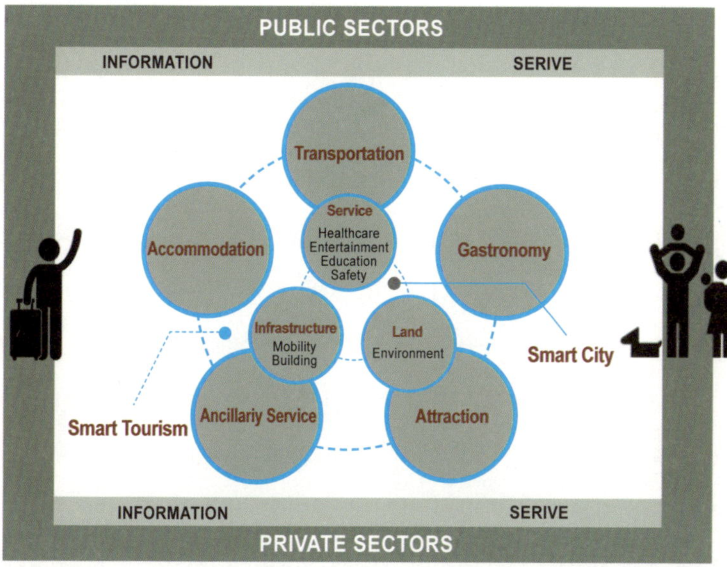

3. 포용적 스마트 관광 도시

3-1 오버투어리즘

상류사회의 전유물이었던 관광은 점차 대중 속으로 파고들었고 2차 세계 대전 이후 경제 부흥의 방편으로 주목받던 관광 산업은 이제 전 세계 소비의 약 11%를 차지하며 고부가가치 산업으로서 핵심 추진 산업의 중심이 되었다. 게다가 인간의 도피 욕구와 미지의 세계에 대한 동경은 그 어느 때보다 강하며 저가 항공의 등장은 이를 부추겼다.

이렇게 사랑만 받던 관광산업이 최근에는 지역 문제의 근원으로 눈치를 받는 사례가 세계 곳곳에서 발생하고 있다. 지나친 관광화로 외래 방문객의 수가 증가함에 따라 지역 주민의 생활이 힘들어지면서 관광의 부정적 측면이 사회적 이슈로 떠오르고 있기 때문이다. 외래 관광객의 대량 관광활동은 지역의 환경 파괴를 일으키고, 무분별한 개발 및 상업화는 해당 지역의 이미지까지 손상시켜 지역 본래의 정체성을 훼손시켰다. 과잉관광 즉, 오버투어리즘(Overtourism)의 문제가 생긴 것이다. 뿐만 아니라, 인기 관광지는 특정 지역의 임대료 상승을 야기하여 영세상인의 상권 내몰림 현상이 빈번해지면서 거주민들에게 크게 반감을 사고 있다. 최근에는 관광화(Touristify)와 젠트리피케이션(Gentlification)의 합성어인 투어리스티피케이션(Touristification)이라는 신조어가 등장하면서 관광의 부정적 측면을 더 이상 외면할 수 없게 되었다. 투어리스티피케이션은 관광지, 숙박, 엔터테인먼트 시설 등이 비교적 부유한 중산층 유입을 촉발하여 기존의 전통적 주거 및 상업 기능이 대체되면서 결국 해당 지역 주민들이 축출되는 과정을 일컫는다(Mendes, 2016). 투어리스티피케이션(Touristification) 은 '관광'으로 인한 도시의 경제 · 사회 · 문화 등의 구조적 변화가 초래한 거주자 변동(Liang & Bao, 2015)이라는 점에서 단순한 거주민의 소득 계층의 변화를 일컫는 젠트리피케이션(Gentrification)(Pacione, 2005)과는 구별된다.

영화 〈비치〉는 혼잡한 도시 생활에 지친 젊은이들이 지상 낙원을 찾아 떠나는 이야기이다. 젊은이들은 태초의 자연을 그대로 담고 있는 섬을 발견하고는 그곳이 지상 낙원이라 생각하고 집단을 이루고 생활한다. 영화는 타일랜드 피피섬 근처의 마야베이에서 촬영했으며 영화 상영 후 미디어에서는 마야베이에 대한 이야기를 뿜어냈고 사람들은 "지상 낙원"으로 몰려왔다. 그들은 진주 가루를 뿌려놓은 듯 반짝이는 비치에서 바비큐 파티를 했으며 푸른 하늘을 머금은 에메랄드 빛 바다는 각양각색의 해양 레포츠 도구들로 뒤덮혔다. 관광객들은 즐기고 떠났고 남은 건 오염된 낙원이었다. 지상 낙원은 쓰레기장이 된 것이다. 거주민들은 항의하였으며 결국 태국 정부는 외래 방문객의 무기한 관광 금지를 발표했다. 지상 낙원에 대한 씁쓸한 기분만 남긴 영화의 비극적인 결말처럼 현실도 크게 다를 것이 없었다. 오버투어리즘의 문제에서 유럽도 예외는 아니다. 스페인 바르셀로나는 유럽 최대 관광 도시로 시와 국가의 경제에 큰 도움을 주고 있으나 매년 3천만 명에 달하는 관광객을 상대해야 하는 주민의 삶의 질은 상대적으로 저하되고 있다. 스위스 루체른의 주민들은 시 정부에 연간 외래 관광객의 수를 제한해 달라고 요구하고 있으며 이탈리아 베네치아에서는 수로를 장악한 관광 크루즈로 인한 불편함으로 주민들은 관광객에 대한 항의 시위를 연일 벌이고 있다.

우리나라는 2002년 월드컵 이후로 관광의 중요성이 더욱 확대되었다. 관광 경쟁력 제고를 위한 노력으로 관광 홍보마케팅 및 다각적 측면에서 관광 성장을 이뤄냈으며 2010년 이후에는 관광의 괄목할 만한 성장으로 서울의 관광 경쟁력이 크게 높아졌다. 그러나 지나치게 관광 진흥에만 집중한 나머지 지역 주민의 삶의 질에 대한 인식 부족으로 인해 관광의 부작용이 발생하고 있다. 이태원, 홍대, 북·서촌, 제주도 등에서 야기된 오버투어리즘 문제는 오랜 터전에서 떠날 위기에 처한 지역 주민, 소상공인 등의 큰 반발을 초래하고 있다.

관광산업의 부정적 측면이 부각되면서 자연을 오염시키지 않으며 지역 주민의 일상생활을 해치지 않도록 물리적 · 질적 환경 개선에 관심을 기울여야 한다고 목소리가 높아지고 있다.

3-2 지속가능한 스마트 관광 도시

거주민의 삶의 질을 저해시키는 오버투어리즘으로 인한 사회 갈등이 커지면서 소유권이 아닌 공유, 교환, 재활용 등을 통해 사용가치를 극대화는 공유경제의 개념이 관광 분야에도 등장했다. 최신의 정보기술에 기반하고 있는 스마트 관광 도시는 이러한 공유경제의 실행에 있어 매우 중요한 역할을 한다. 빈 집, 빈 방을 숙박공유 플랫폼((예)에어비앤비)에 제공하고 비상업용차로 유상 운송하는 승차공유((예)우버)등이 대표적인 예이다. 지역 단위의 중 · 소규모 축제를 찾은 여행객은 이제 중심가의 호텔이 아닌 숙박공유 플랫폼을 통한 인근의 펜션, 빈 집을 예약하고, SNS 또는 커뮤니티를 통해 지역 맛집 식당을 찾으며, 쇼핑도 전통시장에서 농수산 특산물을 구매하면서 관광을 통한 지역경제의 쏠림현상을 감소시키고 있다. 이러한 친 거주민 관점의 관광 비즈니스 트렌드의 변화는 모바일 기기에 적합한 맞춤형 관광 서비스 상품 애플리케이션 개발 등 스마트한 관광 환경 제공이 더욱 중요해진다는 것을 보여준다. 스마트 관광 도시의 실행은 도시화 문제는 물론 관광의 어두운 면을 개선시키는 해답이 되고 있다.

특히, 지속가능한 관광, 사회적 책임, 사회연대경제 등 공동체의 역할을 강조하는 개념들의 등장으로 급변하는 세계 관광시장에서 스마트관광도시의 역할이 어느 때보다 중요해지고 있다. 그 중 지속가능한 발전(SDG: Sustainable Development Goals)은 UN 주도로 진행되고 있는 인류 최대의 국제사회 공동 협약 프로젝트로서 '미래 세대의 필요충족 능력을 해치지 않는 범위에서 현 세대가 필요로 하는 자원을 충족시킬 수 있는 발전'을 위한 사회 각 분야의 성장 목표를 제시하고 있다. 특히, 최근에는 환경, 고용, 분배 등 사회 문제의 골이 깊어지면서 더욱 주목을 받고 있다.

따라서 스마트 관광 도시가 도시화 문제와 관광의 부정적 측면을 해결하는 역할에서 그치지 말고 스마트 관광 도시 자체의 지속가능한 발전에 대해 고민하는 것은 매우 중요하다. 지속가능한 스마트 관광 도시를 위해서는 스마트 관광 도시 생태계의 공유가치 창출을 목표로 하는 지자체 단위의 협의체를 구성하는 것이 우선적으로 필요하다. 그 일환으로 관광의 긍정적 효과와 만족도 제고를 위한 거주민과 외래 방문객이 함께하는 참여 프로그램이 장려되어야 한다. 이는 오버투어리즘 문제 해결을 위한 주민 차원의 접근과도 연관이 있다. 장기적 차원에서는 스마트 관광 도시 경쟁력 평가지표가 개발되어 지속가능한 스마트 관광 도시 구현에 방향을 제시해야 한다〈〈그림 8〉 참조〉.

〈그림 8〉 지속가능한 스마트 관광 도시

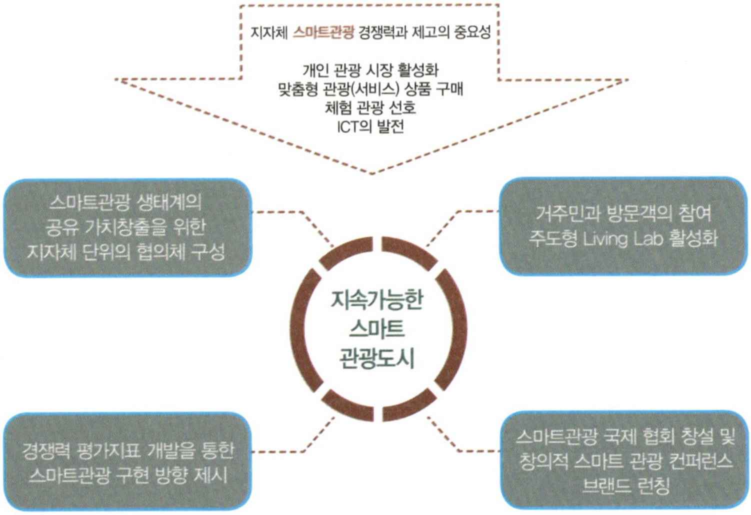

3-3 함께 잘 사는 포용적 스마트 관광 도시

스마트 관광 도시는 맞춤형의 똑똑한 관광을 가능하게 만들었다. 이와 같은 '개인 맞춤형' 관광에는 누구도 소외시키지 않겠다는 '포용적'의 접근이 있어야 한다. 포용적 성장(Inclusive Growth)'의 의미는 기존의 경제성장 중심에서 벗어나 구성원 간의 불평등 및 불균형을 포함하는 다차원적인 개념이다. 관광 부문에 있어서 포용적 성장이 주목받고 있는 것은 그동안의 관광 성장은 지나친 경제적 파급효과에 고무된 나머지 '돈쓰는 방문객'에만 그 관심이 집중되어 있었기 때문이다. 관광에 있어 취약하고 지금까지 소외된 여행 취약 계층들, 특히 장애인, 노약자 등을 제대로 배려하지 못했다. 벤쿠버, 코펜하겐 같은 도시는 이미 도시의 접근성을 강조하면서 소외된 계층의 흡입에 노력하면서 포용적 도시의 이미지로 그 경쟁력을 제고하고 있다.

이에 스마트 관광 도시의 핵심 가치인 이이해당사자 간 정보의 공유와 접근성은 더 큰 의의를 갖는데, 이는 사회(인권, 평등 등), 환경(오염, 개발 등), 경제(고용, 임금 등) 분야에서 정부와 공공기관이 해결해 주지 못한 지역의 문제를 주민과 비영리기업이 힘을 합하여 그 해답을 찾고 실행하는 사회적 경제 연대(SSE: Social Solidarity Economy)의 개념과 일맥상통한다. 특히, SSE는 '로컬'에 그 초점이 맞추어졌으며 지역의 지속가능개발목표를 위해 지역 특유 환경에 맞춰 세부 목표를 재해석하는 참여형 메카니즘이라는 점에서 스마트 관광 도시의 역할이 더욱 중요하다〈〈그림 9〉 참조〉. 관광 분야에서 거론되는 소외계층, 난(亂) 개발, 쏠림 현상, 오버투어리즘 등의 문제들도 이제는 커뮤니티 차원에서 공유된 정보를 바탕으로 다각적으로 접근하여 '지역 맞춤형' 해결책을 찾아야 한다. 실례로 금천구에서 주민들의 적극적 참여로 지역의 주차 문제를 해결하여 외래 방문객은 좀 더 쉽게 주차하고 거주민은 방문객의 무분별한 주차로 인한 일상생활의 불편함을 제거했다.

〈그림 9〉 함께하는 포용적 관광

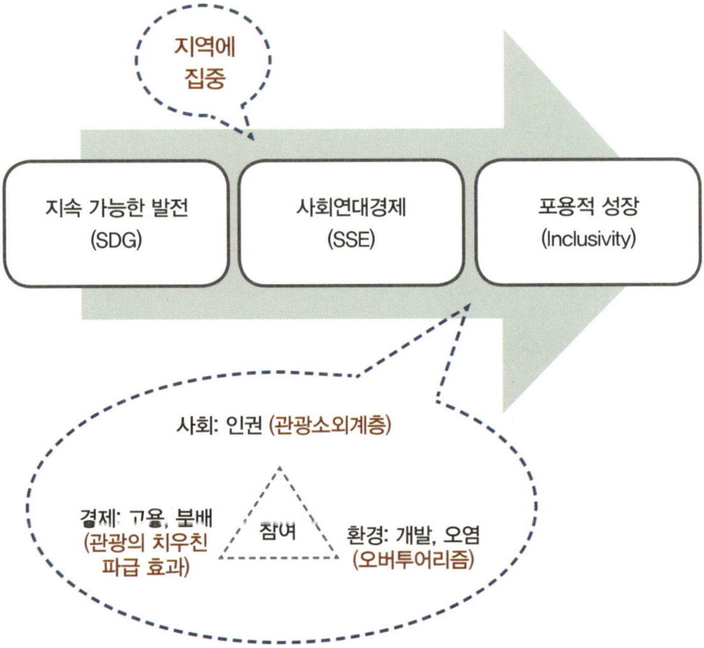

관광의 원초적 목적은 융숭한 대접(Hospitality)에 있다. 즉, 진정한 관광 도시의 의미는 소외되는 사람 없이 모두가 대접받는다는 데 있다. 스마트 관광 도시는 미래의 세대를 고려한 지속가능한 발전을 추구하면서 모든 계층을 어우르는 '함께 잘 사는 포용적 도시'를 실현하는 데 그 궁극적인 의미가 있다.

III

공유경제의 스마트 관광 도시

이 선 영 (경희대학교 스마트관광연구소)

1. 자율과 규제 사이에서 성장하는 도시 관광

지난 10년 동안, "공유"는 가족과 친구 관계를 넘어 수십억 명의 사람들 사이에서 가치를 창출하는 글로벌 비즈니스로 확장시킬 수 있을 만큼 중요한 거래의 수단으로 진화했다. 또, 도시의 공유모델은 기존에 형성된 조직과 일하는 방식을 변화시키고 새로운 가치를 창출하고자 하는 경제개념으로 발전했다. "소유"라는 개념의 대안으로 등장한 이러한 유형의 공유를 "공유경제"라는 큰 틀에서 설명할 수 있다. 공유 경제라는 용어를 처음 사용한 로렌스 레식(Lawrence Lessig) 교수는 상업경제와 공유경제를 구분하여 정의했다(박문수 등 2016, 재인용).

공유경제의 세 가지 핵심요소

- 디지털 플랫폼을 통해 실시간으로 수요와 공유자원을 연결하는 비즈니스 모델에 의해 구축된다.
- 다양한 방법을 통해 개인의 소유권에 대한 접근이 가능하다. 예를 들어 P2P(Peer-to-Peer), 재판매(Re-selling), 물물교환(Swapping) 등이 있을 수 있다.
- 비자는 전통적인 교환 방법에 비해 더 깊은 사회적 상호작용을 통해 더욱 편리하게 제품을 소비한다.

〈그림 1〉 공유경제의 비즈니스 모델

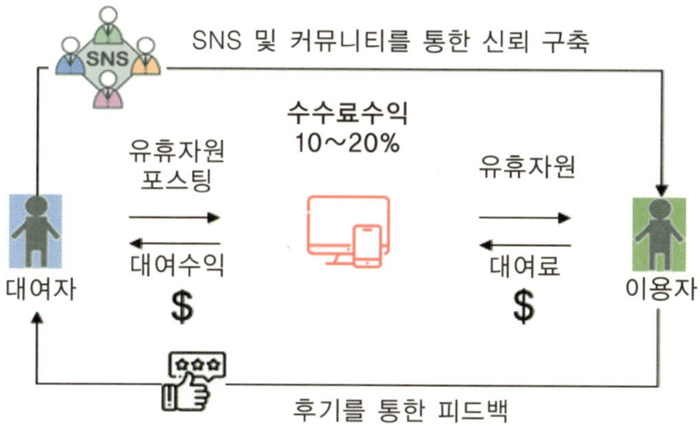

출처: 크라드산업연구소, 2013, 저자 재구성

관광 서비스는 전통적으로 호텔, 택시 또는 여행사와 같은 기업이 제공했다. 최근에는 자신이 소유한 것(예: 집 또는 자동차) 또는 자신의 경험(예: 식사, 여행)을 관광객에게 일시적으로 제공하는 경우가 증가하고 있다. 이와 같이 P2P(peer to peer) 방식과 공유 플랫폼이 빠르게 성장하면서 교통, 숙박, 여행 및 음식 경험에 이르는 다양한 분야에서 새로운 시장을 창출하고 있다.

지난 10년 동안 플랫폼 기반 비즈니스를 추구하는 다양한 공유경제 기업이 시장에 등장했다. 우버(Uber)와 에어비앤비(Airbnb)로 대표되는 세계 공유경제 시장 규모는 2014년 150달러에서 2025년 3,350억 달러까지 성장할 것으로 예측된다(PWC, 2015).

대표적인 공유경제 부문인 숙박 공유, 차량 공유 방식 사람들에게 어디서 묵을지, 무엇을 할지, 어떻게 갈지 등에 대한 새롭고 추가적인 선택지를 제공함으로써 관광산업의 생태계를 변화시켰다. 숙박과 교통 시설이 부족한 소도시에 공유숙박과 차량 공유로 인해 외래 관광객이 편리하게 지역의 특색을 경험하며 여행할 수 있게 되었다. 반면 숙박비가 비싼 대도시에서는 호텔보다 저렴한 가격으로 품질 좋은 숙소를 이용할 수 있게 되어 관광객 선택의 폭이 넓어졌고 더 오래 머무를 수 있게 되었다. 이 점은 관광 경제 성장에도 긍정적인 영향을 미친다.

하지만 관광 공유경제는 부정적인 측면을 함께 동반한다. 고용 불안정을 내세워 우버에 격렬하게 저항하는 런던의 흑인 택시 기사에서부터 에어비앤비에 흔들리는 뉴욕의 불안정한 호텔리어들에 이르기까지, 공유경제가 불공정 거래와 고용 안정을 위협할 수 있다. 또한, 각종 사건 · 사고에 대한 책임 전가, 거래 위험 및 과세 형평성에 대한 문제도 제기되고 있다.

세계의 주요 관광 도시는 오버투어리즘을 해결하기 위한 방안으로 숙박공유업을 규제 또는 제한하고 있다. 2018년 여름, 암스테르담은 늘어난 관광객을 제한하기 위한 관광 수요 억제를 위해 번화가에서 숙박공유업체의 주택 대여를 금지했고, 스페인의 조용한 항구도시 팔마는 2018년 4월부터 스페인 최초로 '에어비앤비' 영업을 금지했다. 거주 인구의 수배에 달하는 관광객이 시도 때도 없이 집 주변을 활보하면서 해당 지역 주민의 삶은 크게 악화됐다. 에어비앤비로 인해 올라간 단기 임대료가 장기 임대료 인상으로까지 번지면서 늘어난 월세에 고통받기도 하고 도시가 놀이공원 디즈니랜드처럼 변해가는 '디즈니피케이션(disneyfication)'[1] 현상으로 주민들의 호소가 늘어나고 있다.

관광 공유경제는 관광 사업자뿐 아니라 도시정책을 수행하는 행정가, 지역주민에게도 다양한 도전과 기회를 제공하며, 당면한 사회 문제를 해결해야 하는 과제를 제시하고 있다. 이러한 변화의 흐름 속에서 공유경제가 제공하는 혁신의 혜택을 놓치지 않으면서 이로 인해 야기되는 도전과제를 해결하기 위한 방법은 어떤 것일까?

1-1 관광 공유경제의 성장

공유경제는 글로벌 금융위기 이후 경제성장 둔화, 인구노령화, 1인 가구의 증가 등으로 새로운 소득원의 필요성 증가와 공유에 대한 사회적 재해석이 더해져 빠르게 확산되고 있다(Kim, 2017). 세계에서 가장 기업 가치가 높은 스타트업 기업으로 공유경제를 기반으로 하고 있는 기업인 우버, 디디추싱(DiDi), 에어비앤비가 기업가치 1위, 2위, 3위를 차지하고 있다. 2009년에 창업한 우버는 기업 가치가 2018년 10월 기준 1,200억 달러로 차량 호출 서비스 업계에서 77%의 시장 점유율로 1위를 달리고 있다(매일경제, 2018b). 중국판 '우버'로 일컬어지는 중국의 디디추싱(DiDi)의 기업 가치는 560억 달러로 2018년 5월 기준, 2위를 차지하고 있다(KBS 뉴스, 2018. 05. 21). 디디는 2016년 우버 차이나와 합병하면서 사실상 중국의 차량 호출 공유 서비스를 독점하고 있다.

---

1 1991년 피터 팔론 뉴욕대 교수가 처음 사용한 용어로 도시가 고유의 정취를 잃고 미국 놀이공원인 디즈니랜드처럼 관광객 놀이터로 변해간다는 뜻의 신조어이다. 관광객 때문에 내쫓기는 주민들의 현상을 뜻하는 '투어리스피케이션(tourification)'과 함께 쓰인다.

기업가치 3위는 숙박 공유 기업인 에어비앤비로 2018년 기업가치는 310억 달러로 추정된다. 에어비앤비는 2008년 설립되어 기업가치가 10년 만에 세계적인 호텔 체인인 힐튼을 넘어서기도 했는데, 이러한 성장세가 이들 기업이 거래에 필요한 차량이나 숙박시설 등의 자산을 소유하지 않고 '자동차'와 '숙박'의 공급과 수요를 연결하는 것만으로 달성했다는 점에서 가히 놀랄 만하다.

개인의 소유물을 공유하는 개인 간 거래 자체는 새롭지 않지만, 인터넷과 스마트 기기 등 기술 발전을 토대로 해외 관광객이 빠르게 늘어남에 따라 거래량이 급속도로 증가하면서 공유경제 기업의 산업화가 이루어진 것으로 볼 수 있다. 관광산업은 전 세계적으로 관광객 행동의 변화에 대응하면서 발전해왔다. 2016년 OECD 보고서에 따르면 관광객들은 과거에 비해 스스로 여행계획을 짜는 자기 주도 여행을 선호하고 있으며 온라인 리뷰 등 다른 관광객이 온라인 플랫폼에 올린 여행 정보를 더 중요시한다. 대다수의 관광객들이 디지털 기술과 소셜 미디어를 사용해서 여행 경험을 공유하고 자신의 여행 일정을 계획하며 다양한 여행 상품을 구매하게 된다. 사람들은 더욱 특별하고 개인화된 관광 경험을 원한다. 더욱이 경제 위기와 실업의 증가로 인해 관광상품에 대한 가격과 가격 가치에 대한 관심이 높아지고 있다. 젊은 세대는 자원의 공유와 새롭게 등장한 유연한 근무 환경을 선호하면서 관광 부문에서 공유경제의 발전을 주도한다. 예를 들어 언제든 떠날 수 있는 근무 환경의 변화는 때와 장소를 가리지 않고 모바일을 이용해 양질의 저렴한 관광상품(숙박, 차량 등)에 접근을 가능하게 하고 있다. 이와 함께 "현지인처럼 사는 여행"을 즐기는 여행 트렌드는 현지 주민이 제공하는 에어비앤비의 숙소와 호스트가 기획하는 특별한 식사 체험 같은 '소셜 다이닝'에 더욱 열광하게 만들 것이다. 관광 공유경제에서 인기 있는 플랫폼은 크게 숙박, 교통, 식사, 여행 경험으로 구분할 수 있다(〈표 1〉참조).

〈표 1〉 인기 있는 관광 공유경제 플랫폼

플랫폼	사업방식	사용자 수	연 매출	가치	서비스 지역
숙박					
airbnb	▪단기 숙소 중개 플랫폼 ▪숙소를 제공해주는 호스트와 사용하는 게스트가 지불하는 서비스 이용금액에 포함된 수수료가 수익원 ▪럭셔리 숙박과 여행 경험 서비스 제공 ▪2008년 설립	▪호스트에 의해 제공되는 숙소 약 250만 개 ▪6천만 명 이상 게스트가 이용 ▪하루 이용객 수 100만 명(2015년 기준)	▪260억 달러 (2017년 기준) ▪직원 수 3100명 (2017년 기준)	255억 달러 (2015년 기준)	세계 192개 국가, 3만 4천 여 개 도시
HomeAway	▪휴가용 숙소 임대 플랫폼 ▪집 소유주의 가입비가 수익원 ▪Bookabach와 VRBO 자회사 소유 ▪2005년 설립	▪120만 개 이상 등록 (2015년 기준)	▪4억 4680 만 달러(2014년 기준)	30억 달러 (2015년 기준)	전 세계 190개 국가
교통					
UBER	▪P2P 형태의 차량 공유 및 기술 기반 플랫폼 ▪등록된 기사의 수수료가 수익원 ▪2009년 설립	▪등월 4회 이상 운송서비스 제공하는 기사가 100만명 이상 ▪등일일 탑승 건수 300만 이상	▪650억 달러 (2016년 기준) ▪직원 수 12,000명 ▪미국 내 69% 시장 점유율	625억 달러 (2016년 기준)	세계 68개 국가, 400여개 도시

lyft	▪차량공유 플랫폼 ▪기사가 받는 요금의 20%가 수수료임 ▪2012년 설립	▪등록된 사용자 수 약 10만명 ▪매월 평균 탑승 건수 약 250만 건	10억 달러 (2017년 기준)	약25억 달러 (2015년 기준)	미국 300여 개 도시
BlaBlaCar	▪장거리 차량 공유 플랫폼 ▪2006년 설립	▪등록된 사용자 수는 약 6천 만명 이상 ▪매 분기별 약 1천 8백만 건 운송 서비스 제공	비즈니스 인사이더에 따르면 연 매출 7천 2백만 달러로 추정	약 12억 달러 (2016년 기준)	22개 국가 서비스 중
		식사			
VizEat	▪집주인과 손님을 연결해주는 집밥 공유 플랫폼 ▪집주인이 식사비용 중 15% 수수료 지불 ▪2013년 설립	▪등록된 사용자 2만 명 이상	–	–	전 세계 50개 국가
eatwith	▪호스트가 준비하는 저녁식사를 연결해 주는 요리경험 공유 플랫폼 ▪유명 쉐프 요리, 쿠킹 클래스 등 다양한 요리 경험 제공 ▪수수료 15% ▪2012년 설립	▪서비스 제공 하는 호스트 2만 명, 게스트 15만명 (2018년 기준)	–	데이터 수집 불가	전 세계 130개 국가, 5000여 가지 요리 경험
BonAppetour	▪관광객 대상 현지 음식 중개 플랫폼 ▪2013년 설립	▪등록된 집주인 500명 이상	–	–	전 세계 80개 국가 (주로 이탈리아, 프랑스)
		여행 경험			
Vayable	▪개별 여행 및 관광 경험을 제공하는 온라인 플랫폼 ▪2011년 설립	▪사용자 수 비공개	–	210만 달러 투자 유치	전 세계
tours by locals.com	▪현지인과 개별 여행객을 연결해 주는 온라인 플랫폼 ▪개별 여행, 현지 로컬 투어 ▪2008년 설립	▪온라인 등록 가이드 1,645명, 여행자 수 35만 명	–	4천5백만 달러 직원수 93명	전 세계 159개 국가

출처: OECD, 각플랫폼 웹사이트

가장 대표적인 공유 숙박은 에어비앤비와 홈어웨이 같은 플랫폼으로 관광 분야 공유경제를 이끌고 있다. 주요 글로벌 기업 외에도 소규모 기반 플랫폼이 여러 국가에서 운영되고 있다. 예를 들어 뉴질랜드의 부크아바크(Bookabach, www.bookabach.co.nz)는 휴가 시즌에 별장 주인들과 내국인 관광객들을 연결해준다. 글램핑과 카우치 서핑 같은 독특하고 색다른 곳에서 머물 수 있는 숙박 형태도 최근 몇 년간 인기를 끌고 있다.

교통 분야에서는 우버로 대표되는 차량 공유, 카풀 플랫폼인 블라블라카와 자전거 공유가 있다. 우버는 출장 목적 여행자에게, 블라블라카는 레저와 도시 간 여행자에게 인기가 높다. 관광 분야 공유경제의 후발주자는 식사와 여행 경험 플랫폼이다. 현지인이 직접 요리한 식사를 마치 집 밥처럼 먹거나 로컬 음식을 함께 만들어보는 쿠킹 클래스에 참여할 수도 있다. 잇위드(EatWith), 본아페투어(BonAppetour)가 대표적이며, 편안하고 친밀한 분위기에서 현지 음식을 먹고 음식문화를 접할 수 있는 독특한 경험이 관광 시장에서 틈새를 형성하고 있다.

그러나 전통적인 시장 경제 구조를 벗어난 형태의 공유경제 모델은 단기간의 급속한 성장으로 인한 플랫폼 시스템의 보안 문제와 소비자의 안전 확보, 법제도적 장치에 대한 미흡으로 인해 공유경제 시장에 대한 신뢰가 위협받고 실정이다. 2017년 북미 지역을 대상으로 한 조사에 따르면 우버와 같은 차량 공유 서비스의 신뢰도는 31%이지만 에어비앤비와 같은 숙박 공유 서비스는 28%에 불과한 것으로 나타났다(Maru & Matchbox, 2017).

관광 분야에서 자율과 혁신의 성장모델인 공유경제의 안정적인 성장을 위한 이슈와 논란에 대해 고민이 필요한 시점이다. 이를 위해 다음 장에서는 관광 공유경제에서 가장 주목받고 있는 플랫폼으로 숙박과 여행 경험(에어비앤비), 교통(우버), 식사(잇위드)의 비즈니스 모델과 비전을 살펴보기로 한다. 그 후 지속 가능한 관광 공유경제 성장을 위한 합리적 규제에 대해 살펴본다.

1–2 숙박을 넘어 여행 경험 서비스 제공하는 '에어비앤비'

에어비앤비는 2008년 8월 샌프란시스코에서 시작된 세계 최대의 숙박 공유 서비스다. 자신의 방이나 집, 별장 등 사람이 지낼 수 있는 모든 공간을 임대할 수 있다. 190개가 넘는 국가에 위치한 3만 개 이상의 도시에서 숙박을 중개하고 있으며, 전 세계적으로 2초당 한 건씩 예약이 이루어지고 있다. 에어비앤비는 누구나 하는 천편일률적인 여행에서 벗어나 맞춤형, 현지형 여행 수요가 증가하는 여행 트렌드를 배경으로 급속도로 성장했다. 에어비앤비는 공급자로서의 소비자인 '호스트'와 구매자로서의 소비자인 '게스트'가 에어비앤비 '플랫폼'을 통해 중개되어 공간을 공유하고, 이에 따른 수익이 분배되는 C2C(Customer-to-Customer) 방식으로 운영된다. 지난 수년간 넓은 공간과 주방을 원하는 가족단위 여행객, 여유를 즐기고자 하는 여행객 등 수백만 명의 사람들이 원하는 다양한 여행목적에 맞춘 온디맨드(On-demand) 서비스를 제공함으로써 관광 공유 플랫폼 정착에 기여했다.

〈그림 2〉 에어비앤비 모바일 플랫폼

출처: 픽사베이

에어비앤비 CEO 브라이언 체스키(Brian chesky)는 2018년 발표한 '에어비앤비의 미래'에서 10년 후 연 10억 명이 넘는 사람이 에어비앤비를 이용해 숙박할 것이라는 미래비전을 제시했다. 나아가 일반적인 숙박 중개를 넘어 5성급 호텔 서비스를 경험할 수 있는 '플러스(Airbnb Plus)' 와 '럭스(Airbnb Lux)'를 통해 다양한 경험을 공유하겠다고 포부를 밝혔다. 에어비앤비 플러스 숙소는 예술품, 가구, 편의시설 등 저마다의 개성에 맞게 디자인된 숙소이다. 모든 플러스 숙소는 방문평가를 통해 편안함, 일관성, 디자인 등 100여 개 항목에 대한 평가를 통과한 숙소로, 간편한 체크인 절차를 거쳐 언제든지 쉽게 체크인할 수 있다. 또한 플러스 호스트는 슈퍼호스트와 최고의 호스팅을 제공한다. 4.8이상의 높은 평점을 유지하고 0%의 취소율로 호스트에 대한 신뢰도를 높일 수 있다. 그동안 에어비앤비는 여행지에서 직접 살아본다는 컨셉과 실용과 합리의 가치를 바탕으로 성장해왔으며, 2018년 호텔 못지않은 프리미엄 숙박 서비스로 '셀렉트' 등급을 추가했다. 미국의 인기가수 비욘세는 하룻밤에 한화로 약 1,100만 원을 호가하는 에어비앤비 숙소에서 묵었다. 이를 시작으로 에어비앤비는 2018년 말부터 펜트하우스와 고급 맨션을 제공하는 프리미엄 서비스를 제공하고 있다. 이러한 럭셔리 서비스 론칭 배경에는 에어비앤비가 4000개가 넘는 빌라와 휴양시설을 갖춘 풀빌라 렌탈회사인 럭셔리 리트리츠(Luxury Retreats)를 인수하면서 가능해졌다.

에어비앤비는 숙소뿐만 아니라 여행 경험 서비스 강화를 위해 '트립(Airbnb Trip)' 서비스도 확대한다. 에어비앤비 트립은 개성 있는 현지인이 기획하고 진행하는 여행 액티비티다. 트립을 통해 게스트가 여행 도시의 매력과 호스트만의 특별한 세계에 푹 빠지는 경험을 할 수 있다. 트립 호스팅은 숙소를 공유하고 있지 않아도 가능하고 자신이 가진 취미나 기술, 전문 지식을 공유할 수 있다. 모든 트립이 에어비앤비 트립 품질 기준에 부합할지는 검토를 통해 등록하게 된다. 트립 서비스를 통해 관광객에게 잘 알려지지 않은 특별한 장소로 떠나는 여행, 사하라 사막에서 살아보기, 호스트와 함께 준비하는 다이닝 체험 등을 경험할 수 있다. 이러한 변화는 에어비앤비가 숙박 플랫폼을 넘어 '여행 경험' 제공 서비스 회사로 변신하는 기반이 될 것이다.

1-3 토털 모빌리티 서비스를 꿈꾸는 '우버'

우버는 2009년 미국 캘리포니아에서 시작된 스마트폰 기반의 승차 공유 서비스다. 실질적인 서비스는 2010년부터 시작되었으며 모바일 앱을 통해 공유된 차량의 운전기사와 승객을 중개한다. 우버 2.0으로 일컬어지는 우버의 새 비전은 차량 공유 회사를 넘어 '토털 모빌리티' 기업으로 성장하는 것이다. 창업 10년을 맞아 바니 하포드 우버의 최고 운영책임자(COO)는 우버를 자전거 · 트럭 · 헬기는 물론 모든 이동(모빌리티)수단을 연결하는 '연결운송(멀티모달) 제공 회사'로 성장시키겠다는 비전을 제시했다. 즉 하나의 플랫폼을 통해 다양한 운송 수단에 대한 솔루션을 제공할 수 있는 시스템을 구축하는 것이다.

우버는 미래 교통 시장을 선점하기 위해 천문학적인 비용을 로봇택시에 투자하고 있으며 2030년에는 도로 위에 50% 정도가 자율주행차량으로 채워질 것이며, 1마일 당 우버 이용 비용은 2.5달러에서 0.70달러로 내려갈 것으로 예측했다. 우버는 2020년 댈러스, LA, 두바이 등의 도시에서 에어 택시를 테스트하고 2023년 상용화, 2028년 보편적 서비스로 확대하는 것을 목표로 하고 있으며, 이를 위해 나사와 무인 교통 관리 시스템 개발을 시작했다. 에어택시는 더 다양한 옵션으로 목적지까지 빠르게 이동하는 것을 가능하게 해준다. 유인 드론 형태로 개발되는 에어택시는 모든 사람들이 매일 이용하는 승차 서비스로, 에어택시로 발전 가능하다고 비전을 제시했다.

〈그림 3〉 우버 모바일 플랫폼

출처: 플리커

〈그림 4〉 우버 자율주행 택시

출처: 위키미디어

우버의 홀든 CPO(Chief Product Officer, 최고 제품 책임자)는 우버 에어택시의 승하차 지역은 도심 외곽에 위치하고 있으나 이 지점까지 우버를 타고 이동할 수 있기 때문에 자연스럽게 연결운송(멀티모달)이 가능해진다고 설명했다. 우버는 이미 샌프란시스코에서 최고의 기술팀과 볼보의 자율주행차량을 이용해 로봇 택시 서비스를 테스트하는 데 성공했다. 도시 관광과 관련된 모든 유형의 차량 운송은 자동화로 인한 잠재적 변화로 큰 영향을 받을 것이다. 스마트 관광 도시에서 멀티 모달리티(multi-modality)는 도시의 초연결성을 구현해줄 수 있는 중요한 수단이 될 수 있다. 여행객들은 보다 편리하게 무인 자율운행 모빌리티를 이용해 자신이 원하는 관광목적지로 쉽게 이동할 수 있을 것이다.

어디서든 연결될 수 있는 자율 차량(Connected and autonomous vehicles: CAV)은 사람들이 도시에서 생활하고 일하고 여행하는 방식을 획기적으로 바꿀 수 있는 잠재력을 가지고 있다. 우버뿐 아니라 닛산, 볼보 등 차량 제조업체는 2020년까지 상용화할 수 있는 자동 주행 차량을 생산하기 위해 경쟁하고 있다. 스마트 도시 및 스마트 관광의 맥락에서 CAV는 관광 운송, 공간의 변화, 관광 운송 고용 및 야간 여행객에 대한 다양한 부문에서 영향을 가져올 수 있다. CAV는 해외 관광객들이 낯선 해외 환경에서 자동차를 찾고 운전하는 데 방해가 되는 요소를 극복하는 데 도움이 될 수 있을 것이다. 또한, 시차로 인한 피로, 도시마다 새로운 교통 규칙으로 발생하는 위험을 최소화할 수 있다.

그러나 CAV가 지닌 매력은 새로운 경제적 기회를 가져올 뿐 아니라 도시 관광지에 바람직하지 않고 의도하지 않은 영향을 미칠 수 있다. 예기치 못한 다양한 위협과 불평등 같은 불안도 함께 가져올 것으로 예측할 수 있다(Cohen & Hopkins, 2019). 새로운 것을 시도하는 젊은 관광객은 이런 변화를 즐기고 환호하게 될 것이다. 그러나 지역의 관광가이드와 관광 운송 기사들은 지역으로 유입된 새로운 여행객을 로봇 택시나 에어택시에 빼앗겨버리는 경우가 발생할 수도 있다. 이러한 변화로 야기되는 사회적 문제는 지금 당장 모든 것을 예측하고 대안을 만들어낼 수는 없지만 적당한 규제를 통해 장기적으로 해결해야 하는 문제로 인식되고 있다.

1-4 식사의 경험을 공유하는 소셜 다이닝 '잇위드'

식사와 여행 경험 분야에서 공유경제 모델은 아직 걸음마 단계이다. 잇위드(EatWith)는 이 분야에서 주목받고 있는 스타트업이다. 이 회사는 여행객과 지역주민을 전 세계 도시의 호스트가 제공하는 식사 경험과 연결해주는 플랫폼을 제공하고 있다. 잇위드는 식사 경험이 사회에 미치는 효과에 대한 관심을 불러일으켰다. 점차 많은 여행자들에게 인기를 얻고 있는 식사 경험 서비스는 새로운 관광 시장을 더 매력적이고 흥미롭게 만들고 있다.

잇위드의 비즈니스는 에어비앤비와 유사하다. 전문요리사 또는 개인적으로 요리를 제공할 수 있는 공급자(호스트)는 직접 집에서 조리한 식사 메뉴와 제공 장소를 식사 공유 플랫폼에 가격과 함께 올린다. 여행자 및 지역주민은 식사 옵션을 확인하고 식사비를 지불함으로써 식사 경험을 예약할 수 있다. 플랫폼을 관리하고 있는 회사는 일정 규모의 수수료를 제외하고 호스트에게 서비스비를 전달한다. 신뢰받고 안정적인 시스템을 운영하기 위해 호스트를 위한 별도의 모듈을 제공하고 여행객에게는 식사 이미지, 호스트 정보, 식사 장소의 위치와 지도, 식사 이벤트에 대한 구체적인 사항, 이전 고객들의 식사 경험 후기 등을 제공한다. 잇위드의 식사 공유 서비스는 트립어드바이저(TripAdvisor)와 같은 다른 P2P 공유 플랫폼과의 파트너십으로 브랜드를 더욱 공고히하는 동시에 고객이 꾸준히 접근할 수 있도록 지원하고 있다.

〈그림 5〉 트립어드바이저의 소셜 다이닝 파트너십, 잇위드 식사 공유 서비스

소셜 다이닝, 즉 식사공유 활동은 식품 보건 및 식품 안전 규제 측면에서 규제의 요소가 다수 존재하고 있으나, 아직까지 강력한 규제를 적용하고 있는 일반 식당업과 지인들을 초대해 식사를 공유하는 개인

적인 식사공유 사이에 불분명하게 걸쳐 있어 현재까지 정부가 크게 주의를 기울이지 않고 있다.

〈그림 6〉 잇위드의 비즈니스 모델

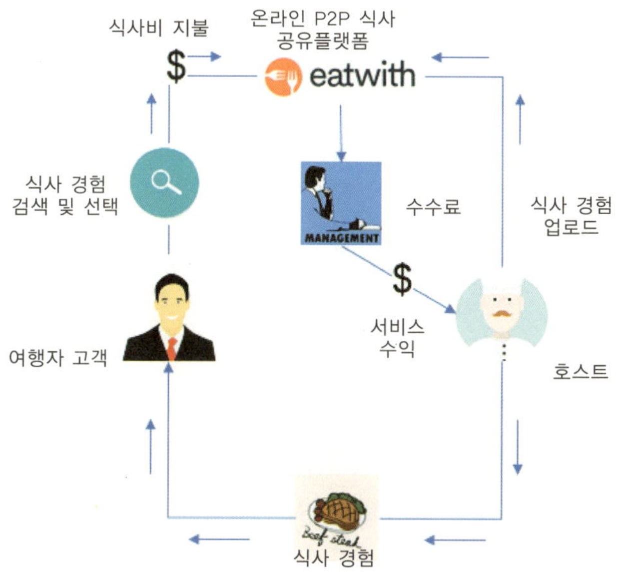

1-5 공유경제와 관광 시장의 변화

공유경제는 사람들이 머물 수 있는 숙박 공간, 즐길 수 있는 여행 경험, 목적지까지 이동에 대한 새로운 대안을 제공해주기 때문에 기존의 관광시장에 많은 변화를 가져올 수 있다. 유휴 자원을 가지고 있는 사람은 누구나 관광 사업을 시작할 수 있고, 자신만의 독특한 경험과 기술을 여행 경험으로 제공할 수 있다. 여행자들은 온라인 플랫폼을 이용해서 다양한 서비스를 쉽게 찾아보고 구매할 수 있다. 공유경제에서 제공되는 관광상품은 누구나 경험할 수 있는 일반적인 것을 넘어서 고객의 니즈에 맞게 독특한 경험을 제공하고, 다양한 상품과 높은 품질, 저렴한 가격으로 인기를 끌고 있다.

기존 관광 회사들은 이러한 공유경제 관광상품에 영향을 받을 수 있다. 관광관련 기업들은 공유경제 관광상품과 경쟁하기 위해 서비스 품질을 높이고 가격을 낮추는 새로운 관광상품을 선보이고 있다. 프랑스의 국영철도 사업자인 SNCF는 저렴한 가격의 기차와 버스 서비스를 개발하여 블라블라카와 같은 차량공유 서비스와 경쟁하고 있다. 뉴욕과 시카고의 택시 불만 사항에 대한 연구결과에서도 이러한 결과를 찾아볼 수 있다. 우버를 선두로 한 운송 공유 비즈니스가 활성화되면서 기존의 택시 업체들은 서비스 개선에 자극을 받게 되었고, 결과적으로 승객들의 불만 접수가 상당히 줄어들었다(Technology Policy Institute, 2015). 이런 현상은 여행객들이 양질의 관광 서비스를 쉽게 경험할 수 있다는 점에서 매우 바람직하고, 지속가능한 우수한 관광상품을 생산할 수 있다는 점에서 관광 생태계에도 긍정적인 영향을 미치고 있다.

숙박에서 공유경제는 전통적인 숙박시설 서비스와 문화적 · 산업적 차원에서 차별점을 제공할 수 있다. 예를 들어 현지인이 제공하는 에어비앤비 숙소는 여행지의 삶의 방식을 체험할 수 있는 독특한 문화 경험을 가능하게 해준다. 호스트가 제공하는 서비스는 개별 숙소마다 다를 수 있다. 어떤 경우는 호스트가 직접 준비한 현지 로컬 음식을 가족과 함께 경험할 수 있다. 그런 경우가 아닐지라도 에어비앤비 숙소에서 여행자는 현지 가정집의 분위기를 오롯이 느낄 수 있고 주변의 가까운 마트에서 식재료를 구매해서 직접 조리해 먹을 수 있기 때문에 호텔에서 제공하는 표준화된 서비스를 경험하는 것과는 문화적으로 차이가 있을 것이다.

산업적 측면에서 공유경제는 유연하다. 예를 들어 대규모 시설투자가 어렵고 관광수요 예측이 어려운 소도시나 농촌 관광에서 안정적으로 숙소를 제공할 수 있다. 또한, 축제나 특별 행사 중에 수요에 대한 최고점과 최저점에 유연하게 대처할 수 있다. 지방의 소도시에 관광 성수기를 위해 막대한 비용을 투자해 호텔을 짓고 나면 비성수기에 수요급감으로 인해 발생하는 적자를 감수하지 않아도 될 것이다. 예를 들어 2018 평창올림픽 기간 중 에어비앤비 숙박을 사용한 고객은 총 1만 5천만 명이며, 이는 호텔 46개를 새로 지은 것과 같다.

에어비앤비 숙박은 관광시장을 확장시켰다. 우선 공간적 측면에서 관광 지역의 확장이다. 호텔이 부족한 농촌과 지방 소도시에 관광객들을 불러들일 수 있게 되었다. 이전에 대도시를 중심으로 진행되었던 관광 패턴이 대도시를 중심으로 그 인근 소도시로까지 관광 지역이 확장되었으며, 그로 인해 소도시를 가기 위한 교통 허브인 대도시에 재방문하는 횟수도 증가하고 있다. 두 번째로 여행자 측면에서 타겟의 확장이다. 2016년 발레산 관광 연구소(Observatoire Valaisin du Tourisme)는 에어비앤비가 스위스 방문에 미친 영향을 살펴본 연구에서, 비싼 호텔비로 인해 스위스 여행을 주저했던 일부 관광객들이 호텔보다 저렴한 에어비앤비 숙소로 인해 스위스 도시의 틈새 관광시장을 확장시켰다고 밝혔다. 스위스에서 에어비앤비 숙소는 약 8%를 차지한다.

공유경제는 미식 관광 시장 확장에도 중요한 영향을 미치고 있다. 최근 몇 년 동안, 미식 관광은 급속도로 성장했으며, 관광의 가장 역동적이고 창의적인 부분 중 하나가 되었다. 세계 각국의 유명 관광 도시와 관광 기업들은 모두 음식이 관광 다양화와 지역 및 국가 경제 발전을 촉진시킬 수 있는 중요한 요소임을 알고 있다. 관광지에서 경험하는 요리는 휴가 경험의 품질을 평가할 때 가장 중요한 측면이다. 2018년 외국인 관광객 3천만 명을 돌파하며 관광 대국으로 급부상하고 있는 일본의 사례에서도 해외관광객 유치와 음식의 중요성을 찾아볼 수 있다. 일본정부관광국(Japan National Tourism Organization: JNTO)의 해외 프로모션 팀은 일본 관광시장이 성장한 여러 가지 이유 가운데 전통 음식 문화 등 체험 관광 프로그램을 대거 개발하면서 해외 여행사들의 호평을 받고 있다고 분석했다. 특히 도쿄의 레스토랑은 미쉐린가이드에서 발표하는 스타 레스토랑의 개수에서 프랑스 파리를 제치고 1위를 차지할 정도로 일본의 음식 수준은 국제적인 수준을 인정받으며 호평을 받고 있다. 다양한 지역의 일본 음식을 경험하기 위해 일본의 소도시까지 여행을 다니는 일본 여행 "덕후(한 분야에 열중하는 사람)"가 증가하고 있다.

지역의 색다른 음식을 즐기고자 하는 음식 여행의 인기는 일반 레스토랑에서 경험하기 어려운 로컬리티(locality)와 호스트의 개성을 함께 느낄 수 있는 음식 공유 경험으로 확장하고 있다. 여행을 자주 다니는 소비자들은 이전보다 훨씬 실험적이고 새롭고, 독특한 관광 경험을 원하고 있으며 음식 공유 서비스는 이를 충족시키기에 충분하다. 호스트가 직접 요리한 지역의 독특한 음식을 경험하는 것은 여행의 경험을 확장시킬 수 있는 좋은 콘텐츠가 될 수 있다. 때로는 호스트가 진행하는 쿠킹 클래스에 참여해서 여행자가 직접 로컬 음식을 만들어볼 수 있는 색다른 경험을 할 수도 있다. 이처럼 진정성 있고 차별화된 경험에 대한 수요가 증가하고, "현지인처럼 살아보기"라는 여행 트렌드와 결합하여 기존 관광 시장이 세분화되고 새로운 관광 시장 틈새를 공략할 수 있는 훌륭한 관광 공유 비즈니스로 성장하고 있다.

공유경제 관광상품은 관광 분야에서 새로운 기회를 제공하고, 더욱 신선한 관광 경험을 추구하는 관광객을 만족시킬 수 있는 대안상품으로 자리 잡았다. 뿐만 아니라 샌프란시스코 등 에어비앤비가 폭발적으로 성장한 지역에서 신규 호텔 건립을 추진하게 되고 저렴한 에어비앤비 숙소로 인해 더 오랜기간 머물 수 있게 되어 지역 관광이 활성화되었다는 측면은 기존 관광 업계 서비스를 보완할 수 있음을 알 수 있다.

1-6 자율과 규율 그 균형의 가치, 관광 공유경제

자율적이고 창의적인 비즈니스 환경에서 성장한 공유경제는 유휴자원의 재생산으로 수요시장을 확대하고 비경제 인구층의 일자리 창출을 유도할 수 있는 장점이 있다. 2018년 Airbnb & APEC 연구에 따르면, 에어비앤비는 전 세계적으로 약 73만개의 지역 일자리를 창출했다고 보고했다. 그러나 비평가들은 공유경제가 관광산업에 부정적인 영향을 미칠 수 있다는 점을 지적하고 있다. 공유경제로 인해 관광부문의 파트타임 근로자가 늘어나고 고용 안정성이 떨어질 것이라고 전망했다. 예를 들어 호텔리어들은 숙박공유 플랫폼의 증가로 경쟁이 심화되고 수익을 잃을 수 있다. 실제로 2015년 보스턴대학교 연구에 의하면 에어비앤비로 인해 2008년부터 2014년 사이에 오스틴 지역의 호텔 매출이 8~10%가량 감소했다. 그중 소규모 저렴한 호텔이 가장 큰 영향을 받았다.

관광 공유경제에 대한 또 다른 비판은 안전 및 보건 분야에서 발생할 수 있는 표준 기준 미준수로 인한 위험이다. 공유경제의 공포심과 불공정한 경쟁을 비판하기도 한다. 실제로 에어비앤비로 인한 피해사례가 적지 않게 발생하고 있다. 금전 문제나 위생 불감증 문제에 대한 무책임, 성범죄 또는 인종차별의 대상이 되기도 한다. 또한, 호텔사업자는 환경보호, 노동법, 소비자 보호, 다양한 세금에 책임을 지고 처리해야 한다. 그러나 숙박 공유 플랫폼의 많은 호스트들은 동일한 규칙 및 법률을 준수하지 않고 있다. 뉴욕의 2014년 보고서에 따르면, 에어비앤비 호스트의 72% 이상이 일부 법률을 위반하고 있다고 보고했다.

암스테르담을 비롯한 에어비앤비 허용 도시는 숙박 공유로 인해 발생하는 문제를 해결하기 위해 규제정책을 실시하고 있다. 예를 들어, 숙박 공유로 벌어들인 수익에 대한 소득세를 납부하고 이용객은 숙박비의 일부를 관광세로 납부하도록 한다. 안전에 대비해 소방서의 지침을 따라야 하고 이웃의 불만을 신고할 수 있는 전화번호를 이웃사회에 알린다.

숙박 공유업을 반대하는 측은 주택공급 부족 현상과 세입자 퇴거율 증가, 이웃주민 피해를 야기한다고 주장한다. 주택시장이 장기임대에서 단기임대 시장으로 이동하면서 임대료 상승이 나타나고, 일부 호스트는 숙박 공유업을 확장하기 위해 주택을 임대 하거나 구입하기 때문에 주택 공급 부족을 가속화시킬 수 있다. 이 점은 유휴재산을 공유한다는 공유경제 본연의 의미를 훼손하는 행위로 유휴재산에 대한 접근권에 대한 명확한 법제도 규정이 필요하다. 이러한 문제를 해소하기 위해 샌프란시스코와 암스테르담은 연간 최대 영업일수를 한정하고 동시 숙박 인원도 제한하고 있다. 샌프란시스코에서는 "one host, one home" 정책을 실시해 호스트는 하나의 주소에서만 등록이 가능하도록 했다. 이처럼 에어비앤비는 이해관계자들의 쟁점을 해결하기 위해 도시와 새로운 협약을 체결하고 불법 임대 퇴출과 방지, 숙박 공유에 대한 시정부 정책에 대한 정보 교류 등 보완책을 제시하고 있다.

〈그림 7〉 에어비앤비 반대 스티커

출처: 플리커

공유경제에 대한 지원 및 규제정책은 세 가지 방향성으로 나타나고 있다. 첫째, 미국의 경우로, 시장의 유지 및 확산을 전제로 진입요건 강화보다는 부작용 해소를 위한 보완책 수립을 강화하는 것이다. 미국은 우버를 허용하면서 우버 서비스에 대한 보험 프로그램 개발 및 공항 내 차량 공유 서비스 허가 요건 정비 등 자체적인 제도 정비에 노력하고 있다.

둘째, 유럽과 같이 기존의 경제 주체들과의 균형과 조화를 중요시하고 시장 진입과 책임 요건을 강화하는 방식이다. 덴마크, 프랑스 독일 등에서는 '우버 팝'(일반 자가용 이용) 같은 차량 공유 서비스를 불허하고 있다. 프랑스에서는 에어비앤비를 통한 숙박 공유를 금지하는 법안이 발의되기도 했다.

셋째, 성장 및 혁신, 취업과 창업 활성화에 초점을 맞추어 포괄적인 형태에서 공유경제를 허용한다. 중국의 경우가 이에 해당되며, 대규모 투자와 지원으로 중국의 공유경제 시장 규모는 2017년 약 5.7조 위안을 기록하며 급속도로 발전하고 있으며, 비교적 최근에서야 관련 제도를 구축하고 정비하고 있다.

조세 형평성을 고려하여 플랫폼의 역할을 강화하고 거래 위험 최소화를 위한 책임 요건에 대한 명확성을 분명히 하는 것은 전 세계적인 추세이다. 반면 진입에 대한 규제와 부정적 효과에 대한 규제는 지역별 상황에 따라 자율적으로 규제하고 있다. 지역적 상황에 따른 자율적 규제는 지역관광 활성화를 위해서도 적극적인 검토가 필요하다. 마이크 오길 에어비앤비 아시아 태평양 정책 총괄 대표는 대도시를 제외한 관광특수 지역에서의 공유숙박에 대해 더욱 유연한 규제가 필요하다고 밝혔으며, 예를 들어 2018년 평창올림픽에서 호텔 건립에 투자되는 막대한 재정적 지원 없이 1만5천만 명의 고객이 에어비앤비를 이용함으로써 특수 시즌의 숙박 수요를 해결할 수 있게 됐다. 에어비앤비에 대한 규제에서 대도시와 관광특화 지역의 규제는 다르게 적용해야 하는 기준이 될 수 있다. 호주의 뉴사우스웨일즈 주는 최근 대도시와 농촌 · 해안 지역에 서로 다른 에어비앤비 규제를 적용했다. 농촌 · 해안지역은 장기렌트를 허용하고 임대료 인상이 우려되는 대도시는 임대 기간을 한정하는 방식이다.

〈그림 8〉 런던의 우버 반대 시위

출처: 플리커

다음으로 차량 공유에 관해서는 택시업계와의 갈등, 불명확한 책임소재, 제도적 공백으로 인해 북미권에서 큰 성공을 거둔 우버가 한국에서는 2년 만에 철수를 결정했다. 2018년 카카오 카풀 서비스 개시

선언으로 다시 택시업계의 반발이 거세지고 있는 상황이다. 미국은 우버를 허용하는 대신 택시업계에 대한 규제 완화와 지원을 강화하여 공정한 경쟁을 유도할 수 있는 정책을 펼치고 있다. 유럽은 많은 수의 국가에서 우버를 불법으로 규정하고 있으며, 차량공유업 허가에 필요한 자격과 책임 요건을 강화하는 방식으로 택시업계와 균형적인 조화를 도모하고 있다. 중국은 '온라인 차량 예약 서비스'라는 가장 포괄적인 방식으로 차량 공유를 인정하는 국가로 가장 대표적인 차량 공유 앱인 "디디"는 위챗결제 등 중국 상황에 최적화된 시스템 적용으로 우버를 몰아내고 세계적인 유니콘 기업[2]의 반열에 들어섰다. 디디는 우버와는 달리 택시기사를 '사업 파트너'로 선택했기 때문에 한국처럼 택시업계의 큰 반발 없이 긍정적으로 정착할 수 있었다. 중국판 우버로 시작한 디디는 미국의 애플사와 일본 소프트 뱅크의 투자를 받으며 자국을 넘어 중동, 남미로 진출하고 있다. 하지만 중국에서 급성장한 디디 또한 승객 안전과 신뢰에 문제가 발생하면서 플랫폼의 책임 강화 및 사전 허가 요건 등 관련 제도 정비를 서두르고 있다.

중국의 공유경제는 시장이 활성화되고 규모가 증가하고 있는 점은 한국의 상황과 비교할 때 시사하는 바가 크다. 2018년 8월 글로벌 유니콘 기업 중 상위 10위권에 우버, 디디 등 7개의 기업이 공유경제 분야이며, 이중 중국기업은 디디(Didi Chuxing), 메이퇀디엔핑(Meituan dianping), 터우티아오(Toutiao), 판둬둬(Pinduoduo) 등 4개이고 이중 관광

2 유니콘(unicorn) 기업이란 기업 가치가 10억 달러(=1조원) 이상인 비상장 스타트업 기업을 말한다.

공유경제는 디디와 메이퇀디엔핑이다. 그 외에도 숙박공유 업체인 샤오주돤주는 2012년 8월 설립되어 2018년 7월까지 중국 400여 도시와 해외 252 도시에 42만 개의 숙소가 등록되었다.

한국 스타트업 생태계는 정부의 강한 규제와 이해관계자 간 합의 도출 실패로 인해 성장을 못하고 있다. 미래에셋은 중국의 차량공유 기업인 디디에 2800억 원을 투자했고, 삼성은 동남아시아의 승차 공유 스타트업인 '그랩(Grab)'에 천문학적인 돈을 투자했다. 2016년 세계경제포럼에서 발표한 한국의 4차 산업혁명 준비도는 25위에 머물러 있다. 전 세계 236개 유니콘 기업 중 한국의 기업은 3개(쿠팡, 옐로 모바일, L&P 코스메틱)에 불과하고 세계 공유경제 시장을 이끌어 가고 있는 관광 공유경제 서비스는 공유숙박 플랫폼인 코자자, 비앤비히어로, 카쉐어링 기업인 그린카, 쏘카로 글로벌 수준의 유니콘 기업에는 미치지 못하고 있다.

〈그림 9〉 관광 공유경제의 장단점

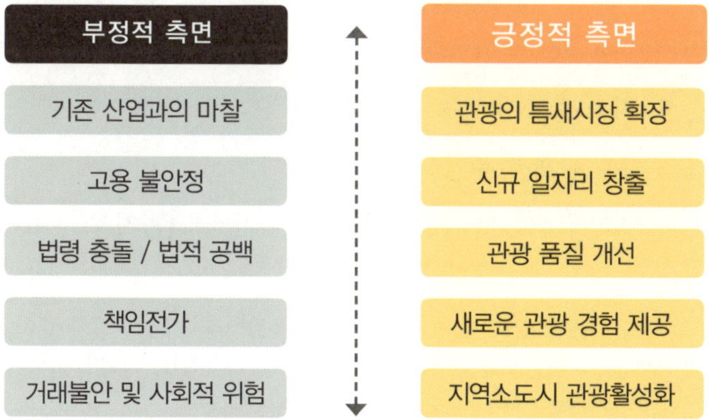

관광 공유경제에 대해서는 상반된 시각이 있다. 세계의 스마트 도시들은 도시의 상황에 맞게 규제와 지원정책을 시행하고 있다. 창의적 혁신과 시장창출을 중시하는 중국형, 시장의 유지와 확산 중심의 미국형, 기존 경제주체와의 균형과 조화에 초점을 맞춘 유럽형 중 어떤 정책에 중점을 두고 접근하느냐에 따라 다른 결과가 나타날 수 있다.

시장의 자율에 맡길 것인가? 규제를 강화할 것인가? 라는 갈림길에서 관광 공유경제 산업이 제대로 자리잡기 위해서는 다양한 이해관계자들의 의견을 수렴하고 지역 맞춤형 정책을 펼쳐야 할 것이다. 이때 중요하게 고려해야 할 점은 우선 관광 공유경제의 등장이 왜 많은 사람들에게 인기를 끌고 있는가에 대한 이유를 먼저 살펴야 할 것이다.

공유숙박의 등장은 관광객들에게 새로운 숙박 시설에 대한 니즈로 인해 나타났다. 공유경제는 기본적으로 롱테일 시장[3]에 기본을 두고 있다. 전통적인 시장에서 찾아볼 수 없는 새로운 수요에 대해 숙박 공유 시장이 다양한 가치를 지닌 숙박 시설을 제공할 수 있다면 틈새시장이 생겨날 것이다. 예를 들어 농촌 지역, 축제나 이벤트가 개최되는 특수 시즌에 부족한 숙박을 에어비앤비로 채울 수 있다면 신규 일자리 창출 및 지역 소도시 관광을 활성화할 수 있고 여행자는 새로운 관광 경험을 더욱 쉽게 향유할 수 있을 것이다.

두 번째로 고려해야 할 점은 시장의 크기가 커졌는지 여부이다. 새

---

3 롱테일 시장은 대량생산에 익숙한 전통시장과 달리 다수의 다양한 기호와 관심을 가진 고객이 존재하는 다품종 소량생산의 틈새시장이다. 롱테일 시장은 따로따로 본다면 작은 규모이지만 전부 합하면 매우 큰 규모의 사장 가능성이 있다.

로운 숙박 시설을 원하는 고객의 니즈가 있는 곳에 공유숙박을 허용했는데 기존의 시장 규모와 별 차이가 없다는 것은 새로운 시장의 확산이라기보다는 공유숙박이 기존 시장을 잠식하고 있다는 것이다. 즉 기존 시장 100에서 공유숙박 시장 50이 생겨나 총 규모가 150이 되었다면 공유경제의 순기능이 더 클 것이다. 반대로 공유 숙박 50으로 인해 기존 시장 50이 잠식되어 총규모가 결국 100으로 나타난다면 기존 사업자와의 갈등 등 역기능이 더 크게 나타날 것이다.

노동시장의 불균형은 관광 공유시장에서만 발생하는 것이 아니다. 4차 산업혁명 시대 기술 기반의 기업들은 누구나 겪을 수밖에 없는 사회 문제이다. 이때 관광 공유경제가 지닌 역기능을 최소화하기 위해 관광 공유 경제산업에 대한 정확한 정의와 그에 따른 조속한 법제화, 플랫폼 사업자의 심사강화와 명확한 책임 규정을 통한 사회적 신뢰 회복 및 거래에 대한 안정 장치 마련은 지속적으로 해결해야 할 문제이다.

예를 들어 네덜란드의 암스테르담은 공유 숙박에 대한 명확한 기준을 제시하고 있다. 공유 민박은 연간 60일까지, 최대 4인으로 한정하고, 반드시 호스트가 거주하는 공간이어야 한다. 호스트는 소득세를 내야 하고 숙박비의 5%를 대납할 의무가 있다. 또한, 안전장치를 위해 소방서 가이드라인에 맞춰 소방안전을 따르고 이웃에게 숙박 공유 사실을 알려 비상 연락망을 구축하고 있다.

기술이 발전하고 시간이 흐를수록 더욱 다양하고 새로운 비즈니스 모델이 생겨날 것이다. 하지만 많은 문제가 발생한다고 해서 무조건 막는 방법을 택한다면 변화된 시대에 적응하고 이를 계기로 성장하는 흐름에 역행하게 될 것이다. 변화된 소비자의 새로운 니즈를 살피고 시장의 규모와 확대를 고려한 유연한 정책을 통해 틈새 관광시장을 확장시키고 일자리 창출을 유도할 수 있는 관광 공유경제 시장 프레이밍이 필요하다.

2. 스마트하게 열리는 전통과 로컬의 글로컬한 매력

2-1 구도심·소도시 여행, 관광객은 로망? 관광지는 폭망?

최근 전통적인 대도시 여행에서 새로운 매력을 발견할 수 있는 소도시 여행과 구도심 여행이 관심을 끌고 있다. 2018년 여행 트렌드로 한국관광공사는 구도심 여행, 하나투어는 낯선 소도시에 대한 수요를 꼽았다. 지역마다 구도심을 중심으로 지역 고유의 문화, 예술, 역사를 콘텐츠화한 지역 밀착형 도시 재생 프로젝트를 펼치고 있다. 대표적인 관광 지역은 '감천문화마을(부산)', '동피랑마을(경남 통영)', 오랜 골목을 재해석한(경북 경주), 객리단길(전북 전주)', '익선동(서울)' 등이 있다.

오랜 세월의 이야기를 담고 있는 전통시장은 낡은 이미지를 벗고 지역의 특색 있는 먹거리가 넘쳐나는 푸드트럭 거리, 핸드메이드 상점, 지역색을 살린 야시장 등으로 탈바꿈하고 새로운 관광시장을 만들어내고 있다. 부산 부평깡통시장, 서울 광장시장, 대구 서문시장, 여수 낭만포차거리, 공주 산성시장 등이 있다. 이러한 현상은 관광과 일상이 융합되고, 관광의 형태가 관람이 아닌 체험으로 변화하면서 생겨난 것이다. 외래 관광객은 지역의 독특한 정체성을 느낄 수 있는 장소를 찾아 나섰고, 주민의 살아있는 일상을 경험하고 현지인처럼 살아보는 여행을 가장 쉽게 경험할 수 있는 전통시장이 관광명소로 거듭나고 있다.

〈그림 10〉 부산 감천마을을 방문하는 해외 관광객

출처: 플리커

〈그림 11〉 지역의 독특한 관광 콘텐츠로 거듭난 전통시장

출처: 플리커

특히, 여행 경험이 많은 관광객들은 역사유적이나 자연풍경 등 전통적인 관람형 관광자원이나 잘 알려진 관광지보다 현지문화를 직접 경험할 수 있는 마을, 거리, 시장 등 지역 주민들의 일상 공간을 더 선호한다. 이러한 현상은 일상 공간이 관광 공간화되는 '일상의 관광화'로 해석된다(Uriely, 2005).

특히, SNS를 통해 다양한 관광지와 관광상품 정보를 얻을 수 있기 때문에 SNS에서 화제를 모은 장소는 새로운 여행 경험을 추구하는 관광객들에게 인기를 끈다. 소도시 여행의 인기도 이와 같은 맥락에서 설명할 수 있다. 구도심, 전통시장, 소도시 여행 패턴으로 변화는 기존과 다른 새로운 여행을 추구하는 여행자의 니즈가 SNS 또는 유튜브 등 소셜미디어의 사회적 영향력과 만나 재생산된 관광상품이라고 해도 과언이 아니다. 여기에 '일상의 관광화', '현지인처럼 살아보기' 등 관광 심리적인 특성이 더해진 현상이라고 할 수 있다.

여행 경험이 풍부한 관광객은 여러 번의 여행 경험이 있는 대도시를 벗어나 근교 소도시 여행으로 눈길을 돌리고 있다. 예를 들어, 일본의 야마구치현 나가토시의 모토노스미신사는 잘 알려지지 않은 관광지였지만, 2004년 SNS를 통해 '절경지'로 화제를 모으며 널리 알려져 2017년에는 108만 명이 방문했다. 이에 힘입어 야마구치현은 2018년 영국인 유튜버를 활용해 홍보 동영상을 제작·배포했다. 지방 곳곳에 숨어있는 원석을 세계적인 관광자원으로 콘텐츠화에 성공한 일본 관광의 '글로컬(Glocal)'[4] 전략이 빛을 발하고 있다. 여기에 전

---

4 글로컬(glocal)은 세계화(global)와 현지화(local)의 합성어로 '지역 특성을 살린 세계화'를 의미한다.

국을 스트레스 없이 편안하게 다닐 수 있는 통신, 교통, 결제 환경, 언어문제 해결을 위한 관광 인프라 확충을 함께 추진하고 있는 점도 일본의 소도시 여행 열풍을 불러일으킨 배경이다.

일본은 수도인 도쿄뿐 아니라 지방 곳곳에도 외국인 관광객이 넘쳐난다. 2009년 외국인 관광객이 한국보다 적은 수였던 것이 2015년 역전하고 최근 3년 동안 연평균 450만 명이 증가할 정도로 폭발적으로 증가하고 있다. 외국인 관광객 3천만 명을 돌파한 관광대국 일본의 성공 전략은 지역마다 특색 있는 볼거리와 체험 상품을 개발해 소도시를 띄웠기 때문이다. 서울, 제주에만 외국인이 몰리는 한국과는 대조적이다.

구도심 · 소도시 관광의 인기는 부작용을 초래하기도 한다. 미처 대규모 관광객을 수용할 준비가 되지 않은 특정 지역으로 관광객이 급증하면서 나타나는 다각면의 부정적 사회 문제가 발생하고 있다. 지역의 관광 수용 한계를 초과하는 관광객이 유입되면서 거주지의 지나친 혼잡, 환경 훼손, 소음 발생 등으로 인한 주민 삶의 질 저하가 나타나고 있다. 이러한 '오버투어리즘' 현상에 대한 '反관광 정서'는 바르셀로나, 베네치아, 암스테르담 등 유럽 주요 관광 도시를 중심으로 거세게 일어나고 있다(박주영, 2018). 한국의 관광 도시에서는 감천문화마을, 북촌한옥마을, 여수 낭만포차거리 등에서 오버투어리즘의 부작용을 호소하고 있다.

투어리스트피케이션(touristification)[5], 관광 혐오증(tourism-phobia)[6], 디즈니피케이션(disneyfication) 등 다양한 신조어의 원인이 되고 있는 오버투어리즘을 해결하기 위한 방안은 어떤 것이 있을까? 관광 혐오가 퍼지가 있는 유럽의 도시들은 에어비앤비가 투어리스트피케이션을 조장하는 제1공적이라고 지적하고 있다. 관광 공유경제는 어쩌다가 시민들에게 환영받지 못하는 '적'의 대상이 되어버린 것일까? 관광객과 지역주민이 함께 잘 살 수 있는 지속 가능한 관광(sustainable tourism)을 실현하면서, 관광 공유경제 산업이 함께 성장할 수 있는 방법은 무엇이 있을까? 다음 장에서는 글로컬 관광이 성장하게 된 배경을 살펴보고, 오버투어리즘에 대응하는 세계 각국의 스마트 도시 정책에 대해 살펴보고자 한다.

2-2 글로벌 성장과 로컬의 혜택, 숨겨진 지역의 미를 찾는 글로컬 관광

글로컬 관광은 이제 세계적인 추세다. 단체 관광객 중심에서 개별 여행자(free independent traveler: FIT) 중심으로 관광 시장이 빠르게 변하면서 다수를 위한 일반적 관광 경험이 아닌, 소수를 위한 특색 있는 여

5 투어리스티피케이션(touristification)은 '관광지화되다'라는 의미의 '투어리스트파이(touristify)'와 외부인이 유입되면서 월세나 임대료가 올라 원주민이 쫓겨나는 현상을 의미하는 '젠트리피케이션(gentrification)'의 합성어이다.

6 투어리즘 포비아(tourism-phobia)는 관광(tourism)과 공포증 또는 혐오를 뜻하는 'phobia'의 합쳐진 신조어로 관광 공포증 또는 관광 혐오증이라고 한다. 주로 관광객이 몰려 주민들의 삶과 터전이 침해당하는 곳에서 나타나는 현상이다.

행 경험이 인기를 끌고 있다. 대도시에서는 다소 교통이 불편하고 오래된 정취를 간직하고 있는 구도심, 전통시장, 낡고 허름한 노포(老舖)[7]를 기꺼이 찾아 나서는 여행자들이 증가하고 있다. 대도시를 벗어나 소도시의 한적한 정취를 즐기는 FIT들은 지역의 경제를 활기차게 한다.

글로컬 관광은 지방 분권화 시대에 지역 경제 활성화에 도움을 줄 수 있는 핵심 산업이다. 2009년 한국은 일본에 비해 외래 관광객 수에서 앞섰다. 그러나 2015년 일본은 한국을 역전하고 이어 최근 3년간 연평균 450만 명이 증가할 정도로 외국인 관광객 수가 급증하고 있다. 일본의 관광진흥정책은 글로컬 관광정책의 성공이라고 요약할 수 있다. 내국인이 찾을 만한 지역마다 특색있는 볼거리와 체험상품을 개발하고 외국인까지 찾아올 수 있도록 인프라를 정비한 것이다. 일본관광청은 "글로컬 관광은 인구감소를 겪고 있는 일본에 소도시 관광은 성장 전략의 기둥이자 지방발전을 위한 비장의 카드"라고 말했다.

일본의 글로컬 관광은 2003년 비지트 재팬(Visit Japan) 캠페인을 시작으로 본격적으로 추진되었다. 예를 들어 홋카이도 지역을 중심으로 이와테, 아키타, 아오모리 등 4개 현이 지역의 공동마케팅에 참여하고 있다. 일본은 전국 어디서나 스트레스 없이 편리하게 여행하기 위한 인프라도 세심하게 깔았다. 대도시나 유명 관광지뿐 아니라 한적

---

7 노포는 대대로 물려 내려오는 50년 이상 된 오래된 가게를 뜻한다. 서울시에서는 오랜시간 명맥을 이어온 가게를 '오래가게'로 명명하고 관광자원화에 애쓰고 있다.

한 시골 역에도 행선지 밑에 한국어, 중국어, 영어를 병기하고 있다. 통신과 교통, 결제 환경 등 여행에 필수적인 인프라를 최적화시키고 있다.

일본은 관광대국화를 위해 관광 관련 규제 완화를 적극 추진했다. 2018년 6월 에어비앤비 등 공유숙박업을 내국인도 이용할 수 있도록 했다. 국가 자격증이 없는 일반인도 통역안내사로 활동할 수 있도록 해 노년층 일자리 창출을 적극적으로 지원하고 있다. 2013년 6월부터 중국, 동남아에 대한 비자 발급 요건을 완화했다. 외국인 관광객은 편의점에 가도 5000엔 이상만 사면 바로 세금을 빼고 물건을 살 수 있는 면세정책을 식품, 약품 화장품 같은 생필품에 확대 시행했다.

글로컬 관광 흐름 속에서, 우리는 어떨까? 한국은 외국인들의 주요 방문 도시가 서울(80.5%)과 수도권에 심각하게 편중되어 있다. 그 뒤를 이어 경기(15.8%), 부산(15.1%), 인천(8.7%), 제주(7.9%) 순이다(한국관광공사 외래 관광객 실태조사, 2018).

이러한 현상을 해소하기 위해 2016년 3월부터 서울-지방을 잇는 외국인 버스여행 상품 K-트래블버스를 운행하고 있다. 2018년 1월 문화체육관광부와 한국관광공사는 외래 관광객들의 수도권 집중현상을 완화하고, 지역의 매력있는 관광자원을 개발하기 위해 '2018 글로컬 관광 육성 사업'을 확대 추진했다. 총 10개의 각 지역별 테마와 대표 코스를 정리하고 홍보 · 마케팅을 진행했다. 대표적인 것으로 대구 근대골목과 서문시장, 동성로 등의 콘텐츠로 구성된 '진짜 즐기는 진짜 대구여행', 전남(여수, 순천)의 돌게장정식, 돌산갓김치 등 먹거리와 연계한 '여수 밤바다' 등이 있다.

〈그림 12〉 서울-지방을 잇는 외국인 버스 여행 상품, K-트래블버스

출처: 플리커

또한, 2019년 '코리아그랜드세일'에서는 외국인 관광객이 선호하는 관광상품에 맞춰 다양한 할인행사뿐 아니라 케이(K-)트래블버스 1+1 행사를 통해 서울과 지방을 잇는 버스여행 상품도 할인했다. 구도심의 매력을 경험할 수 있도록 유명 요리사와 함께 둘러보는 '청진옥', '우래옥', 하동관', 등 노포 투어도 마련했다.

외국인 개별여행자(FIT)는 관광산업에서 롱테일이다. 인구감소를 겪고 있는 지방에 수요가 줄어들어 돈 쓸 사람이 없으면 돈 쓸 사람을 불러오는 것이 방법이다. 외국인 개별여행자는 연령, 관심, 사고 방식이 다양하다. '꼭 봐야 할', '추천하는' 여행지보다 좀 더 색다르게 여행을 할 가능성이 많다. 그들은 좀 더 유연하게 관심사에 맞춰 여행 일정을 조정하고 새로운 관심거리가 생기면 예정되지 않은 곳으로 누군가에게 의지하지 않고 스스로 이동하며 경험한다.

이런 점에서 한국의 글로컬 관광 상품은 아쉬움이 남는다. K-트래

블버스는 해외 관광객에게 국내의 관광명소를 소개하고 숙소와 가이드를 제공하는 여행 상품이다. 2017년 기준 1박 2일, 5개 코스로 구성된다[8]. 정해진 시간에 출발해서 추천된 관광지와 정해진 숙박시설에서 머물게 되며. 더 머물고 싶어도 1박 2일 상품이기 때문에 여행자가 일정을 조정하는 것은 불가능하다. 개별 여행객을 위한 상품이라고 하지만 단체 여행 상품같이 여행자의 유연성을 심각하게 제한하고 있다. 2017년 K-트래블버스 이용자는 1,881명에 그쳤다. 2019년 '코리아그랜드세일'도 마찬가지다. 스스로 관심있는 장소를 찾고, 색다른 경험을 원하는 개별 여행자가 선호하는 자연스럽게 일상 공간을 경험하는 여행 스타일과는 거리가 있다.

외국인 개별 여행자가 언제 어디서든 편리하게 지역의 특색있는 문화를 경험할 수 있는 여행을 하기 위해서 가장 중요한 것은 자기결정성(self-determination)을 침해하지 않아야 한다. 외딴 여행지를 방문하고 싶은 해외 여행자가 쉽게 지역의 특색있는 관광 콘텐츠를 선택하고 경험할 수 있도록 지원해야 한다. 예를 들어 도쿄에서 이바라키현으로 가는 고속도로 휴게소에서 무료 와이파이에 접속하면 한국어 안내문이 뜬다. 여행자는 가이드에 의지하지 않고 스스로 여행지를 선택하고 숙소를 정해 여행 일정을 조정할 수 있다.

외국인 자유여행객에게 가장 중요한 점은 무엇일까? 2017년 1월, 한국관광공사의 '방한 개별관광객 여행 수요 조사' 결과를 따르면,

---

8 K-트래블버스 상품은 2017년 기준 ▲ 대구(약령시 한의약박물관의 족욕체험, 구암 팜스테이 열매수확 체험) ▲ 인천 강화도(김구 선생 고택 전통차 체험) ▲ 강원(스키점프대 체험) ▲ 전남(낙안읍성 한복 · 가야금 체험) ▲ 경북(하회탈 만들기 체험) 등으로 구성되어 있다.

가장 중요한 것은 모바일 · 인터넷 이용(86.8%), 다음은 현지교통(85.8%)이 높았다. 반면 방한 만족도 조사에서 모바일 · 인터넷 이용은 6위(66.8%), 현지교통(63.9%)은 7위에 머물렀다. 현지 여행정보를 검색하고 공유할 수 있는 모바일 · 인터넷 이용과 대도시-소도시를 잇는 교통 인프라 정비와 교통정보 제공은 개별여행자의 자기결정권을 높일 수 있는 스마트 관광에서 기본이다.

자기결정성 못지않게 중요한 점은 현지인의 삶을 그대로 느낄 수 있는 지역성(locality)이다. 관광에서 지역성은 숨겨진 지역의 매력을 현지인처럼 살아볼 수 있는 특별한 경험을 제공한다. 관광객을 대상으로 낮은 품질, 높은 가격으로 서비스를 경험한 관광객은 다시 방문하고 싶은 마음이 들지 않을 것이다. 누구나 가는 관광명소에서 인증샷을 남기기보다 경험을 중시하는 나만의 여행스타일인 '쿠킹 클래스', '무예타이 체험', '오차(녹차)마시기 체험' 등 로컬 체험 프로그램이 인기를 얻고 있다.

이런 현상은 체험 서비스를 전문으로 하는 스타트업이 급증하는 것으로 확인할 수 있다. 한국은 마이리얼트립, 야나트립, 프립이 대표적이다. 모두 여행 경험을 제공하는 스타트업으로 여행객이 취향에 따라 선택할 수 있고, 서비스 제공자와 수요자를 연결하는 플랫폼 기반 비즈니스라는 점에서 닮았다. 2016년 11월부터 공유숙박 기업인 에어비앤비도 여행 경험 플랫폼인 '트립' 서비스를 제공하고 있다.

마지막으로 중요한 점은 지속가능성이다. 2016년부터 2018년 2년간, 전통적으로 한국에서 서울 다음으로 인기를 얻었던 제주관광이 흔들리고 있다. 2016년 제주를 찾은 연간 관광객은 외국인 관광객

360만을 포함해 1,585만 명에 이르렀다. 2018년 11월까지 제주 방문객은 1,322만 명(외국인 111만 명)으로 집계됐다. 외국인 관광객의 감소가 눈에 띈다. 물론 2017년 사드 배치에 따른 중국 관광객이 급격히 줄어든 것이 컸다. 하지만 내국인 관광객의 감소도 만만치 않게 나타난다. 제주도 관광이 연간 1,500만여 명에 이르면서 제주도는 오버투어리즘으로 몸살을 앓고 있다. 제주도는 항공좌석난과 오수문제, 쓰레기 문제, 지가 상승, 임대료 상승 등으로 오버투어리즘 관광객 수용가능성을 초과하면서 해안과 경관지들이 난개발되면서 제주 특유의 아름다운 자연 경관이 훼손되고 있다. 제주다움은 점점 사라지고 도민들은 관광객에게 밀려나면서 제주도에는 제주도민이 없고 제주도다움이 없는 관광객을 위한 관광지가 되고 있다. 로컬리티가 사라진 지역은 내국인 관광객의 발길이 줄어들고, 나아가 현지의 정서를 느끼고 현지인의 생활을 직접 경험하기 원하는 외국인 관광객도 줄어드는 도미노 현상이 나타나게 된다.

제주뿐 아니라 서울의 북촌한옥마을, 이화벽화마을, 여수 낭만포차거리, 부산 감천마을 등이 국내 오버투어리즘의 대표사례다. 끊임없는 관광객들의 방문, 관광객으로 인한 고통, 그 사이에서 우리가 고민해야 할 점은 무엇일까?

2-3 오버투어리즘의 딜레마, 스마트 관광 도시가 나아가야 할 방향?

전 세계의 유명 관광지가 오버투어리즘으로 고통받고 있다. 프랑스 파리, 스페인 바르셀로나, 이탈리아 베니스, 네덜란드 암스테르담 등 유럽의 유명 도시뿐만 아니라 인도 타지마할, 캄보디아 앙코르와트, 중국 리장, 페루 마추피추 등이 대표적이다. 굴뚝 없는 산업으로 지속가능성을 자랑하던 관광산업이 주민들의 삶을 파괴하는 골칫거리로 전락할 위기에 놓였다. 관광객의 급증이 지역사회를 어떻게 변화시킬 것인지에 대한 파급력을 미처 예상하지 못했다. 그동안 대부분 도시들은 관광객으로 인해 지역경제가 활기를 띠고, 젊은이들의 유입으로 도시가 살아날 것을 기대하고 관광을 촉진했다.

오버투어리즘이 나타나게 된 배경은 수요, 공급, 접근성 측점에서 생각해 볼 수 있다. 관광 수요 측면에서 관광을 즐길 수 있는 여유있는 중산층의 증가로 여행이 대중화, 일상화되면서 나타나게 되었다. 특히 저성장 국가였던 중국, 인도 등 동남아시아 국가들의 경제적 부흥으로 관광수요가 엄청나게 팽창했다. 전 세계 관광객 수는 2008년 약 9억3천만 명에서 2017년 약 13억2천만 명으로 증가했다(한겨레 2018). 공급 측면에서는, 우선 저비용항공사(low cost carrier: LCC), 고속철도 등 편리하게 이용할 수 있는 빠른 교통수단이 이전보다 저렴하게 제공되면서 언제 어디로든 가볍게 여행을 떠나는 여행객이 증가한 것도 한몫하고 있다. 스마트폰을 비롯한 ICT 기술의 발전은 관광상품 공급과 접근성에서 중요한 이유로 꼽을 수 있다. 에어비앤비와 같은 공유숙박이 대규모 투자 없이 숙박 시설 공급을 가능하게 했기 때문에 늘어난 관광 수요를 유연하게 흡수할 수 있었다. 나아가 ICT 기술은 여행으로 접근을 쉽게 만들어 주었다. 초고속 인터넷 환경과 스마트폰으로 우리의 일상은 언제 어디서든 다양한 정보에 접근이 가능한 초연결사회가 되었다. 여행을 위해 필요한 항공, 숙소, 현지교통, 액

티비티 정보가 개방되면서 정보 부족으로 생기는 위험과 심리적 부담이 줄었으며. 자연스럽게 여행에 대한 수요가 증가하고 유명한 관광지에 사람이 몰리게 되었다. 여행을 준비하는 사람들에게 구글맵, 트립어드바이저, 스카이스캐너, 에어비앤비, 부킹닷컴과 같은 여행관련 앱은 필수가 되었다. 또한, 관광 경험을 공유할 수 있는 인스타그램, 유투브, 페이스북과 같은 소셜미디어를 통해 여행 경험을 공유하면서 알려지지 않은 여행지는 핫플레이스로 변신하게 된다. 결국, 관광수요의 증가, 공급의 편리성, 접근의 용이성이 합쳐져 이미 알려진 유명 관광 명소는 기존의 관광 수용력을 초과했고, 새롭게 떠오른 신흥 관광지는 미처 관광 수요에 대비하지 못한 채 몸살을 앓고 있다.

오버투어리즘은 환경 훼손, 소음 공해, 혼잡, 임대료 상승, 범죄 발생, 주민 삶의 공간 침해 등 각종 사회 문제를 야기하고 있다. 오버투어리즘에 반대하는 시위가 곳곳에서 일어나고 있다. 대형 크루즈의 정박을 반대하는 시위를 벌이고, 공공자전거 타이어를 터뜨려 불만을 표출하기도 한다. 세금으로 구입한 공공자전거를 관광객이 차지해 도로는 복잡해지고 주차공간도 빼앗겼기 때문이다. 혼잡한 관광객을 피해 삶의 터전을 떠나는 주민이 생겨나고, 살고 있는 주민마저 삶을 잃어버리는, 관광객만 남고 주민 없는 도시로 전락하게 된다.

세계의 스마트 도시들은 오버투어리즘 현상을 파악하고 이에 대응하기 위해 노력하고 있다. 스페인 바르셀로나는 2014년 '바이바이 바르셀로나(bye bye Barcelona)' 다큐멘터리를 제작해 오버투어리즘에 대한 경각심을 불러일으켰다. 바르셀로나 시는 도시의 다양성과 정체성을 잃을 수 있다는 주민의 호소에 부응하여 2015년부터 공무원, 학계, 지역주민 등으로 구성된 관광위원회를 구성해 문제를 풀어가고 있다. 새로운 호텔 건축 허가와 관광객 대상 단기 임대 제한, 숙박업소를 통한 관광세 징수, 크루즈 관광객 입항 규제 정책 등을 펼치고 있다. 이탈리아 베네치아는 매년 2천만 명이 넘는 방문객으로 인해 발생하는 임대료 상승, 혼잡, 유적 훼손, 오염 등의 문제를 해결하기 위해 방문객 카운팅 시스템을 도입했고, 네덜란드 암스테르담은 2016년 '도시 균형정책'을 발표했다. 맥주 바이크(맥주를 마시며 시내를 구경하는 이동식 바) 금지, 여행세 인상, 유람선의 시 중심가 정박 금지 등이 포함돼 있다. 공유경제 제한도 눈에 띄는데, 시 중심가에서 에어비앤비 영업 제한, 24시간 불법 에어비앤비 신고 핫라인을 도입했다. 암스테르담은 관광객 유입으로 공유숙박이 늘어나고 불법 호텔이 성행하면서 주택난이 발생하고 있기 때문이다. 덴마크 코펜하겐은 새로운 레스토랑이나 바 개업을 금지하고 주민 밀집 거주 지역을 'silent area'로 정하고 관광객의 소음을 강력하게 통제했다. 그리스 산토리니는 하루 크루즈 여행 방문객 수를 8천 명으로 제한하고 필리핀 관광청은 환경 문제 개선을 위해 보라카이 섬을 2018년도에 6개월간 폐쇄하기도 했다.

〈그림 13〉 북촌한옥마을 관광객들

출처: 플리커

〈그림 14〉 이화벽화마을 정숙관광 캠페인

출처: 위키백과

한국의 경우, 북촌한옥마을과 이화벽화마을 등에서 관광객을 반대하는 주민 시위가 발생하고 있다. 이화벽화마을은 2013년 예술가의 지원으로 벽화거리가 조성되고 현지인과 관광객이 찾는 인기 명소가 되었다. 그러나 2016년 방문객들의 사생활 침해 등 과잉관광을 견디지 못한 주민들이 벽화를 철거하게 되었다. 북촌한옥마을의 경우, 서울시와 종로구는 주민의 민원에 부응하기 위해 평일 오전 10시부터 오후 5시까지, 일요일은 관광을 금지하는 관광 허용 시간을 도입하겠다고 계획하고 있다. 주민들로 구성된 '마을 지킴이'를 통해 지정 시간 외 관광 자제를 유도할 방침이다. 북촌을 여행하는 관광객들의 동선을 분산시키는 방법도 대안이 될 수 있다. 유적지에서 현지인 가이드를 반드시 동반하도록 하는 유럽같이 한국 가이드가 안내하면 동선이 다양해지고 관광객 쏠림현상도 막을 수 있다. 무엇보다 북촌한옥마을 이외에 다른 여행코스를 개발하고 새로운 여행 장소로 유도하는 것이 좋은 방법이 될 수 있다.

바르셀로나는 '이곳보다 더 좋은 곳'이라는 개념으로 새로운 여행지를 소개하는 방법으로 관광객을 분산시키고 있다. 암스테르담은 여행객이 암스테르담 시티카드를 사용하는 것을 착안하여 카드에 칩을 내장시켜 여행자들의 행동 패턴을 분석했다. 분석 결과를 토대로 시간대별 여행객이 몰리는 장소를 발견하고 관광객이 집중되는 시간을 알리고 대신 이용할 수 있는 다른 여행 코스를 안내하는 방법으로 관광객을 분산시킨다. 항상 대기자가 많은 반고흐 박물관 같은 곳은 대기열을 보여주는 라이브 피드를 상영함으로써, 방문자가 스스로 계획을 세울 수 있게 유도하고 있다. ICT 기술이 오버투어리즘 원인의 한 축으로 지적받고 있는 상황에서 다시 ICT 기술을 사용해서 문제를 해결한다는 측면에서 흥미로운 방식이다.

낭만적인 밤바다와 포장마차의 만남으로 2016년 5월에 여수 종포해양공원에 문을 연 낭만포차거리도 해양공원의 쓰레기 문제와 취객 소음으로 주민들의 이전 요구가 계속되고 있다. 이전이냐? 폐지냐? 존치냐?를 두고 고민이 깊어지고 있다. 해당 지역 내에서 주민 간 갈등이 발생하기도 한다. 상업지역 주민과 주거지역 주민의 입장이 다르기 때문이다. 제주도는 제2공항 건설에 반대하는 주민 · 환경단체들과 제주공항에 집중된 노선을 분산시키고 동 · 서 지역의 균형 있는 발전을 위해 건설에 찬성하는 주민들의 갈등이 대립하고 있다.

세계의 스마트 도시들이 오버투어리즘에 대응하는 방법은 다양하게 나타나고 있다. 법적 효력이 미치는 강제적인 방법부터 지속가능한 관광 마케팅과 캠페인까지 접근방식이 다르다. 강제성을 기준으로 정리해보면 다음과 같다. 관광지 폐쇄 또는 사용 금지(보라카이, 맥주 바이크), 법적 규제와 강력한 통제(도심 에어비앤비 규제, silent area 지정), 관광객 수 제한(크루즈 여행객 수 제한, LCC 운항 제한), 관광 관련 신규 산업 인허가 불허(신규 숙박시설 허가금지, 신규 레스토랑 바 허가 금지), 높은 비용 부과(관광세 부과), 관광 규칙 제정(북촌의 관광 허용 시간), 더 나은 마케팅과 교육(시간대별 분산유도 마케팅, 교육 동영상, 캠페인)순이다.

이웃은 온데간데없고 시민이 살기 어려운 도시는 지역의 정체성이 사라지고 나면 결국 관광객들도 등을 돌리고 말 것이다. 지속가능한 성장력을 갖춘 매력적인 도시가 될 수 없을 것이다. 오버투어리즘을 해결하기 위한 대응은 해당 도시가 처한 상황과 관광객 현황에 따라 다르게 나타날 수밖에 없다. 하지만 중요한 것은 주민, 정부, 공공기관, 관광산업관계자 등 다양한 이해관계자가 모인 거버넌스 협의체를 구성해 경제적 효과와 공공성 관점을 고려하여 문제를 해결해 가는 것이 중요하다. 이것저것 임시방편의 대응책을 마련하기보다 한국의 현실에 맞는 정책이 필요하다. 관광선진국으로 가기 위해 문제가 생기고 나서 해결하기 보다 단계별 대응책에 대한 가이드가 마련되어야 할 것이다. 주민이 배제된 관광정책, 성장 중심의 관광정책보다 로컬리티(locality)와 지속가능한 회복력(resilience)이 중심이 되는 스마트 관광 도시를 기대해본다.

IV

관광 서비스와 스마트 관광 도시

윤 아 영 (경희대학교 스마트관광연구소)

1. 호텔과 관광 도시

1-1 첨단기술을 만나 진화하는 호텔

여행을 계획할 때 여행지를 정하는 것만큼이나 중요한 일은 어디에 묵을 것인가를 결정하는 일이다. 일부 여행객들은 방문하고자 하는 여행지가 매력적이어도 그들이 원하는 숙박시설을 찾지 못하면 다른 여행지를 선택하기도 하고, 유명 호텔이 오픈을 앞두고 있으면 여행지와 상관없이 그 호텔에 가기 위해 해당 지역을 방문하는 역현상도 종종 일어난다. 이제 호텔은 단순히 숙박을 하는 곳이 아닌 관광지의 가치를 높이는 관광의 촉매제 역할을 하고 있으며, 지역의 관광경쟁력을 결정짓는 중요한 요소가 되었다.

최근 호텔업계는 4차 산업혁명의 흐름에 맞춰 변화와 혁신을 거듭하고 있다. 지속되는 장기 불황 속 호텔 간 경쟁은 더욱 치열해지고, 첨단기술을 앞세워 호텔들은 경쟁력을 강화하고 있다. 호텔에 들어서면 프론트 데스크(Front desk)의 인공지능(Artificial Intelligence: AI) 로봇이 체크인(Check-In) 서비스를 제공하고, 룸서비스는 객실 내 설치된 AI 스피커에 요청하면 사람 직원이 아닌 로봇이 요청한 물품을 객실로 전달해 주는 것이 현실이 되고 있다. 이처럼 호텔은 점점 스마트하게 변하고 있으며, 첨단기술의 도입은 이제 더 이상 선택이 아닌 필수가 되어가고 있다. 글로벌 리서치 기관이 발표한 '2019년 호텔의 기술 동향(Technology Trend)'에 따르면, 안면인식(Face Recognition) 기술, 사물인터넷(Internet of Things: IoT), AI 기술, 가상현실(Virtual Reality: VR) 및 증강

현실(Augmented Reality: AR) 등이 호텔산업의 핵심 키워드로 선정되었다(Open Access Government, 2019). 이러한 첨단기술들은 실제 호텔에서 어떻게 활용되고 있을까? 〈표 1〉은 최근 호텔에서 주요 사용되는 첨단기술과 기술별 특징 및 주요 기능을 보여준다.

〈표 1〉 호텔에서 활용되는 첨단기술의 종류

첨단기술	기술적 특징	호텔에서 주요 기능
얼굴인식	▪얼굴의 특징점을 추출하여 저장된 데이터베이스 내 자료와 비교해 신원을 확인하는 기술	▪체크인 서비스 ·투숙객 신원확인 통해 자동으로 객실카드 발급
IoTs와 AI	▪IoT : 인터넷을 기반으로 사물을 연결해 사람과 사물, 사물과 사물 간의 정보를 연결하는 지능형 기술 및 서비스 ▪AI : 인간의 지능을 필요로 하는 일을 컴퓨터나 다른 기계가 대신 처리하는 기술	▪키리스(keyless)[1] 및 객실제어 ·객실 예약을 비롯해 발급받은 디지털키로 객실 및 부대시설 이용 가능 ·객실 내 조명, 음악, TV 등 스마트폰으로 객실제어 가능 ▪챗봇 ▪AI 스피커 ·음성인식으로 객실제어 가능 ▪AI 로봇 ·체크인/체크아웃, 수하물 운반, 룸서비스 등 로봇이 수행
VR	▪컴퓨터에 의해 인공적인 기술로 구현된 가상의 세계에서 실제와 유사한 체험을 할 수 있도록 하는 최첨단 기술	▪객실 가상 체험 ·360도로 회전, 확대해 객실을볼 수 있는 VR 객실 정보 ▪VR 게임 ·객실에 게임 키트 설치

호텔에 도착해 체크인 서비스를 받기까지 40분이 걸리고 길게는 1시간을 기다려야 한다면 고객은 어떤 기분이 들까? 호텔 수요가 몰리는 극성수기에 호텔을 방문해본 사람들이라면 이런 일을 한 번쯤은 경험했을 것이다. 체크인 서비스는 호텔에 대한 첫 이미지를 결정짓

1 스마트폰 앱을 통해 객실을 예약한 후, 호텔의 프론트 데스크를 거치지 않고 열쇠 없이 스마트폰으로 객실 문을 여는 기능을 말한다.

는 주요한 접점서비스 중 하나이다. 그럼에도 체크인을 위한 긴 대기 시간과 복잡한 절차는 종종 불편을 초래하고, 일부 고객들은 호텔에 직접 컴플레인(Complain)을 하며 불편한 심기를 드러내기도 한다. 하지만 앞으로는 프론트 데스크를 거치지 않고 호텔에 설치된 셀프 체크인 키오스크의 안면인식 센서을 통해 간단히 체크인을 마칠 수 있다. 안면인식 시스템은 생체인식 기술의 한 예로 호텔의 체크인 과정에 주로 사용되고 있다. 세계 최대 규모의 호텔 체인 회사인 메리어트 인터내셔널(Marriott International) 그룹은 중국 내 호텔 두곳에 안면인식 체크인 키오스크를 설치해 고객이 키오스크의 스캐너에 얼굴을 인식시키면 자동으로 고객 정보가 처리되고 약 1분 이내 고객에게 객실키 카드를 제공하는 시스템을 도입했다. 이와 같은 안면인식 기술은 호텔의 서비스 프로세스를 간소화해 고객에게 이용의 편리함을 제공하고 동시에 운영의 효율성을 증대시킨다는 이점을 갖는다. 또한, 호텔 객실의 접근 권한을 해당 고객 및 허가받은 직원에게만 부여함으로써 보안 강화 및 안전문제 개선에도 도움을 준다.

1-2 ICT 파워, 호텔의 경쟁력이 되다

2018년 KT경제경영연구소의 조사에 의하면, 2017년 기준 주요 50개국 스마트폰 보급률이 70%에 이르는 것으로 나타났다. 한국은 약 91%로 상대적으로 높은 보급률을 보였으며, 80%를 넘는 국가도 13개국에 달했다. 집, 직장, 버스와 지하철 등 어디에서든 스마트폰의 사용은 일상이 되고 있으며, 여행을 갈 때도 예외는 아니다. 오히려 스마트폰이 여행의 필수품이 된 건 아닐까? 많은 현대인들이 여행지 검색부터 호텔 예약, 주변의 교통 및 관광시설에 관한 정보를 스마트폰 하나로 해결하고 있다. 이로 인해 호텔업계도 앞다퉈 스마트폰을 이용한 호텔 서비스를 개발하고 있으며, 최근에는 객실 예약 뿐 아니라 스마트폰을 이용한 키리스 시스템 및 객실제어 시스템으로 서비스 영역을 확대하고 있다. 이러한 호텔 서비스는 ICT의 핵심이라 할 수 있는 IoT 기술을 토대로 개발된다. 스마트폰으로 객실 도어(Door)의 잠금장치를 해제하고 객실로 들어서면 투숙객은 객실의 온도, 조명, 음악, TV 등을 객실 내 비치된 태블릿 PC, 스마트 스피커, 또는 스마트폰으로 언제든지 원하는 환경에 맞춰 조절할 수 있다. 고객이 호텔에서 머무는 동안 기대하는 모바일 기능 10가지를 조사한 결과, 〈표 2〉와 같이 '서비스 요청(62%)' 기능이 가장 높았고, '체크아웃(57%)', '룸서비스 요청(55%)' 순으로 높게 나타났다.

〈표 2〉 고객이 호텔에 기대하는 모바일 기능 10가지

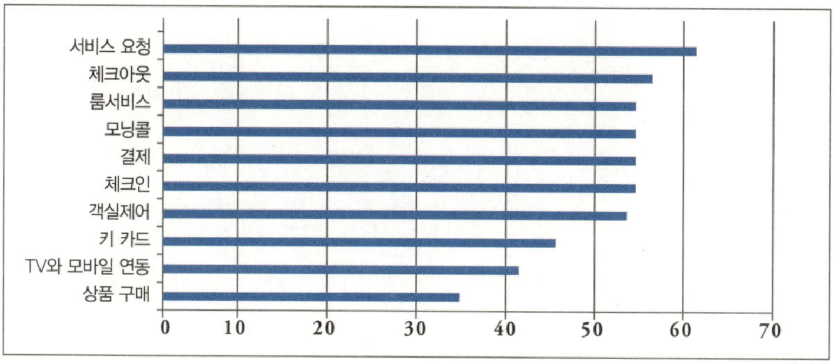

출처: Hospitality Technology's, 2017

메리어트나 힐튼 계열의 글로벌 체인 호텔들은 이미 4~5년 전부터 스마트 객실 서비스를 도입해 운영해왔으며, 국내에서는 현재 비스타 워커힐 호텔, 알로프트 강남, 신라스테이 등에서 '키리스 시스템'을 제공하고 있다. 키리스 시스템을 포함한 '스마트 객실 시스템'은 호텔이 자체적으로 만든 앱을 고객이 다운 받아 이용하도록 되어 있는데, 이 서비스는 호텔 앱을 통해서만 사용이 가능하다. 호텔의 IoT 활용은 고객서비스와 경험의 질 향상 뿐 아니라 호텔의 운영 효율성 증대에도 기여한다. 후자와 관련해 호텔의 주요 부서별로 이점을 살펴보면, 프론트 오피스(Front Office)의 경우, 직원이 수행하던 기존의 접점서비스 업무를 키오스크 및 키리스 시스템으로 대체함으로써 업무를 간소화할 수 있고, 하우스 키핑(Housekeeping) 부서는 객실 청소 및 관리 상태를 특수 센서를 통해 원격으로 제어함으로써 직원의 중복적인 순환업무를 줄일 수 있다. 시설관리부서는 에너지관리 솔루션을 구축해 에너지 효율성을 극대화하고, 스마트재난 시스템을 설치해 사고 예방 및 재난 발생 시 고객의 신속한 대응이 가능하도록 할 수 있다.

이처럼 호텔에 적용된 첨단기술은 주로 고객 서비스 향상에 초점을 맞춰 개발되었는데, 인건비 절감을 통한 생산성 향상 등 운영 효율성에 기여하는 바가 크다. 호텔은 타 산업에 비해 인적 의존도가 상대적으로 높은 노동집약적 산업에 속하기 때문에, 인건비 지출이 전체 비용의 상당 부분을 차지한다. 2017년 호텔 전문 포털 서비스인 이호텔리어(eHotelier)의 집계에 따르면, 호텔이 지출하는 전체 비용 중 인건비는 약 50%를 차지하는 것으로 나타났다(Hotel & Restaurant, 2017). 사정이 이렇다 보니 호텔들마다 인건비 절감을 위한 대책 마련에 적극적으로 나서고 있고, 최근에는 호텔의 인력을 로봇으로 대체하거나 체크인 및 체크아웃 서비스와 같은 호텔 접점서비스 업무의 일부를 키오스크로 처리해 인건비 문제를 해결하고 있다. 호텔을 포함한 환대서비스 산업에서 로봇, AI, 자동화 서비스가 기업에게 제공하는 경제적 · 비경제적 혜택을 연구한 결과, 인건비 감소로 인한 호텔의 '비용절감'이 가장 큰 경제적 혜택으로 나타났다(Ivanov & Webster, 2017). 단기적 측면에서 로봇이나 키오스크를 구입하는 초기비용이 발생하지만, 장기적으로 볼 때, 로봇은 24시간 근무가 가능하고 직원 복지 및 교육에 시간과 비용을 투자할 필요가 없다는 이점을 갖는다. 단, 현재 기술력으로는 로봇, 키오스크, 챗봇이 구체적이고 복잡한 업무를 사람의 도움 없이 독립적으로 수행하는 것에 한계가 있기 때문에, 이들은 사람 직원의 '대체재(Substitution)'라기보다 사람 직원의 업무시간 감소 및 업무 능력 향상을 위한 보조자의 역할을 하는 '보완재(Compliment)'로 볼 필요가 있다. AI 로봇의 비경제적 혜택과 관련하여, 사람 직원 한 명당 구사 가능한 외국어는 대개 2~3가지 언어에 그치지만, AI 로봇이나 챗봇의 경우 다국어 서비스가 가능하기 때문에 고객과 의사소통 문제나 그로 인한 고객 불만(complaint)도 상대적으로 덜 발생한다. 또한 AI 로봇 또는 AI 기술 기반의 플랫폼 활용은 엔터테인먼트적 효과를 가져올 수 있으며, 고객의 호기심과 신기성을 자극해 룸서비스나 호텔 내 기타 유료 서비스를 이용하도록 유도해 실제 판매로 이어질 수 있다. 끝으로 호텔의 다양한 AI 기술 활용은 호텔에 미래지향적이며 혁신적인 이미지를 부여함으로써 타 호텔과 차별화 및 경쟁력 제고에 기여할 수 있다.

미국의 소프트웨어 관련 온라인 서비스 기업인 '소프트웨어 어드바이스(Software Advice)'에서 '호텔 로봇의 룸서비스 가치(2014)'를 조사 결과, 전체 응답자 중 56%는 로봇 룸서비스를 이용하는 것에 관심이 있으며, 선호하는 로봇 서비스로는 '객실에 물품 배달(44%)'이 가장 높았고, '체크인/체크아웃 서비스(26%)'가 다음으로 높게 나타났다.

타 산업에 비해 호텔업계의 VR기술 활용은 조금 뒤쳐져 있으나, 최근 글로벌 체인 호텔을 중심으로 점차 확대되는 추세다. 그중 메리어트 인터내셔널은 2016년 처음으로 VR 서비스를 도입했는데, 우선 뉴욕 메리어트 마르퀴스(Marquis)호텔과 런던 메리어트 파크레인(Park-Lane)호텔 두 곳에서 시범적으로 실시했다. 구체적으로, 투숙객에게 가상현실 헤드셋을 제공해 여행자 시선으로 다양한 여행지(칠레 안데스 산맥, 아프리카 르완다, 중국 베이징 등)를 가상 체험할 수 있는 '브이룸 서비스(VRoom Service)'를 선보였다〈〈그림 1〉 참조〉. 이 같은 첨단기술 활용이 고객에게는 더 나은 서비스와 편의성을 제공하고, 효율적 운영으로 호텔 업무환경 개선 및 생산성 향상을 기대할 수 있다는 점에서 더욱 확대될 것으로 기대된다.

〈그림 1〉 메리어트의 '브이룸 서비스'에 제공되는 VR기기(좌) 및 이용 모습(우)

출처: 엔가젯

1-3 ICT를 활용한 국내외 호텔 사례

호텔에 다양한 첨단기술이 적용되는 세계적 흐름에 따라 국내 호텔 업계도 그 필요성을 인식하고는 있으나, 높은 관심과는 달리 해외와 비교해 IT 투자에 적극적인 호텔은 아직 많지 않은 듯 하다. 그렇다면 현재 국내 호텔업계의 IT 수용 현황은 어느 정도일까?

국내에서는 서울의 노보텔 앰배서더 동대문 호텔이 국내 최초 AI 서비스를 적용했다. 호텔 객실에는 호텔 전용 단말기인 '기가지니 호텔'을 비치해 투숙객이 음성이나 스크린을 터치하는 것만으로 조명 및 난방을 조절할 수 있고, 객실 비품을 요청하고 호텔의 각종 부대시설에 대한 정보를 쉽게 확인할 수 있다. 체크아웃도 프론트 데스크가 아닌 객실에서 가능하며, 투숙객들은 인천공항이나 호텔에서 받은 임대 스마트폰인 '지니폰'으로 국내외 통화 및 데이터 사용, 교통카드, 관광 정보 검색, 객실제어, 부과세 환급 서비스 등을 이용할 수 있다. 비스타 워커힐 호텔은 AI 플랫폼 기반의 음성인식 스피커 '누구'를 객실 내 비치하여 투숙객이 음성으로 조명, 커튼, 온도를 제어할 수 있으며, 객실에 고객이 들어오면 자동으로 웰컴(Welcome) 음악을 재생하기도 한다. 이러한 기술력을 바탕으로, 앞으로는 객실 이외에도 센서를 활용해 소방설비, 전기, 상수도, 난방시설 등 관리시설의 실시간 자동화 모니터링을 구현함으로써 불필요한 인력을 최소화하고 안정적으로 무인 점검 및 원격제어가 가능해질 것이다.

그랜드 앰배서더 서울 풀만은 2017년 호텔의 이그제큐티브 플로어(Executive Floor)인 16층의 전 객실에 IoT 기반의 스마트룸인 'iStay'를 도입했다. 투숙객은 스마트폰만으로 손쉽게 다양한 서비스를 이용할 수 있는데, 별도의 앱 다운로드나 회원가입 없이 객실 벽에 부착된 QR코드를 개인 스마트폰으로 스캔하면 바로 이용이 가능하며, 투숙객은 스마트폰으로 객실의 조명, 커튼, 온도 등 객실을 제어할 수 있다.

그렇다면 우리나라보다 IoT 및 AI기술을 호텔에 적극적으로 도입하고 있는 일본이나 미국은 어떨까? 일본의 나가사키에 위치한 '이상한 호텔'이라는 뜻의 '헨나(Henn Na)호텔'은 세계 최초의 로봇 호텔이다. 〈그림 2〉와 같이 로비에 들어서면 공룡 로봇이 프런트 데스크에서 투숙객을 맞이하고 4개 국어(일본어, 영어, 한국어, 중국어)가 가능한 로봇이 체크인 서비스를 제공한다. 투숙객은 프론트 데스크에서 체크인 카드를 작성한 후 옆에 있는 안면인식 기기를 통해 카드키(Card key)를 등록하고 여권을 터치패널에 터치하면 체크인 수속이 끝난다. 고객의 짐은 별도의 수하물 보관소에 보관하거나 로봇이 객실까지 운반해준다. 객실에 들어서면 인공지능 로봇이 음성인식을 통해 투숙객의 요청사항을 처리하게 되는데, 예를 들어 호텔 주변의 레스토랑을 물어보면 로봇이 해당 건물의 위치를 투숙객에게 알려준다. 객실에서 룸서비스를 요청하면, 로봇 또는 드론(Drone)이 고객이 요청한 물품이나 식사를 객실까지 직접 운반해준다. 헨나 호텔은 AI 로봇 활용으로 비용 절감뿐 아니라 잠재 소비자의 호기심을 자극하고 투숙객에게 흥미와 재미요소를 극대화하는 등 생산성 향상과 서비스 차별화의 일석이조 효과를 얻을 수 있을 것으로 기대된다. 헨나 호텔을 시작으로 일본은 2020년 도쿄 올림픽을 앞두고 숙박 시설에 AI로봇 설치 및 활용을 대폭 확대할 계획이다.

〈그림 2〉 헨나 호텔의 프론트데스크(좌)와 수하물 운반 로봇(우)

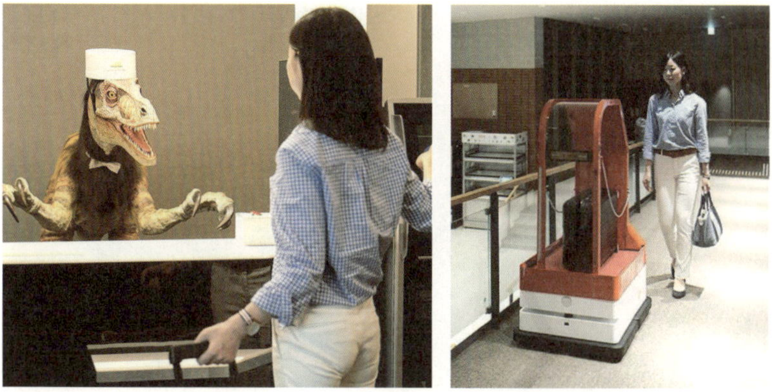

출처: JAPAN Monthly Web Magazine

메리어트 인터내셔널의 셀렉트 브랜드 중 하나인 알로프트는 2014년 로봇 집사 '알로(ALO)'를 최초로 공개해 큰 화제를 불러일으켰다. 기존의 사람 직원이 해오던 호텔의 집사 업무를 대신하는 알로는 일종의 내비게이터 역할을 한다. 예를 들어, 객실에서 고객이 타월이나 기타 어매니티(Amenity)를 요청하면 이를 해당 객실에 배달해주는 것이다. 알로는 특정 센서를 통해 엘리베이터를 타고 내릴 수 있고, 스스로 객실을 찾아가며, 고객은 객실에 도착한 로봇으로부터 요청한 물품을 받고, 터치스크린으로 서비스 만족도를 입력하거나 트위터에 해시태그(#MeetBotlr)를 올려 알로에게 팁을 줄 수도 있다. 이러한 로봇 집사 서비스는 사람 직원과 대면할 필요가 없어 고객의 사생활이 보호받을 수 있다는 점에서도 환영받고 있다.

〈그림 3〉 알로프트 호텔의 로봇 집사, ALO

출처: 데크런치

〈표 3〉는 국내외 주요 호텔의 ICT 활용 현황을 나타내며, 각각의 기술은 호텔의 운영체계에 최적화되도록 응용되고 융합되어 호텔 운영의 효율성과 고객 서비스 향상에 기여하고 있다.

〈표 3〉 국내외 호텔의 ICT 활용 현황

호텔	ICT 종류 및 명칭	기능	비고
노보텔 앰배서더 호텔 (서울)	**호텔 전용 단말기 '기가지니 호텔'**	▪ 음성 및 터치스크린으로 조명·냉난방 제어, 객실비품 신청, 호텔 시설 정보 확인, TV·오디오 제어, 결제 및 체크아웃 서비스 등 제공	▪ 주변 맛집 정보 등 지역상권과 연계할 계획 ▪ 영어 이외의 다국어 서비스를 제공할 예정

나인트리 프리미어 (서울)	스마트 키오스크	▪ 체크인/체크아웃	▪ 4개국어로 제공 중 ▪ 관광 정보와 주변 맛집 추가할 계획
비스타 워커힐 (서울)	AI 서비스 '누구(NUGU)'	▪ 음성 인식으로 객실 제어 ▪ '방해금지' 및 '청소요청' 사인 음성명령으로 처리 ▪ 호텔 이용정보 음성으로 확인 가능	▪ AI응답 서비스 확대 예정
코뮌(Commune) 호텔(일본)	IoT와 AI기술	▪ 인공지능 활용한 업무 자동화 ▪ 스마트 체크인 ▪ 안심여행 지원 서비스	▪ 첫 번째 호텔인 코뮌 쿠조(Commune Kujo)는 청소직원 포함 소수의 직원만 호텔에 상주
헨나호텔 (일본)	AI로봇	▪ 체크인/체크아웃 ▪ 투숙객과 음성으로 대화 ▪ 고객이 요청한 물품 객실로 배달 ▪ 고객 짐 운반 및 보관 ▪ 로봇 쉐프(Chef)가 요리하고 로봇 바텐더가 칵테일 제조	▪ 4개 국어(한국어, 영어, 중국어, 일본어) 가능
버지니아 주 힐튼 매클린 호텔(미국)	AI로봇 '코니(Connie)'	▪ 고객의 다양한 질문에 답변 ▪ 레스토랑, 관광지, 서비스 정보 제공	▪ 로봇에 IBM의 AI '왓슨' 탑재 ▪ 고객과 대화하는 횟수와 시간이 늘수록 로봇의 지능과 성능 개선
캘리포니아 주 알로프트 호텔(미국)	AI로봇 '보틀러'	▪ 고객이 요청한 물품 객실로 배달(In-room order service)	▪ 고객이 직접 로봇에게 문자를 보내 서비스 요청할 수 있는 챗버틀러(ChatBotlr)론칭할 계획
뉴욕 요텔 호텔(미국)	AI로봇 관리인 '요봇'	▪ 고객의 짐 보관	▪ 터치스크린으로 가방 수와 크기 입력하면 요봇이 고 보관함에 짐을 넣어주고 보관증 발급
뉴욕 메리어트 마르퀴스 호텔(미국)	브이룸 서비스 (VRoom Service)	▪ 여행자 시선으로 여행지를 가상체험할 수 있는 서비스	▪ 투숙객에게 가상현실 헤드셋 무료로 대여(룸서비스로 제공)

1-4 친환경 스마트 호텔, 도시에 품격을 더하다

최근 많은 기업들이 '친환경 소비'를 기업 목표 및 비전의 핵심요소로 내세우고 있으며, 이는 숙박과 관광을 비롯한 환대산업에도 영향을 미쳐 친환경 관광 또는 그린 호텔, 에코 호텔(Eco Hotel)을 표방하는 기업들이 증가하는 추세다. 친환경 소비란 인간의 소비활동이 자연환경에 미치는 부정적 영향을 최소화하고자 소비자 개인이 실천할 수 있는 가능한 모든 방법으로 정의할 수 있다. 세계 최대 여행사이트인 트립어드바이저(Tripadvisor)가 2013년에 실시한 '그린 여행 트렌드(Green Travel Trend)' 조사결과, 응답자의 71%가 향후 1년 이내 친환경적 여행을 실천할 의향이 있는 것으로 나타났고, 숙박 시설을 선택할 때 해당 호텔이 친환경 정책을 실천하고 있는지에 대한 질문에 '중요하다'고 생각하는 응답자가 전체의 79%를 차지했다(Tripadvisor, 2013). 이러한 흐름에 맞게 호텔업계는 첨단기술을 적용한 기존의 스마트호텔 콘셉트에서 친환경 요소를 더한 친환경 스마트 호텔로 한 단계 더 성장하고 있다.

일본은 기존에 많은 호텔들이 시행하고 있는 타월이나 침구 린넨류의 교환빈도를 줄이는 방식에서 더 나아가 폐플라스틱을 활용한 전력 생산과 같은 혁신적인 방법을 통해 친환경 숙박에 힘쓰고 있다. 예컨대 2018년 6월 가와사키 시에 문을 연 '킹 스카이프론트 도큐 REI 호텔'은 고객이 사용한 일회용 칫솔을 비롯한 일회용 플라스틱 폐기물을 인근의 공장으로 보내 폐플라스틱에서 추출된 원료로 수소가스를 제조하여 호텔에 저탄소 수소가스를 공급하고 있다. 이 수소가스는 가와사키 시가 추진하는 '가와사키 에코타운 프로젝트'의 일환으로, 호텔에 설치된 연료 전지 시스템에 저탄소 수소를 활용함으로써 호텔에 전력을 공급하고 난방열을 생산하는 시스템이다. 무엇보다 화석연료를 원료로 사용하는 기존의 방식에서 벗어나 환경 친화적으로 수소가스를 공급한다는 점에서 혁신적이라 할 수 있으며, 실제 해당 호텔의 경우 전체 소비 전력의 약 30%를 이 공급시스템을 통해 조달하고 있다.

국내 사례로는 강릉의 씨마크 호텔이 대표적이다. 초기 설계 단계부터 친환경 호텔을 설립목표로 에너지 효율 극대화에 초점을 맞춰 다양한 친환경 기술을 적용했다. 호텔의 조경수는 우수조 설치를 통해 빗물로 충당하고, 절수형 시스템을 통해 연평균 30%의 물을 절약한다. 이 밖에도 폐기물 관리 · 통제 시스템과 LED 및 저수은 램프를 설치해 환경파괴를 최소화하고 있다. 작년 LG유플러스는 홍천군을 비롯한 대명 호텔앤리조트와 친환경 스마트 리조트 · 테마파크 · 관광시설 구축을 위한 양해각서(MOU)를 체결했다. LG유플러스의 5G 네트워크와 IoT 플랫폼을 기반으로 AI, 에너지 절감, 자율주행 등을 포함한 다양한 ICT를 적용할 계획이다. 이중 호텔 및 리조트의 온천 · 스파 시설 및 수영장의 수질을 관리하는 '스마트 수질 모니터링 서비스'는 IoT 레이저 센서를 통해 실시간으로 수질 오염도를 측정할 수 있게 된다. 호텔 내 시설 관리자는 세균 및 이물질 등 오염 발생 시 센서를 통해 즉각적으로 수치를 알 수 있기 때문에, 신속한 대응이 가능해 수질 오염으로 인한 고객 피해를 최소화할 수 있다. 이외에도 쓰레기를 자동으로 압축하고 적재량을 실시간으로 알려주는 'IoT 태양광 압축 쓰레기통'과 객실 내 자동센서감지 기기로 냉난방 시스템을 조절해 에너지 절감 및 환경보호에 기여하게 된다.

2. 관광 서비스와 도시

2-1 혁신적 관광 서비스, 도시를 변화시키다

최근 국내 주요 관광 도시뿐 아니라 많은 자치단체에서 지역 경쟁력 향상을 위해 관광산업을 주요 정책 사업으로 내걸고 있다. 전 세계적으로 생활 속 여가에 대한 비중이 높아지는 추세 속 관광산업에 대한 투자와 기대는 앞으로 더욱 커질 것으로 전망된다. 또한, 관광산업이 발전하게 되면 지역 내 고용창출, 지역주민의 소득, 지역 자생력, 국제화 이미지 등에 긍정적 파급효과를 유발함으로써 지역의 경제 · 문화적 발전에 기여하는 바가 크다. 이러한 이유로 많은 지자체들이 관광 중심도시로 거듭나기 위해 지역 고유의 관광 콘텐츠 발굴 및 관광 서비스 개발에 앞장서고 있다. 최근에는 4차 산업기술 발달에 따라 주요 도시들이 관광 도시로서의 혁신적인 이미지와 경쟁력을 강화하기 위해 ICT 기반의 관광 서비스 개발에 대한 투자 비중을 늘리는 추세다. 빅데이터 분석, AI기술, AR/VR서비스, 비콘 서비스 등 관광과 첨단기술을 접목한 체험형 관광 서비스와 개별관광객(Foreign Independent Travelers: FITs)을 고려한 개별 맞춤형 관광 정보 서비스에 이르기까지 다양한 콘텐츠와 기술력을 앞세워 스마트 관광 도시로 거듭나기 위한 노력을 하고 있다.

이러한 추세 속 제주특별자치도는 기존 오프라인 중심의 관광 서비스에서 벗어서 모바일과 스마트 기기를 통해 실시간을 관광정보를 제공하고 관광객과의 소통을 목적으로 스마트 관광 생태계 모델 구축에 나서고 있다. 구체적으로 〈그림 4〉와 같이 빅데이터 기반의 관광객 패턴 분석과 위치기반의 콘텐츠 개발을 통해 오픈 플랫폼(Open Platform)을 구축하고 이를 융복합 비즈니스와 연결해 일자리 창출 및 지역경제 활성화로 이끄는 접근방식이다.

〈그림 4〉 제주특별자치도의 스마트 관광 접근방식

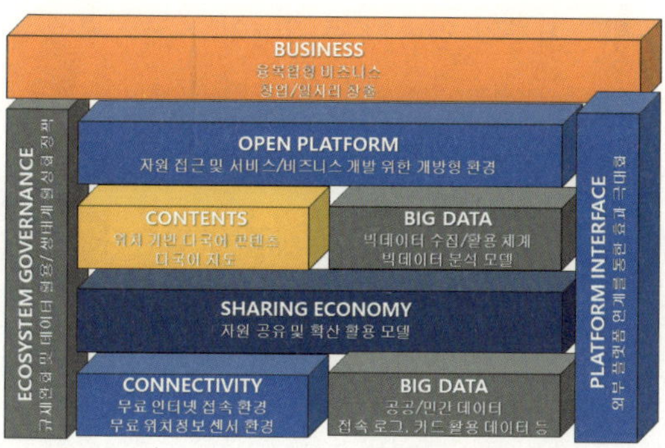

출처: 제주특별자지도, 2017

이러한 혁신적 관광 서비스는 관광 도시 생태계 구축을 통해 도시와 관광의 선순환 구조를 유도함으로써 다음과 같은 기대효과를 유발할 수 있다. 첫째, 와이파이 접속환경 향상 및 위치정보 센서 확대구축을 통해 실시간 정확한 정보를 관광객에게 제공함으로써 재방문 의사를 높일 수 있고 및 관광객의 소비를 유도할 수 있다. 둘째, 빅데이터 분석을 통해 비콘 기반의 이동 패턴, 방문 패턴, 소비 패턴 등을 도출하고 이를 관광 서비스 정책 및 상품개발, 마케팅에 활용해 관광산업의 질적 성장을 도모한다. 끝으로, 개방형 스마트 관광 플랫폼을 토대로 공공과 민간자원(스타트업 및 중소기업 등)의 효율적 공유를 통한 융복합 비즈니스를 확대할 수 있다.

2-2 지역주민과 함께하는 관광 리빙랩(Living Lab) 프로젝트

관광객 중심의 관광 서비스 개발에서 더 나아가 관광 도시 커뮤니티와 지역주민의 삶을 고려한 지속가능한 관광 서비스에 대한 관심도 커지고 있다. 최근 이를 반영한 ICT 기반의 혁신적 플랫폼인 '리빙랩'이 각광받고 있다. 리빙랩은 '일상생활 실험실'이라는 뜻으로, 특정 공간을 설정하여 공공, 민간, 시민이 협력하여 일상생활의 문제를 해결하는 '사용자 참여형 · 개방형 혁신 플랫폼'을 말한다(경기연구원, 2018).

〈그림 5〉 리빙랩 개요

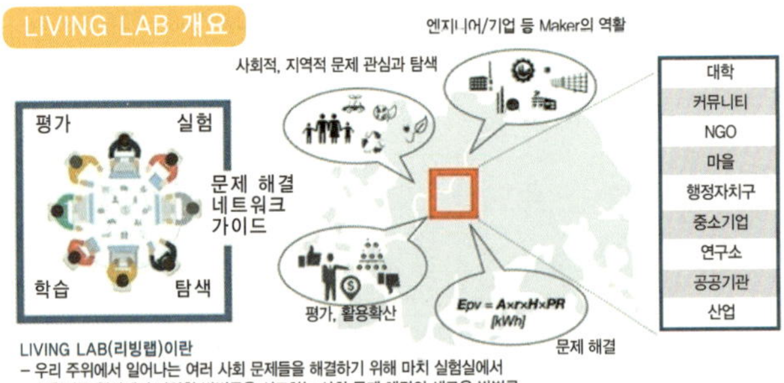

출처: 서울시NPO지원센터, 2019

이와 관련해 서울시를 비롯한 각 지자체들은 마을의 문제를 주민이 직접 발굴하고 적극적인 참여와 기술개발을 통해 문제를 해결하는 리빙랩 프로젝트를 추진하고 있으며, 대표적인 사례로 서울의 '북촌 IoT 리빙랩'을 들 수 있다. 서울의 주요 관광지로 손꼽히는 북촌은 몰려드는 관광객으로 몸살을 앓아오다 최근에는 '투어리즘 포비아(Tourism Phobia)'[2] 현상까지 나타나는 등 북촌 주민과 관광객 간의 갈등이 위험 수위에 다다랐다. 서울시가 2016년 10월부터 2017년 6월까지 북촌 방문객 수를 집계한 결과, 북촌을 찾은 관광객은 하루 평균 1만 명에 달하는 것으로 조사되었다. 일반적으로 관광객이 증가하면 해당 지역의 상권이 활성화되고 그에 따라 지역주민의 삶이 향상될 것이라 기대하지만, 북촌은 관광객 수용능력의 초과 및 운영 시스템의 문제 등으로 지역주민들의 삶의 터전이 위협받게 되었고 주민을 위한 주거지도 관광객을 위한 관광지도 아닌 딜레마에 빠지게 되었다. 이러한 문제를 해결하고자 서울시는 북촌의 지역주민과 관광객이 서로 상생할 수 있는 북촌을 만들기 위해 2015년 '북촌 사물인터넷(IoT) 리빙랩 사업'을 발표했다. 이 사업은 지자체, 거주민, 상인, 민간기업(스타트업) 등이 공동 협력하여 IoT센서, CCTV, 스마트앱 서비스 등을 포함한 다채로운 IoT 서비스 모델을 적용해 혁신적 관광 서비스를 제공하고 관광지의 소음, 주차공간 부족, 안전문제 등도 해결하는 생활 밀착형 IoT 서비스 사업이다. 이 중 '북촌 스마트 관광' 서비스는 〈그림 6〉

---

2 투어리즘 포비아는 관광과 공포증 또는 혐오를 뜻하는 가 합쳐진 신조어로 관광 공포증 또는 관광 혐오증이라고 한다. 주로 관광객이 몰려 주민들의 삶과 터전이 침해당하는 곳에서 나타나는 현상이다.

과 같이 관광객의 스마트폰 SIM 카드를 이용한 관광 가이드로 오디오북, 텍스트북, 사진, VR영상, 관광쿠폰, 입장권, 편의시설 등이 화면에 노출되는 맞춤형 관광 가이드 서비스이다. 관광객의 위치를 파악해 주변 코스와 경로를 추천하고, IoT 상황반응 서비스를 통해 관광객이 위치한 곳의 인근 명소를 자동으로 파악해 관련 정보를 무인 큐레이션(사진, 음성해설, VR 등)으로 관광객에게 제공한다. 북촌의 쓰레기 문제를 해결하기 위해 개발된 'IoT 스마트 쓰레기통' 서비스는 태양광 에너지로 구동되는 쓰레기통으로, 쓰레기통에 부착된 센서가 내부의 적재량을 실시간으로 모니터링하고 측정 데이터를 서버로 전송해 효율적으로 쓰레기를 수거할 수 있는 서비스이다. 이 밖에도 중국인 관광객을 위한 비콘 기술 기반의 스마트 관광가이드를 제공하는 '띵동!북촌 서비스', VR 솔루션을 통해 북촌의 관광지를 생생하게 경험할 수 있는 'VR 안내서', 북촌의 역사와 볼거리를 중심으로 한 스토리텔링, 게이미피케이션(Gamification), 소셜네트워크를 융합한 문화체험 서비스 '북촌맹사성(콩콩)', 환경센서 및 위치 측위 솔루션을 이용해 각종 환경 및 위치정보, 유동인구 정보를 분석하는 '북촌 Smart City Solution' 서비스 등이 있다.

〈그림 6〉 '북촌 스마트 관광' 서비스

출처: 서울시, 북촌 사물인터넷(IoT) 시범 서비스, 저자 재구성

2-3 관광 도시의 ICT 경쟁력과 스마트 관광 서비스

2000년대 들어 미국을 비롯한 스위스, 스페인, 영국, 일본 등 주요 관광국들은 ICT 경쟁력을 내세워 이를 활용한 다양한 관광 서비스를 제공해오고 있다. 세계경제포럼(World Economic Forum: WEF)이 발표

한 '2017 관광경쟁력 보고서(Travel and Tourism Competitiveness Report 2017)'에 의하면, 경쟁력 평가요소 중 '지원환경(Enabling Environment)'의 구성요소인 'ICT 준비도(ICT Readiness)'는 홍콩, 덴마크, 스위스, 스웨덴, 노르웨이, 핀란드, 영국, 한국(8위) 순으로 높게 나타났다. 그 밖에 20위권 안에는 미국(19위)과 싱가포르(14위) 등이 포함되었다. 평가결과가 보여주듯 ICT 준비도의 상위권은 유럽국들이 차지하고 있음을 알 수 있다. 실제 이들 국가 중 영국의 런던, 스페인의 바르셀로나, 덴마크의 코펜하겐은 각국의 대표적인 관광 도시이자 스마트 도시로 잘 알려져 있다. 이 중 바르셀로나 사례를 살펴보고자 한다. 바르셀로나 시의 관광명소로 꼽히는 사그라다 파밀리아(Sagrada Familia) 광장은 항상 관광객으로 붐비는 반면 유료로 운영되는 사그라다 파밀리아 성당의 입장객 수는 좀처럼 늘지 않는 점이 고민이었다. 이에 시는 성당의 입장권 판매를 늘리기 위한 방안을 모색했고, 마침내 바르셀로나 시와 로컬네트워크 운영사 간의 공공-민간 파트너십을 구축해 방문객의 이동경로를 파악하는 '군중관리(Crowd Management)' 솔루션을 개발했다. 광장 주변에 IoT 기술을 활용한 이동 감지 센서를 설치해 광장의 방문객 수와 광장으로 오는 이동경로 및 주요 교통수단을 분석한 데이터를 바탕으로 적합한 티켓 부스의 위치를 설정했고, 이후 티켓 판매는 급증했다. 이를 계기로 바르셀로나 시는 주요 관광지의 교통시설 및 편의시설 이용을 향상시키기 위한 수단으로 군중관리 전략을 확대해나갔다. 군중관리의 또 다른 성공적 사례로 벨기에 제2의 도시로 불리는 엔트워프(Antwerp)를 들 수 있다. 엔트워프는 썸머 페스티벌(Summer Festival)을 포함한 계절 별 다양한 페스티벌과 각종 박람회 및 이벤트를 개최해 벨기에뿐 아니라 유럽 전역에서 관광객이 몰리는 벨기에의 주요 관광 도시이다. 지역 내 각종 이벤트 개최 시 방문객의 안전성과 이동성을 제고하기 위한 목적으로 엔트워프 시의 지역 서비스업체 및 통신업체의 협력으로 군중관리 솔루션을 개발했다. 이는 이벤트 방문객 모바일폰의 실시간 위치 데이터를 수집 및 분석한 후 '군중 모니터링(Crowd Monitoring) 프로그램'을 통해 운영된다. 이 솔루션을 활용함으로써 박람회 개최 시, 실내외 참가 부스의 위치 조정을 통해 효율적으로 행사공간을 활용했고, 관람객을 배려한 동선 확보로 관람객의 이동 편의성 및 안전성을 개선했다. 〈그림 7〉은 크라우드 매니지먼트의 시스템을 보여주며 4개의 관리자에 의해 시스템이 연동됨을 알 수 있다: 1) 중앙 앱 관리자, 2) 데이터 감지 및 업로드와 관련된 작업을 처리하는 센서 관리자, 3) 사용 데이터의 수집 및 시스템 클라우드로 전송하는 통계 관리자, 4) 앱의 콘텐츠와 이미지를 역동적으로 재구성하는 레이아웃 및 업데이트 관리자에 의해 운영된다.

〈그림 7〉 크라우드 매니지먼트(Crowd Management) 시스템

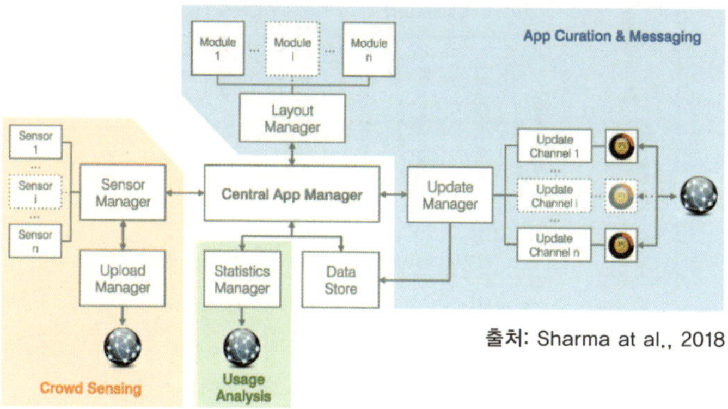

출처: Sharma at al., 2018

이처럼 도시의 ICT 경쟁력은 스마트 관광을 가능하게 하고 나아가 스마트 관광 도시로 성장할 수 있는 원동력이 된다. 이와 관련해 〈그림 8〉은 ICT 인프라와 기술의 활용은 스마트 도시, 관광 서비스, 관광 경쟁력, 관광 경험을 결정짓는 토대가 되고, 각각의 요소들은 서로 밀접하게 연관되어 있음을 보여준다. 이 중 관광 서비스 구성요인에 해당하는 '관광의 6가지 요인'은 관광시설(Attraction), 접근성(Accessibility), 관광편의시설(Amenities), 종합정보(Available package), 행사(Activities), 보조 서비스(Ancillary service)를 포함하며, 이러한 요소는 도시의 ICT 인프라 및 기타 첨단기술과 만나 혁신적인 관광 서비스로 탄생된다.

〈그림 8〉 ICT 인프라와 스마트 관광 서비스

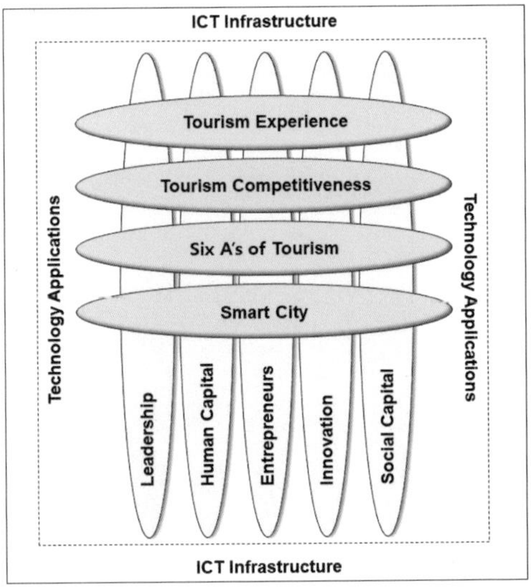

출처: Kim at al., 2015

2-4 ICT 기반의 관광 서비스 사례

부산시는 비콘 서비스, VR 길 안내 서비스, VR 체험존 등 ICT 기반의 다양한 체험형 관광 서비스를 국내외 관광객들에게 제공하고 있다. 현재 해운대를 중심으로 근거리 무선통신장치인 비콘이 설치되 주변 관광 정보, 관광 코스 추천, 할인쿠폰 제공 등의 서비스가 제공되고 있고, 향후 비콘을 부산 전역 관광지에 약 300개 이상 설치할 계획이며 모든 관련 서비스는 4개 국어(한국어, 영어, 중국어, 일본어)로 확대 제공될 예정이다. 다음으로 VR 기술을 활용한 VR 길 안내 서비스('뚜벅이 길 안내')는 관광객이 가고자 하는 목적지까지 길을 안내하고 영상을 통해 미리 목적지에 가보는 체험 서비스를 제공하고 있다. 이 밖에도 태종대 전망대, 벡스코(BEXCO), 아쿠아리움(Aquarium)등 주요 관광지에 VR 체험존을 설치해 VR을 통한 다양한 게임과 체험이 가능하도록 하고, 스마트 관광의 기본 인프라인 관광지 무선인터넷(wifi) 고도화 서비스도 대폭 확충할 계획이다.

김해시는 올해 "보고, 느끼고, 걷고 싶은 스마트 관광 도시 김해" 비전을 내세우며 체험형 관광 콘텐트 구축과 관광객 이동 편의를 위한 "고고(古GO) 가야 스마트 관광 서비스"를 조성해 관광객을 유치할 계획이다. 고고(古GO) 가야 스마트 관광 서비스는 '보고가야 서비스', '놀고가야 서비스', '타고가야 서비스', '두고가야 서비스' 등 총 4개 유형의 서비스를 포함한다. 첫 번째 '보고가야 서비스'는 AR/VR기술 및 홀로그램을 활용한 체감형 관광 콘텐츠를 통해 다양한 볼거리를 제공하며, '놀고가야 서비스'는 관광지와 주요 상업지역 내 공공 와이파이를 설치해 관광객 이동패턴을 분석하기 위한 목적으로 만들어진 서비스이다. 교통 관련 서비스인 '타고가야' 서비스는 친환경 전기 자전거 공유 서비스로, 자전거에 IoT 센서를 장착하여 관광지 간 이동과 이용률 등 관련 정보를 수집한 후 빅데이터 분석을 통해 관광지 간 이용 편의성을 향상시키기 위한 목적을 갖는다. 끝으로 '두고가야' 서비스는 관광지 내 주차정보와 관련한 통합 서비스로 관광객의 주차편의 제공을 위한 서비스이다. 이 사업을 통해 김해시는 스마트 역사문화 도시로서의 경쟁력을 갖추고 지속가능한 스마트 관광 서비스를 계속해서 확대해 나갈 계획이다.

인천 강화군 교동도는 민관협력을 통해 ICT 인프라와 다양한 솔루션을 도입하면서 서해의 새로운 관광명소로 주목받고 있다. 과거 교동도는 북한과 거리가 멀지 않은 특수 접경지역이면서 배를 타고 들어가야 하는 제약이 있었으나 2014년 강화도와 교동도를 잇는 교동대교가 개통하면서 관광지로 알려지기 시작했다. 하지만 아직 관광 인프라와 콘텐츠가 부족하여 관광이 활성화되는 데 한계가 있었다. 이에 KT는 교동도를 새로운 여행명소로 만들기 위해 정부 및 지자체와 협력하여 ICT 기반의 관광 서비스를 제공하기 시작했다. 특히 '교동제비집'이라는 IT 기반의 관광안내소를 구축하여 관광객들에게 편리한 관광 안내 서비스를 제공하고 있다. '교동제비집'에서 대여할 수 있는 스마트워치는 관광객들이 주요 관광지를 방문할 경우 비콘을 통해 자동으로 전자스탬프가 찍히게 되고, 다시 할인 혜택이나 상품으로 보상받는 서비스를 제공하면서 관광객을 유도하고 있으며, 교동도의 관광명소를 360도로 볼 수 있는 VR 영상 체험과 관광객들이 직접 교동도의 스토리를 만들어내는 '교동신문' 만들기 등 체험콘텐츠가 마련되어 있다. 또한 휴전선 접경지역이라는 지역의 특성을 고려하여 평화와 통일의 의미가 담긴 관광콘텐츠도 제공되고 있다. CCTV를 통해 촬영되는 북한 황해도 지역의 풍경을 560인치 초대형 스크린으로 제공함으로써 교동도를 찾은 실향민과 관광객들이 북한의 풍경을 실감나게 감상할 수 있으며, 교동도와 북한의 연백평야를 잇는 가상의 다리를 축조하는 체험프로그램도 호응을 얻고 있다. 이처럼 교동도의 ICT 기반 관광 서비스는 사람들에게 멀게만 느껴졌던 접경 지역이 평화와 통일의 의미와 시간을 간직한 관광지로 나아가는 데 중추적인 역할을 할 것으로 기대된다.

2-5 관광 서비스의 발전 방향

미래 관광 서비스는 상상이 현실이 되는 그야말로 관광의 새로운 패러다임을 예고하고 있다. 169개국이 참가한 '2018 스페인 국제 관광박람회(FITUR)'에서는 4차 산업혁명과 더불어 주목받고 있는 미래의 관광상품 및 서비스들이 소개되었다. VR · AR 기술을 이용하여 먼 거리를 이동하지 않고도 바다에서 낚시를 하거나 유적지의 상공을 날아다니며 경치를 감상할 수 있는 신(新)개념의 체험형 여행상품이 확대되고, 기구를 타고 우주 성층권에 머물며 우주의 장관을 감상할 수 있는 우주여행도 현실화될 것으로 전망했다. 특히 미국과 중국을 중심으로 우주여행상품의 개발 및 투자가 활발히 진행되고 있다(대한무역투자진흥공사, 2018).

이러한 흐름 속에서 우리나라도 ICT 경쟁력을 앞세워 빅데이터 분석, AI기술, AR/VR서비스, 비콘 서비스 등 관광과 첨단기술을 접목한 체험형 관광 서비스 등을 개발하면서 스마트 관광을 실현하고 있으며, 타 분야와 융합을 통한 창의적 관광콘텐츠 개발, 스마트 관광 인프라 확충 및 서비스 고도화를 추진 중이다. 이는 기존 관광 서비스 환경에 ICT 기술을 접목하여 저비용 고효율의 관광 인프라를 구축하고, 이를 통해 관광 기능을 최적화하는 데 주요 목적이 있다. 최근 관광객들이 스마트폰, 태블릿 PC 등 ICT 기반 디바이스를 통해 관광정보 및 콘텐츠를 제공받을 수 있는 환경이 확대되면서 이러한 움직임은 더욱 가속화될 것으로 보인다. 이를 토대로 향후 제시될 수 있는 관광 서비스의 지속가능한 발전을 위한 과제는 다음과 같다.

첫째, 관광 관련 빅데이터의 구축 및 활용을 위한 질적 향상이 요구된다. 관광 서비스 개발의 출발점이라 할 수 있는 데이터 수집은 정보의 객관성 및 정확성과 정보 간 연관성이 뒷받침될 때 신뢰성 있는 분석결과를 얻을 수 있는데, 데이터의 양적 확대에만 주력한 나머지 최근 잦은 데이터 오류 발생과 데이터의 실질적 적용 한계 등의 관련 문제점이 지적되었다(정병옥, 2015). 이를 해결하기 위한 방안으로 공공 데이터 수집 및 운영과 관련해 데이터의 정기적인 점검과 관리, 감독을 통한 데이터 품질 강화도 요구되며, 방대한 양으로 수집되는 각종 정보를 효율적으로 관리할 수 있는 저장/수집 기술과 수집된 정보를 단편적으로 저장하기보다는 인공지능을 기반으로 한 지식 생성 및 관리 기술이 필요해 보인다.

둘째, 관광 서비스의 다양성과 창의성을 강화하기 위해 개방형 플랫폼을 구축하여 부가가치를 높일 필요가 있다. ICT 기반 관광 서비스들은 이용대상이 제한적이거나 수익모델이 확보되지 않을 경우 정상적으로 유지될 수 없다. 따라서 ICT 기반 관광 서비스가 발전하기 위해서는 지속적인 수익모델의 발굴을 통해 안정적인 운영체계를 구축해야 한다. 따라서 기술력을 갖춘 다양한 파트너(스타트업 등)들이 관련 기술을 배양하고, 서비스 고도화를 위해 이해당사자들(전문가, 시민)과 정보 공유도 활발하게 이루어질 수 있도록 개방형 프로세스를 마련하는 것이 중요하다. 즉 ICT 기반 관광 서비스 개발은 민간 참여 유도방식으로 자발적으로 이루어져야 하며, 이러한 플랫폼을 마련하는 주체는 민관합동 형태로 이루어져야 할 것이다.

셋째, 기술에만 의존하는 관광 서비스에서 벗어나 시민들이 체감할 수 있는 관광 서비스가 제공되어야 한다. 이는 관광 서비스가 충분한 고민 없이 기술적용에만 초점을 맞추는 경우 관광객의 요구사항을 충족하지 못할 수도 있다는 것을 의미하며, 북촌 사례와 같이 관광 서비스가 사용자 참여형 서비스로 발전될 필요성이 있다. 이를 실현하기 위해서는 정부, 지자체, 지역주민, 관광객 등이 통합적 거버넌스를 구축하고, 실질적인 요구사항에 대해 소통할 수 있는 환경을 조성하는 것이 중요하다. 특히 오버투어리즘(Overtourism), 투어리스티피케이션(Touristification) 등 관광지 문제가 대두되고 있는 곳에서는 이러한 접근방식을 적극적으로 모색해야 한다.

이러한 과제들은 리빙랩을 통한 혁신적 생태계와 참여자 네트워크를 구축함으로써 해결할 수 있다. 즉 성공적인 관광 서비스 환경을 구축하기 위해서는 계획단계부터 시민참여가 필수적이며, 이러한 사용자 참여형 리빙랩은 개발기술의 단편적인 적용이 아닌, 관광객 또는 지역주민의 요구사항과 검증이 지속적으로 반복되는 형태로 발전되어야 할 것이다.

V

온라인 리뷰와 스마트 관광 도시

양 성 병 (경희대학교 경영학과)

1. 온라인 리뷰

1-1 스마트 관광 도시 관점에서 온라인 리뷰의 역할

일반적으로 온라인 구매방식은 전통적인 오프라인 구매방식에 비해 가격경쟁력 및 구매의 편리함이라는 장점을 가진 반면, 구매 전 상품을 직접 경험할 수 없어 발생하는 인지된 위험(Perceived Risk) 및 탐색비용(Search Cost)이 높다는 단점이 있다. 온라인 소비자들은 이러한 문제를 해결하기 위해 온라인 광고, 판매자가 제공하는 제품정보, 혹은 온라인 추천시스템 등으로부터 정보를 얻어 왔지만, 최근에는 이미 제품을 경험한 소비자들이 남긴 온라인 리뷰(Online Review)에 의존하여 구매결정을 내리는 경우가 증가하고 있다. 이는 온라인 소비자들이 기존의 다른 정보 원천에 비해 온라인 리뷰가 가지는 신뢰성과 정보성을 더욱 높게 평가하고 있기 때문이다(Lee & Yang, 2015). 〈그림 1〉은 소비자들이 온라인 리뷰를 실생활에 활용하여 인지된 위험과 탐색비용을 줄이고 있는 예를 보여주고 있다.

한편, 온라인 리뷰를 활용하는 업체가 증가하고 이에 대한 소비자의 의존도가 높아짐에 따라, 정보 과잉(Information Overload)의 문제가 최근 대두되고 있다. 특정 상품에 대한 너무 방대한 양의 리뷰가 오히려 소비자의 탐색비용을 높여 인지적 부담(Cognitive Burden)을 높여줌으로써, 신속하고 효율적인 의사결정을 방해하는 현상이 나타나고 있기 때문이다. 이러한 상황에서 온라인 소비자들은 '발견적인 정보 탐색과정(Heuristic Information Process)'을 거치면서 불완전한 정보에 의존하

〈그림 1〉 온라인 리뷰 활용의 예

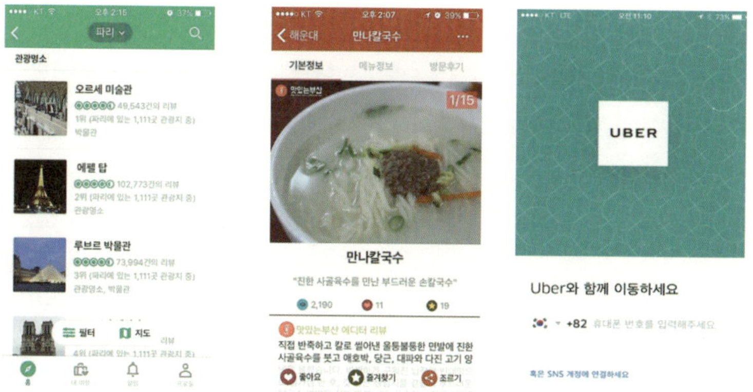

"트립어드바이저에 나오는 리뷰가 실시간으로 올라오는 자료라~ 웬만한 가이드북보다 좋습니다."

"여행가기 전에 부산은 맛집이 많다고 해서 어쩌나 했는데, 제대로 된 리뷰가 맛집투어에 많은 도움이 되었습니다."

"예전에는 공항에 내렸을 때 막막했는데, 우버를 이용하니까 편하고 저렴하게 호텔까지 갈 수 있었어요! 앱도 완전 잘 되어 있어요!"

출처: 구철모 · 정남호, 2019

여 의사결정을 내릴 수밖에 없게 되는데(Gao et al., 2012), 이는 특정 상품에 대한 추가적인 정보제공이 소비자의 구매결정에 대한 만족도를 담보하지 못할 수도 있음을 의미한다. 온라인 리뷰 관련 기존 연구들은 이러한 문제를 해결하기 위한 방법으로 온라인 리뷰의 유용성(Review Helpfulness 혹은 Review Usefulness)과 상품평가(Product Ratings) 기능을 활용할 것을 제안하고 있다(Baek et al., 2012; Mudambi & Schuff, 2010). 실제로 세계 최대 온라인 쇼핑몰인 아마존(Amazon.com)에서는 온라인 리뷰를 이용하는 잠재적인 고객들로 하여금 특정 리뷰를 이용한 후, "이 리뷰가 당신에게 도움을 주었습니까(Was this review helpful to you)?"라는 질문에 직접 답변하게 함으로써, 수많은 리뷰 가운데 유용성이 큰 리뷰를 우선적으로 배치, 소비자들의 효율적인 의사결정을 돕고, 나아가 상품에 대한 판매량 증대를 도모하고 있다. 또한, 상품에 대한 만족도가 높은(혹은 낮은) 순서로 리뷰를 정렬하여 살펴볼 수 있는 기능을 추가적으로 제공함으로써, 소비자의 빠른 의사결정을 돕고 있다. 이처럼, 온라인 리뷰의 활용은 신속하고 효율적인 의사결정 과정을 도와 소비자에게 혜택을 줄 수 있을 뿐만 아니라, 판매자로 하여금 더욱 많은 잠재고객을 유치하여 그들의 의사결정을 도움으로써, 궁극적으로 판매량 증진을 도모할 수 있게 하는 매우 유용한 전략이 될 수 있다.

소비자의 제품 사용 경험을 토대로 정보가 제공되는 온라인 리뷰의 특성을 고려하면, 제품 속성에 대한 설명만으로 비교적 예측이 가능한 탐색재(Search Goods)보다 사전 체험과 평가가 상대적으로 어려운 경험재(Experience Goods)에 대한 리뷰의 중요성이 더욱 높음을 알 수 있다(Mudambi & Schuff, 2010). 아마존과 같은 온라인 쇼핑몰에서 가장 먼저 활성화된 온라인 리뷰 활용 전략이 최근 트립어드바이저(TripAdvisor.com) 및 옐프(Yelp.com) 등과 같은 관광지, 호텔 및 식당 관련 온라인 리뷰 플랫폼에서 활발히 이용되고 있는데, 이는 호텔, 레스토랑 등 경험재적인 성격을 갖는 상품이 다수인 관광 및 환대산업의 특성에 기인한다. 한편, 이러한 관광 및 환대 상품은 그것을 소비한 이후에야 품질을 알 수 있기 때문에, 소비자와 판매자 간 정보의 비대칭성(Information Asymmetry)이 큰 특징이 있다. 서비스 마케팅 분야에서는 이러한 "정보의 비대칭성을 어떻게 경감시킬 수 있을 것인가?"에 대한 연구가 꾸준히 진행되어 왔는데, 판매자의 품질보증, 브랜드의 체인화 전략 등이 그 해결 방안으로 제시된 바 있다. 그러나, 이러한 전략들은 정보 비대칭 문제를 근본적으로 해결하는 데 한계가 있을 수밖에 없다. 표준화된 생산설비 활용을 통해 균일한 품질로 공급될 수 있는 공산품과 달리, 호텔 및 레스토랑과 같은 서비스 상품군은 위치, 영업 기간, 경영방식(예: 직영, 위탁경영, 프랜차이즈 등) 등에 있어 각각의 점포가 고유한 특성을 가질 뿐만 아니라, 무형의 서비스가 차지하는 비중이 높아 동일 브랜드라 하더라도 품질의 동질성이 상대적으로 낮을 수밖에 없기 때문이다. 따라서, 최근에는 관광 및 환대산업에서의 정보 비대칭 문제 해결을 위한 방안으로 온라인 리뷰와 같이 기 경험 소비자가 직접 생성한 온라인 구전(Online Word-of-Mouth)의 역할이 더욱 강조되고 있다(Rhee & Yang, 2015a).

이처럼 온라인 리뷰는 소비자가 직접 경험하기 전까지는 정확한 평가가 힘든 무형의 상품과 서비스가 대부분인 관광 및 환대산업에서 그 중요성이 특히 커지고 있다. 긍정적인 온라인 리뷰보다는 부정적인 온라인 리뷰가 미치는 영향력이 더욱 크며, 긍정적인 온라인 리뷰가 많은 호텔이나 식당은 더욱 안정된 재정 상태를 유지한다는 사실과, 많은 온라인 리뷰가 제공될수록 실제로 사람들이 해당 관광지에 방문하는 확률이 높아진다는 사실 등이 기존 연구를 통해 증명됨에 따라, 관광 및 환대산업에서의 온라인 리뷰 활용은 향후 더욱더 활발해질 것으로 예상된다. 또한, 본서의 다른 장에서 다루고 있는 '스마트 도시' 혹은 '스마트 관광 도시(Smart Tourism City)'에 대한 관심과 중요성이 커짐에 따라, 지역 내 유명 관광지와 숙박 및 맛집 연계 등을 통한 스마트 관광 도시로의 탈바꿈을 시도하는 국내외 도시들 또한 이러한 온라인 리뷰에 대한 효과적·효율적 활용에 사활을 걸고 있는 상황이다.

관광 및 환대산업에서의 온라인 리뷰에 대한 뜨거운 관심은 이에 대한 학술적 연구로 이어지고 있는데, 〈표 1〉은 주요 국제학술지에 게재된 관광 및 환대산업 관련 온라인 리뷰 연구의 세부 연구분야별 분포를 보여주고 있다. 우선, 숙박 분야에서의 온라인 리뷰 연구가 가장 많이 진행되었음을 알 수 있으며(35건, 63.6%), 그 뒤를 레스토랑(8건, 14.5%) 및 관광상품 전반(8건, 14.5%), 관광지(3건, 5.5%), 관광명소(1건, 1.8%) 순으로 잇고 있는 것을 확인할 수 있다. 이를 통해 기존의 온라인 리뷰 관련 연구가 호텔을 포함한 숙박 및 레스토랑, 그리고 관광상품 전반에 대해서만 중점적으로 수행되었으며, 관광지 및 관광 명소, 그리고 이들 간의 연계를 고려한 스마트 관광 도시 차원에서의 온라인 리뷰 연구는 상대적으로 부족했음을 알 수 있다. 그러나 관광객들은 여행 계획을 세우는 데 있어서 '어디서 숙박'하거나 '어디서 식사'할 것인지도 중요하지만, '어디를 여행'할 것인가를 우선 고민하게 된다. 따라서, 이러한 지엽적인 숙박업소, 레스토랑, 관광지 등에 대한 온라인 리뷰보다는 이들을 연계하여 보다 체계적인 관점에서 구체적인 관광코스 및 여행 설계를 도울 수 있는 '관광 도시' 관점 온라인 리뷰 연구가 보다 절실한 시점이다.

이와 같이 관광객들은 자신의 경험을 관광정보 플랫폼에 공유하며, 이것은 가치를 생산하여 다른 잠재 관광객, 관광 상품 생산자, 지역관광협의체(Destination Marketing Organization: DMO)들에게 전달하는 것이

〈표 1〉 관광 및 환대산업 온라인 리뷰 관련 선행연구 영역 분석

연구분야	선행연구의 수	비율(%)
관광지	3	5.5
숙박	35	63.6
레스토랑	8	14.5
관광명소	1	1.8
관광상품 전반	8	14.5

출처: Hlee et al., 2018

라고 볼 수 있다. 관광객들은 관광정보 플랫폼에 관광 서비스(예: 레스토랑이나 호텔에서의 경험)에 대한 평가나 의견을 리뷰의 형태로 올린다. 이러한 관광정보 플랫폼은 관광객들에게 공동 생산의 틀로서 유용하게 작용할 뿐만 아니라, 관광 서비스 생산자들에게도 마케팅 정보를 제공하는 중요한 원천이 된다. 관광객들은 특별한 관광 경험을 위해 관광 서비스 에이전시와 밀접하게 협업할수록 그들의 풍요로운 여행을 위해 더 많은 돈을 지불하는 경향이 있다. 이처럼, 관광객 개인의 특별한 경험은 스마트 관광 도시 전반에 스며들어 관광객들의 구매행동을 유도할 수 있다.

1-2 온라인 리뷰의 구성요소

관광 및 환대산업에서의 온라인 리뷰는 서비스를 제공하는 특정 플랫폼에 따라 차이는 있으나, 일반적으로 〈그림 2〉와 같이 크게 관광지, 호텔, 레스토랑 등과 같은 평가대상에 대한 1) 온라인 리뷰 평가글과 관련된 정보(Review-Related Information), 2) 온라인 리뷰 평가자와 관련된 정보(Reviewer-Related Information), 그리고 3) 전체 온라인 리뷰 평가결과와 관련된 정보(Overall Information) 등으로 구성되어 있다.

〈그림 2〉 온라인 리뷰의 구성요소(TripAdvisor의 예)

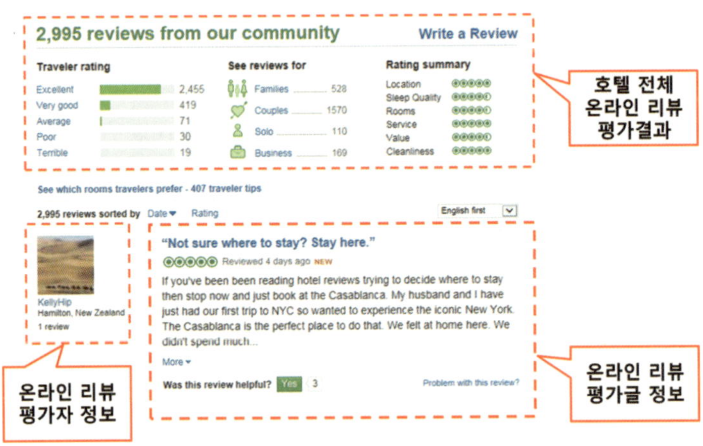

우선, 1) 온라인 리뷰 평가글과 관련된 정보(Review-Related Information)는 평가대상(예: 관광지, 호텔, 레스토랑 등)에 대한 평점(Review Rating), 평가

시점(Review Date), 평가글(Review Content), 첨부사진(Review Photo), 리뷰 유용성(Review Helpfulness 혹은 Review Usefulness), 관계자 댓글(Manager's Comment) 등으로 구성되어 있다. 평점의 경우, 평가자가 실제 경험한 상품 및 서비스에 대한 전체적인 만족도를 1~5점 사이의 별점으로 평가하도록 기능이 제공된 경우가 일반적이며, 특정 리뷰 플랫폼에 따라 세부속성에 대한 평가도 가능하도록 구성된 경우도 있다. 예를 들어, TripAdvisor 이용자가 호텔에 대한 평가를 진행할 경우, 전체적인 만족도에 대한 평가와 더불어 호텔의 세부속성(예: 장소, 수면품질, 방, 서비스, 가치, 청결도)에 대한 평가도 추가적으로 가능하도록 설계되어 있다〈〈그림 2〉 참조〉. 이 경우, 호텔의 입장에서는 세부속성에 대한 평가와 전체적인 만족도 평가결과를 비교함으로써 해당 호텔의 상대적 장 · 단점뿐만 아니라, 제한된 자원을 어느 부분에 더욱 집중할 것인지에 대한 판단 근거를 얻을 수 있게 된다(Rhee & Yang, 2015b). 다음으로 평가시점을 통해 해당 평가글이 언제 작성된 것인지를 확인함으로써 해당 글에 대한 적시성(Timeliness) 정도를 확인할 수 있다. 기본적으로 온라인 리뷰는 글(Text)의 형태로 소비자의 경험이나 평가를 자세히 서술하는 것이기 때문에, 내용(Review Content)이 가장 중요하다. 관광지, 호텔, 레스토랑 등에서의 개인적 경험은 평점과 같은 수치 정보로만 제시하기에는 한계가 있어, 평가글을 통해 평점의 근거를 충분히 기술하게 된다. 최근에는 평가글과 함께 첨부사진 또는 동영상을 함께 업로드할 수 있는 기능을 제공함으로써, 해당 평가글에 대한 정보를 더욱 풍부하게 하는 온라인 리뷰 플랫폼도 속속 등장하고 있다(예: AirBnB, Yelp 등). 또한, 최근에는 해당 평가글에 대해 호텔 및 레스토랑 담당 관리자가 댓글을 작성할 수 있도록 하는 기능을 제공하는 온라인 리뷰 플랫폼도 등장하고 있다(예: TripAdvisor, Yelp 등). 이러한 기능을 활용함으로써 관리자 입장에서는 부정적인 구전(Negative Word-of-Mouth)이 본격적으로 확산되기 이전에 적절한 대응을 할 수 있게 된다.

온라인 리뷰 플랫폼들은 리뷰 유용성(Review Helpfulness 혹은 Review Usefulness) 기능을 제공함으로써, 수많은 리뷰 가운데 어떤 리뷰가 유용성이 더 큰 리뷰인지를 보여주고 있다. 이러한 리뷰 유용성은 리뷰를 읽은 사람들이 직접 평가하는 지표로서 앞서 설명한 온라인 리뷰 평가글과 관련된 정보(예: 평점, 평가시점, 평가글, 첨부사진, 관계자 댓글 등)뿐만 아니라 온라인 리뷰 평가자와 관련된 정보(예: 평가자 사진, 평가자 이름, 평가자 거주지, 평가자 명성, 평가자 등급, 평가자 경험 등)들로부터 직·간접적인 영향을 받는다. 즉, 온라인 리뷰 평가글 및 평가자와 관련된 모든 정보가 영향요인이 되어 리뷰 유용성을 결정하는 것이다. 이러한 리뷰 유용성의 영향관계를 잘 밝혀낼 수 있다면, 리뷰 작성자 입장에서는 이를 활용하여 좀 더 높은 유용성을 가진 리뷰 작성이 가능하게 되고, 리뷰를 읽는 사용자 입장에서는 보다 효율적인 의사결정이 가능해지며, 호텔 및 레스토랑 매니저의 입장에서는 효과적인 경영(마케팅 및 고객관리)을 위한 근거자료로 삼을 수 있게 된다. 또한, 온라인 리뷰 플랫폼 제공자 관점에서도, 플랫폼 내에서 리뷰를 어떻게 배치해야 고객들의 관심을 끌고, 나아가 재방문율을 높일 수 있을 지에 대한 리뷰 프레이밍(Review Framing) 전략마련의 근거로 삼을 수 있게 된다(Yang et al., 2017b). 이와 같이 리뷰 유용성을 분석할 경우 다양한 관점으로부터 다양한 시사점을 얻을 수 있는 장점이 있기 때문에 그동안 많은 연구들이 리뷰 유용성에 초점을 두고 진행되어 왔다(예: Baek et al., 2012; Mudambi & Schuff, 2010; Yang et al., 2017b). 한편, Yelp에서는 리뷰 유용성과 함께 평가글이 얼마나 재밌는지(Funny) 혹은 멋진지(Cool)에 대한 정보도 함께 제공하고 있는데, 여러 연구에서는 이러한 특성들을 묶어 리뷰의 즐거움(Review Enjoyment)으로 명명하고, 리뷰의 즐거움에 영향을 주는 선행요인을 도출 및 검증하고자 했다(Hlee et al., 2019; Yang et al., 2017a).

다음으로, 2) 온라인 리뷰 평가자와 관련된 정보(Reviewer-Related Information)를 살펴보면, 〈그림 3〉과 같이 평가자 사진(Reviewer Photo), 평가자 이름(Reviewer Name), 평가자 거주지(Reviewer Location), 평가자 명성(Reviewer Reputation), 평가자 등급(Reviewer Level), 평가자 경험(Reviewer Experience) 등으로 구성되어 있음을 알 수 있다. 우선 평가자 사진의 경

〈그림 3〉 온라인 리뷰 평가자 관련 정보(Yelp의 예)

출처: 구철모 · 정남호, 2019

우, 평가자가 본인의 사진 혹은 다른 사진을 선택하여 공개할 수 있으며, 원하지 않을 경우 아예 공개하지 않을 수도 있다. 평가자 이름의 경우에도 본명과 별명(애칭 포함) 가운데 평가자가 자유롭게 선택할 수 있으며, 원하지 않을 경우 이를 공개하지 않을 수도 있다. 또한, 평가자 거주지의 경우에도 미공개부터 본인의 거주도시 및 구역 공개 및 자세한 주소 공개 등 공개되는 정도를 평가자 본인이 직접 선택할 수 있도록 플랫폼이 구성되어 있다. 비록 개인정보 공개에 대한 선택권은 평가자 자신에게 있긴 하지만, 평가자가 개인적인 정보를 좀 더 정확하고 구체적으로 공개하면 할수록 평가글에 대한 신빙성, 나아가 평가글의 유용성이 높아진다는 사실은 기존 연구로부터 이미 밝혀진 바 있다(Yang et al., 2017b). 이밖에 평가자의 SNS 친구 수 등으로 대표되는 평가자 명성, 그 간의 활동 정도에 따라 온라인 리뷰 플랫폼으로부터 주어지는 평가자 등급(예: TripAdvisor의 5단계 Contributor 등급, Yelp의 Elite 뱃지 등), 평가자가 그 동안 업로드한 글 및 사진의 개수 등으로 대표되는 평가자 경험 등이 주요 온라인 리뷰 평가자 관련 정보에 해당한다(Yang et al., 2017b).

마지막으로, 3) 평가대상 관련 전체 온라인 리뷰 평가결과와 관련된 정보(Overall Information)로는, 전체 리뷰 수(Total Review Amount), 전체 평점분포(Total Review Distribution), 전체 평가자분포(Total Reviewer Distribution) 등이 있다〈〈그림 2〉 참조〉. 이러한 정보들은 하나의 평가글 혹은 평가자에 대한 정보가 아니라 이들 정보를 호텔, 관광지, 레스토랑 등과 같은 하나의 대상별로 모두 취합한 종합적인 정보로, TripAdvisor나 Yelp와 같은 온라인 리뷰 플랫폼들이 대상별 추천 순위를 매기는 근거자료가 된다. 해당 호텔이나 레스토랑의 매니저 입장에서는 개별적인 온라인 리뷰 및 평가자를 관리하는 것도 중요하지만, 종합적인 랭킹에서 경쟁업체에서 앞서 추천 결과 화면에서 좀 더 앞쪽에 위치되도록 하는 것이 예약율 상승 등 성과 창출에 더욱 중요한 요인임을 잘 인식하고 있어야 한다.

1-3 스마트 관광 관련 온라인 리뷰 플랫폼

최근 온라인 리뷰 플랫폼의 인기가 폭발적으로 증가함에 따라, 온라인 리뷰가 소비자의 태도나 구매의도에 미치는 영향력 또한 점차 커지고 있다. 트립어드바이저(TripAdvisor.com)와 옐프(Yelp.com)는 각각 호텔과 외식분야에 특화된 세계적으로 가장 활성화된 온라인 리뷰 플랫폼으로서, 리뷰의 내용(Review Content) 뿐만 아니라, 제품/서비스 전체 및 속성(Attribute)에 대한 평가(Product Ratings), 이름, 등급, 거주지 등과 같은 평가자에 대한 정보(Reviewer's Information), 작성날짜, 글의 길이와 같은 리뷰 정보(Review's Information) 및 잠재고객의 리뷰에 대한 평가(Review Usefulness) 등 다양한 정보를 제공하고 있다〈〈그림 4〉 참조〉.

2019년 3월 현재 TripAdvisor와 Yelp는 각각 6억 6천만 건과 1억 8천만 건의 호텔과 레스토랑 관련 리뷰를 제공하고 있다. 관광목적지(Tourism Destinations)(예: 도시, 지방 등), 관광명소(Attractions)(예: 해변, 박물관 등), 숙박(Accommodations)(예: 호텔, 게스트하우스 등), 기타시설(Amenities)(예: 레스토랑, 바, 클럽 등) 등에 대한 다양한 여행자의 경험들이 이러한 온라인 리뷰 플랫폼을 통해 활발히 공유되고 있다.

TripAdvisor, Yelp 등과 같은 온라인 리뷰 플랫폼은 때에 따라 관찰자(Observer), 중재자(Mediator), 조정자(Moderator), 참여자(Participant) 등의 역할을 적절히 수행하며, 리뷰 평가자(기 경험자)와 리뷰 구독자(잠재적 고객) 간 활발한 의사소통을 돕고 있다. 이들은 관광상품 및 서비스를 이미 경험한 소비자들이 자신의 평가를 직접 플랫폼상에 자유롭게 올릴 수 있게 함으로써, 제 3자나 판매자로부터 제공된 정보에 비해 구독자로 하여금 더 높은 신뢰성을 갖게 만든다. 따라서, 온라인 리뷰는 관광객들에게 정보 제공을 위한 공동의 생산수단이 될 뿐만 아니라 관광 서비스 제공자들에게도 마케팅 전략수립을 위한 중요한 자료가 될 수 있다. 공동 생산자로서의 소비자 역할이 점차 증대되면서, 온라인 리뷰는 경험적 효용 및 경제적 이익을 제공하는 사회적 자본이 되고 있다. 이러한 온라인 리뷰 플랫폼의 출현은 소비자들에게 권력이 생기기 시작했다는 것을 의미하며, 관광 분야에서 공동생산 및 공동소비의 새로운 패러다임이 시작되었음을 의미한다(구철모 · 정남호, 2019).

〈그림 4〉 대표적 온라인 리뷰 플랫폼(TripAdvisor와 Yelp)

1-4 온라인 리뷰의 정보처리 속성

Chaiken(1980)의 Heuristic-Systematic Model(HSM)에 따르면, 온라인 리뷰를 읽는 사람이 취할 수 있는 정보처리 전략은 크게 ① 체계적 정보처리(Systematic Information Process) 전략과 ② 휴리스틱 정보처리(Heuristic Information Process) 전략으로 나눌 수 있다. 우선, 체계적 정보처리를 하는 소비자들은 의사결정을 하는 과정에서 직접적으로 관계되는 많은 중심 단서들(Central Systematic Cues)로부터 정보를 파악, 분석적인 태도를 형성하는 반면, 직관적 정보처리를 하는 소비자들은 정보처리 과정에서 휴리스틱(Heuristic)적으로 인지할 수 있는 주변 단서들(Peripheral Heuristic Cues)을 바탕으로 신속하게 의사결정을 함으로써 정보처리에 들어가는 노력과 시간을 최소화하고자 하는 태도를 취한다. 다음은 이러한 두 가지 온라인 리뷰 정보처리 과정에 대해서 좀 더 자세히 알아보고자 한다.

1) 온라인 리뷰의 체계적 정보처리 과정

온라인 리뷰가 관광상품을 얼마나 잘 나타내는지, 그리고 온라인 리뷰의 내용이 사실적이고 객관적인 관점을 반영한 것인지, 추상적이고 감정적인 관점을 반영한 것인지 등은 소비자에게 매우 중요하다. 일반적으로, 객관적 사실을 제공하는 것이 더욱 중요할 것이라고 생각할 수 있지만, 관광 분야에서는 경험에 대한 공감적 묘사가 단순한 사실보다 잠재 고객들에게 더욱 매력적으로 다가갈 수 있다. 체계적 단서들(Systematic Cues)에는 소비자의 구매결정에 영향을 미치는 어휘적 단서(Lexical Cues)와 리뷰의 내용을 얼마나 잘 이해할 수 있는지 정도를 나타내는 언어적 단서(Linguistic Cues)가 있다(〈표 2〉 참조). 어휘적 단서는 비유 또는 직유, 감성적 또는 인지적, 긍정적 또는 부정적 표현 등을 통해 관광상품에 대한 소비자의 인식에 영향을 미친다. 한편, 언어적 단서는 리뷰 가독성(Review Readability), 리뷰 충실성(Review Concreteness) 등이 대표적이며 리뷰가 읽기 쉽고 충실하게 쓰였다고 느낄수록 소비자들은 리뷰의 유용성이 그 만큼 더 높다고 인지하는 것으로 알려져 있다(구철모 · 정남호, 2019). 특히, 리뷰의 구체성(Review Concreteness)은 객관적인 사실부터 경험을 기반으로 한 주관적이고 감성적인 평가까지 포괄하는 텍스트 내용으로 정의한다. 따라서 리뷰의 구체성은 온라인 리뷰가 어떻게 관광상품 및 서비스를 표현하는지와 결과적으로, 그것이 의사결정을 위한 정보를 탐색하는 여행객들에게 어떻게 영향을 미치는지를 이해하게 한다.

〈표 2〉 온라인 리뷰의 체계적 정보처리 단서

체계적 단서 (Systematic Cues)	정의	특징
어휘적 단서 (Lexical Cues)	소비자의 구매 결정에 영향을 미치는 언어 스타일	비유 또는 직유 (Figurative and Literal Languages), 감성적 또는 인지적 (Affective and Cognitive Languages), 긍정적 또는 부정적 (Positive and Negative Languages)
언어적 단서 (Linguistic Cues)	리뷰의 내용과 정보를 개인이 얼마나 잘 이해할 수 있는지 정도	리뷰 가독성 (Review Readability) 리뷰 구체성 (Review Concreteness)

출처: Hlee et al., 2018

2) 온라인 리뷰의 휴리스틱 정보처리 과정

관광 관련 온라인 리뷰가 소비자의 인식에 미치는 영향력은 리뷰 기반(Review-Related) 및 원천 기반(Source-Related) 휴리스틱 속성(Heuristic Attributes)에 따라 분류될 수 있다. 여기에서 원천 기반 휴리스틱 속성은 리뷰를 생산하는, 즉 평가자(Reviewer)의 휴리스틱 속성을 나타내며 리뷰 기반 휴리스틱 속성은 리뷰 내용 자체의 휴리스틱 속성을 의미한다(Hlee et al., 2018). 다음은 원천 기반 및 리뷰 기반 휴리스틱 속성을 구성하는 세부 단서들에 대한 구체적인 설명을 나타내고 있으며, 이를 종합하여 〈표 3〉에 나타내었다.

① 원천 기반 휴리스틱 속성(Source-Related Heuristic Attributes)

원천 기반 휴리스틱 속성은 정체성 단서(Identity Cues), 평판 단서(Reputation Cues), 전문성 단서(Expertise Cues), 편승 단서(Bandwagon Cues) 및 권한 단서(Authority Cues) 등 다섯 가지로 나누어 살펴볼 수 있으며, 리뷰 원천에 대한 신뢰성 및 리뷰의 유용성과 깊은 관련이 있다. 이는, 왜 잠재 소비자들이 구매결정 과정에서 신뢰할만한 정보를 찾기 위해 많은 시간을 투자하는지를 설명하는 요소이기도 하다. 다음은 다섯 가지 각 단서에 대한 좀 더 구체적인 설명이다.

· **정체성 단서 :** 많은 온라인 정보 플랫폼에서 일반적으로 발견할 수 있는 것으로, 실제 사진, 실제 이름, 실제 주소 등과 같이 사용자가 스스로 제공하는 개인적인 정보를 의미한다. 정체성 단서는 리뷰 원천의 신뢰성과 관련이 있기 때문에, 소비자들이 매우 가치 있는 정보로 여기며 소비자가 인식하는 리뷰의 유용성에 상당한 영향을 미친다.

- **평판 단서** : 다른 사람들의 의견을 종합하여 제시하는 시스템 생성 정보의 일환으로 온라인 리뷰에 대한 소비자의 인식과 행동의도에 상당한 영향을 미친다. 신뢰받는 수(Number of Trusted Members), 기여도 수(Number of Contribution), 친구 및 팬의 수(Number of Friends or Fans) 등과 같이 평판도를 판단할 수 있는 단서를 의미한다.
- **전문가 단서** : 높은 수준의 지식, 능력, 기술 등을 가진 전문가로 인식되는 리뷰어(평가자)에 대한 정보로 리뷰에 기술한 주장의 타당성에 영향을 미친다. 전문가로 인식되는 리뷰어에 의해 작성된 리뷰는 소비자들에게 더 많은 신뢰를 받으며, 리뷰어가 얼마나 많은 도시를 방문했는지, 얼마나 많은 평가를 했는지 등은 시스템 생성 단서로 제공되는 정보이다.
- **편승 단서** : 집단의 의견을 가치 있게 여기는 것으로 리뷰를 읽는 사람들이 다른 사람들의 추세를 따르게 하는 편승효과를 일으키는 단서들을 의미한다. 소비자들은 많은 양의 정보를 접하게 되면, 불확실성과 인지된 위험(Perceived Risk)을 감소시키기 위해 다른 사람들의 결정을 따라하는 경향이 있다. 리뷰의 수, 축적된 유용성(Cumulative Helpfulness), 판매 순위 등과 같이 다른 사람들이 어떠한 결정을 했는지를 보여주는 단서들을 의미한다.
- **권한 단서** : 전문가 단서와 유사하지만, 리뷰어가 얼마나 전문성을 가지고 있는지 등급이나 순위를 부여한 단서를 의미한다. TripAdvisor가 제공하는 리뷰어의 레벨이나 추천 상위 레벨 리뷰어가 권한 단서의 대표적인 예가 될 수 있다.

② 리뷰 기반 휴리스틱 속성(Review-Related Heuristic Attributes)

리뷰 자체의 휴리스틱 속성은 속성 단서(Attribute-Based Cues), 시각적 단서(Visual-Based Cues) 및 텍스트 단서(Text-Based Cues) 등으로 구성되어 있으며, 온라인 리뷰 시스템에 가장 직관적인 영향을 미치는 요소들이다. 다음은 세 가지 각 단서에 대한 좀 더 구체적인 설명이다.

· **속성 단서** : 관광 상품 자체가 가지고 있는 단서를 의미한다. 예를 들어, 호텔의 경우에는 호텔의 위치, 청결도, 가치, 서비스, 객실, 수면의 질 등이 속성 단서가 될 수 있으며, 레스토랑의 경우에는 음식의 맛, 가치, 서비스, 분위기 등이 속성 단서로 고객의 만족도 및 리뷰의 유용성에 영향을 미칠 수 있다. 특히, 호텔산업은 일반적으로 상품이나 서비스의 평가를 등급 (예: 4성급, 5성급 등)으로 제시하기 때문에 제품 자체의 속성뿐만 아니라 이렇게 표시된 호텔등급도 속성 단서로 고려될 수 있다.

· **시각적 단서** : 시각정보 형태로 제공되는 단서와 관련이 있다. 사진이나 비디오 클립은 글(Text)보다 더욱 빠르고 직관적으로 접할 수 있기 때문에 고객의 만족도 및 리뷰의 유용성에 중요한 영향을 미친다. 시각적 정보는 실용적(Utilitarian) 제품보다 탐색재(Search Goods) 및 쾌락적(Hedonic) 제품에 더 강항 영향을 미치는 것으로 알려져 있다(Hlee et al., 2018).

· **텍스트 단서** : 대표적인 예는 리뷰 내용의 길이(Review Length)이다. 소비자들은 리뷰 내용의 길이를 보고 직관적인 정보를 수집하게 되는데, 내용이 길고 짧음 그 자체는 인지적 노력을 크게 들이지 않더라도 한눈에 쉽게 파악할 수 있기 때문이다. 리뷰에 사용된 단어의 수가 많을수록 사람들은 리뷰어(평가자)가 시간과 정성을 들여 내용을 작성했다고 생각하는 경향이 있으며, 더 자세한 정보를 담고 있다고 느끼기 때문에 해당 리뷰의 유용성을 더욱 더 높게 인지하는 경향이 있다(Yang et al., 2017b).

〈표 3〉 온라인 리뷰의 휴리스틱 정보처리 단서

휴리스틱 단서 (Heuristic Cues)		정의	특징
원천 기반 휴리스틱	정체성 단서 (Identity Cues)	사용자가 스스로 제공하는 개인적 정보	실제 사진, 실제 이름, 실제 주소 등
	평판 단서 (Reputation Cues)	다른 사람들의 의견을 종합하여 제시하는 시스템 생성 정보	신뢰받는 멤버 수, 기여도, 친구 및 팬의 수 등
	전문가 단서 (Expertise Cues)	높은 수준의 지식, 능력, 기술을 가진 전문가로 인식되는 리뷰어(평가자)에 대한 정보	전문가 리뷰 표식, 리뷰의 수, 전문가 리뷰 수, 엘리트 배지(Badge), 방문 도시 수 등
	편승 단서 (Bandwagon Cues)	개인보다 집단의 의견에 우호적인 정보 (즉, 다른 사람들이 좋다고 생각하면, 그 추세를 따르는 것)	리뷰의 수, 축적된 유용성(Cumulative Helpfulness), 판매 순위 등
	권한 단서 (Authority Cues)	리뷰어(평가자)가 얼마나 전문성을 가지고 있는지 등급이나 순위를 부여하는 정보	리뷰어의 레벨, 상위 레벨 리뷰어(평가자) 등
리뷰 기반 휴리스틱	속성 단서 (Attribute-Based Cues)	리뷰어(평가자)가 상품이나 시비스의 품질을 평기하는 정보	호텔 등급, 호텔 속성(가치, 서비스, 방, 수면의 질, 위치, 청결도), 레스토랑 속성(가치, 가격, 분위기, 음식) 등
	시각적 단서 (Visual-Based Cues)	사진이나 영상과 같은 시각적 정보	사진과 비디오의 수 등
	텍스트 단서 (Textual-Based Cues)	리뷰 내용의 길이를 보고 판단할 수 있는 직관적 정보	리뷰의 내용의 길이 등

출처: Hlee et al., 2018

2. 온라인 호텔 리뷰

2-1 스마트 관광 도시에서 온라인 호텔 리뷰의 역할

온라인 리뷰 플랫폼의 확산으로 소비자의 태도나 구매의도에 미치는 온라인 리뷰의 영향력은 점점 증대되고 있는 반면에 Facebook이나 Twitter 등 기존의 SNS나 디지털 마케팅 도구를 사용하는 기업의 수는 상대적으로 감소하는 추세이다. 온라인 호텔 리뷰는 소비자 특히 그 지역을 찾는 여행객의 의사결정에 지대한 영향을 미치기 때문에 호텔 매니저들에게 매우 중요한 정보 원천으로 여겨져 왔다. 하지만 온라인 리뷰의 수가 급증함에 따라 동시에 소비자들이 신뢰할 수 있는 정보를 찾는 것 또한 어려워지고 있다. 더욱이 호텔(숙박 시설)을 선택함에 있어서 위치, 가격, 서비스, 객실 등 다양한 속성들이 동시에 고려되어야 하고, 다양한 종류 및 계층의 호텔(예: 리조트호텔, 5성급 등)이 존재하기 때문에 소비자들이 호텔 정보를 수집하는 과정은 유형의 상품(Tangible Product) 구매를 위한 정보수집에 비해 상당히 복잡할 수밖에 없다. 본 절에서는 스마트 관광 도시를 구축하는 데 있어 한 축을 담당하는 온라인 호텔 리뷰의 체계적 속성과 휴리스틱 속성에 대해 좀 더 구체적으로 살펴보고자 한다.

2-2 온라인 호텔 리뷰의 체계적 속성

관광객은 특정 관광지에 대한 여행을 고려할 때, 이전에 숙박한 경험이 있었던 호텔을 다시 이용할 계획이 아니라면, 어떤 호텔에 묵을 것인지를 결정하는 과정에서 호텔이 가진 핵심적인 속성에 대한 정보를 수집하게 될 것이다. 물론, 관광지, 관광목적, 관광기간, 누구와 동행하느냐 등에 따라 숙박시설 선택에 대한 고려사항도 달라질 수 있다. 일반적으로 관광객들의 호텔 구매결정을 유도하는 핵심적인 요소는 여섯 가지(가치, 서비스, 객실, 수면의 질, 위치, 청결)의 호텔 속성으로 분류될 수 있으며, 그 중 가치(Value) 속성과 객실(Rooms) 속성은 만족도에 강한 영향을 미친다(Rhee & Yang, 2015b).〈〈그림 5〉 참조〉. 다음은 각 속성별 구체적인 설명이다.

〈그림 5〉 호텔평가 시 주요 속성 (가치, 위치, 수면의 질, 객실, 서비스, 청결)

① 가치 속성(Value Attribute): 숙박 시설의 가격, 가성비, 할인율, 무료 조식, 무료 인터넷(Wifi) 등과 같은 요인으로 전통적으로 호텔 속성에 있어서 가장 중요한 요소로 여겨져왔다. '가치'는 소비자들이 지불한 것에 준하거나 그 이상으로 얻게 될 것에 대한 '소비자의 인식'으로 표현이 가능하다.

② 서비스 속성(Service Attribute): 직원의 친절함, 서비스 품질 및 전문성, 24시간 룸서비스 등의 요인을 의미하며, 호텔 직원과의 개인적 상호작용도 이 속성에 포함된다. 예를 들어, 로비에서 고객을 응대한 직원의 태도, 청소부의 태도, 레스토랑에서 직원과의 상호작용에서 고객이 만족감을 느낀 정도 등이 호텔 전체의 만족도에 직접적인 영향을 미칠 수 있다는 것이다.

③ 객실 속성(Rooms Attribute): 객실 크기, 안락함, 욕실 크기 등의 요소가 이 속성에 포함된다. 객실이라는 것은 여러 편의상품 및 서비스의 종합으로 볼 수 있기 때문에, 객실 속성의 요소를 명확하게 구분하는 것이 쉽지는 않은 특징이 있다.

④ 수면의 질 속성(Sleep Quality Attribute): 침대에서 안락하게 잤는지? 조용하고 소음이 없었는지? 방의 온도는 적당했는지? 등의 요소가 이 속성에 포함된다.

⑤ 위치 속성(Location Attribute): 주차 편리성, 공항에서의 거리, 대중교통의 편리성 등은 위치 속성의 주요한 요인들이다. 특히, 위치는 이동의 편리성을 중요하게 생각하는 관광객들에게는 더욱 중요한 속성이다. 관광객들은 호텔에서 자신이 여행 중 방문하려는 관광명소로의 접근이 용이한지 등을 가장 먼저 고려하기 때

문이다. 또한, 비즈니스 여행객(출장 목적으로 방문)은 비즈니스 회의나 컨퍼런스가 열리는 장소와 가까운 곳에 위치한 호텔을 선호한다.

⑥ 청결 속성(Cleanliness Attribute): 호텔의 청결도와 재숙박율이 상관관계가 있음이 밝혀진 바 있다(**구철모 · 정남호, 2019**). 욕실(고객들이 청결에 있어서 욕실 청결을 가장 중요하게 여기는 경향이 있음)이나, 객실의 청결 상태뿐만 아니라 로비, 복도, 엘리베이터, 호텔 내 레스토랑 등 전반적인 호텔의 청결도가 호텔에 대한 인상에 큰 영향을 미칠 수 있다.

2-3 온라인 호텔 리뷰의 휴리스틱 속성

온라인 호텔 리뷰는 휴리스틱 속성도 가지고 있는데, 일반적으로 휴리스틱 정보는 가용성(Availability), 감정(Affect), 대표성(Representativeness) 등 세 개의 하위차원 단서로 분류될 수 있다. 다음은 각 휴리스틱 속성에 대한 구체적인 설명이다.

① 가용성 휴리스틱(Availability Heuristic): 개인의 경험과 경험을 통해 형성된 선입견에 기반하는 휴리스틱을 의미한다. 예를 들어, 온라인 호텔 리뷰의 경우, 해당 온라인 리뷰 플랫폼의 이용자들이 리뷰 출처에 대해 긍정적인 태도를 가지고 있으면(예: 출처의 신빙성), 그 리뷰가 그들의 결정에 더욱 도움이 될 것이라고 여기는 경향이 있다. 리뷰어의 주소, 해당 웹사이트로부터 인정받은 공

식 리뷰어(평가자) 임을 나타내는 표식, 리뷰어에 대한 다른 이용자들의 추천 수 등을 공개하는 리뷰어의 휴리스틱 정보(Reviewer-Related Heuristic Information)는 리뷰의 유익함을 결정하는 중요한 요소이다(Yang et al., 2017b). 따라서 온라인 호텔 리뷰에서 리뷰어의 위치(Reviewer Location), 리뷰어의 수준(Reviewer Level), 리뷰어가 쓴 글이 도움이 되었다는 투표(Reviewer Helpful Vote) 등은 소비자들이 해당 리뷰를 더욱 유용하다고 느끼게 하는 가용성 휴리스틱의 단서로 이용된다.

② 감정 휴리스틱(Affect Heuristic): 대상을 평가할 때, 인지적인 반응보다 정서적인 반응을 먼저 보이는 것으로, 어떠한 상황에 대해 경험으로 생성된 감정에 따라 직관적으로 평가를 하게 만드는 속성을 의미한다. 사진이 감정 휴리스틱의 대표적인 예라고 할 수 있는데, 온라인 호텔 리뷰에서 제공하는 호텔 객실 사진은 보는 사람으로 하여금 감정적 자극을 주게 되고, 정서적 반응에 의해 평가를 하게 만들기 때문이다(Yang et al., 2017b).

③ 대표성 휴리스틱(Representativeness Heuristic): 요약된 정보로 정보 전체를 간략히 전달하는 속성을 의미한다. 아마존과 같은 온라인 쇼핑몰에서 리뷰를 사용할 때, 리뷰어(평가자)들은 주로 자신이 경험한 상품이나 서비스를 5점 척도(별점)로 평점을 매기게 된다. 소비자의 만족도와 선호도에 대한 전반적 평가를 평점으로 간단히 요약해 직관적으로 전달하는 것이다. 실제로 많은 연구를 통해 이러한 평점 방식이 온라인 리뷰와 함께 제공될 때 리뷰의 유용성에 상당한 영향을 미치는 것으로 밝혀졌다(Yang et al., 2017b).

이 밖에도 리뷰 내용의 길이(Review Length)와 같은 속성도 온라인 호텔 리뷰의 휴리스틱 속성으로 분류될 수 있다. 리뷰 내용의 길고 짧음 그 자체는 인지적 노력을 크게 들이지 않더라도 한 눈에 쉽게 파악할 수 있기 때문이다. 리뷰에 사용된 단어의 수가 많을수록 사람들은 리뷰어가 시간과 정성을 들여 내용을 작성했다고 생각하며, 더 자세한 정보를 담고 있다고 느끼기 때문에 해당 리뷰의 유용성을 좀 더 높게 지각하는 경향이 있다. 〈그림 6〉은 TripAdvisor 플랫폼에 올라온 온라인 호텔 리뷰의 휴리스틱 속성 예를 보여주고 있다.

〈그림 6〉 TripAdvisor 온라인 호텔 리뷰의 휴리스틱 속성의 예

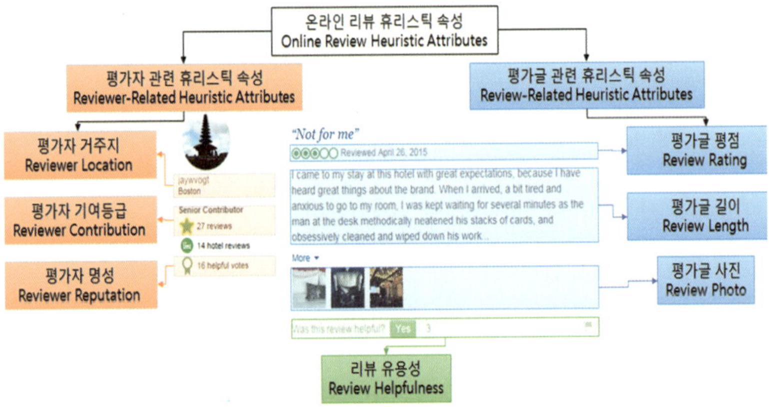

출처: Yang et al, 2017b

3. 온라인 레스토랑 리뷰

3-1 스마트 관광 도시에서 온라인 레스토랑 리뷰의 역할

Yelp에서 2017년 실시한 설문조사에 따르면, 미국 레스토랑 및 외식업체의 82%가 온라인 리뷰 플랫폼을 통해 소비자들의 리뷰를 수집하고 있는 것으로 밝혀졌다. 온라인 레스토랑 리뷰는 소비자 특히 그 지역을 찾는 여행객의 의사결정에 지대한 영향을 미치기 때문에 온라인 호텔 리뷰와 함께 레스토랑 관리자들이 중점적으로 분석해야 할 중요한 정보원천으로 고려되고 있다. 최근에는 '맛집 탐방'을 목적으로 하는 여행도 등장하고 있다. 그러나 이러한 현상과 더불어, 최근에는 온라인 리뷰의 수가 폭발적으로 증가함에 따라 소비자들이 신뢰할 수 있는 리뷰를 골라내는 일 또한 함께 어려워진 것이 사실이다. 더욱이 레스토랑을 선택함에 있어서 음식, 가격, 시설, 분위기 등 다양한 요소들이 동시에 고려되어야 하고, 캐주얼부터 럭셔리 레스토랑(예: 미슐랭 3스타)까지 레스토랑의 범위가 무척 넓기 때문에 소비자들이 레스토랑 정보를 수집하는 과정은 유형의 상품(Tangible Product) 구매를 위한 정보수집에 비해 상당히 복잡하다고 볼 수 있다. 본 절에서는 스마트 관광 도시를 구축하는 데 있어 한 축을 담당하는 온라인 레스토랑 리뷰의 체계적 속성과 휴리스틱 속성에 대해 좀 더 구체적으로 살펴보고자 한다.

관광객의 방문 레스토랑 선정에 있어 가장 큰 영향을 미치는 두 요인은 원천(Source) 요인(예: 리뷰어(평가자) 정보 공개, 리뷰어의 전문성 및 평판)과 리뷰(Review) 요인(예: 평점, 리뷰 내용의 길이, 인식된 즐거움, 리뷰 가독성)이다. 이때, 소비자가 만드는 리뷰(Consumer-Generated Reviews)와 에디터가 생성한 리뷰(Editors' Reviews)가 미치는 영향은 다르다. 기존 연구에 따르면, 에디터의 리뷰는 소비자의 레스토랑 웹사이트 방문의도와 반비례의 관계에 있다. 반면, 리뷰가 제공하는 이미지 형식의 정보(예: 음식이나 음료, 레스토랑 시설과 같은 물리적 환경 이미지)는 리뷰에 대한 긍정적 인식과 정비례 관계이다. 리뷰 내용의 길이와 음식의 이미지는 리뷰의 유용성(Review Usefulness)과 즐거움(Review Enjoyment)에 가장 중요한 영향을 미치는 요소이다 (Yang et al. 2017a).

소비자의 행동 및 구매 결정 패턴을 반영하여 고객이 온라인 레스토랑 리뷰를 통해 얻는 가치는 실용적 가치(Utilitarian Value)와 쾌락적 가치(Hedonic Value)로 이원화 할 수 있다. 온라인 환경에서, 실용적 가치와 쾌락적 가치는 온라인 레스토랑 리뷰가 전달하는 메시지를 소비자가 감정적으로 받아들일 것인지, 이성적(인지적)으로 평가할 것인지에 영향을 미친다. 원천의 신뢰성(Source Credibility)은 정보의 유용성 판단 및 정보 선택에 긍정적 영향을 미치며, 인지된 즐거움(Perceived Enjoyment)은 소비자의 참여와 커뮤니케이션을 활발하게 만드는 필수요소이다. 실용적 가치와 쾌락적 가치를 기반으로 상품에 대한 소비자의 태도를 구분할 수 있는데, 실용적 가치의 주요 변수는 '유용한(Useful)', '유익한(Helpful)', '기능적(Functional)' 등이며, 쾌락적 가치의 주요 변수는 '재미있는(Fun)', '즐거운(Enjoyable)', '유쾌한(Playful)' 등이다. 실용적 소비자 행동(Utilitarian Consumer Behavior)은 기능과 실용에 초점을 맞춰 구매 행동을 하는 것이고, 쾌락적 소비자 행동(Hedonic

Consumer Behavior)은 소비자가 인식하는 기쁨과 즐거움처럼 감정이 더욱 반영된 구매 행동이다.

이러한 맥락에서, 온라인 레스토랑 리뷰에 대해 'Useful/Helpful' 투표와 'Funny' 투표를 통해, 신뢰성과 소비자의 즐거움을 촉진하기 위한 요인을 도출, 검증한 연구(Yang et al. 2017a)는 흥미롭다. 이 연구를 통해 실용적 정보는 외재적 동기(Extrinsic Motivation)와 관련되어 있는 반면, 쾌락적 정보는 내재적 동기(Intrinsic Motivation)와 관련이 있다는 것이 밝혀졌다. 소비자들은 구매의 목적을 달성하는 데 도움이 되는 실용적 정보를 선택하거나 즐거움 또는 만족감을 충족시키기 위해 쾌락적 정보를 선택한다. 인지된 유용성과 즐거움을 기반으로 소비자들이 온라인 리뷰를 어떻게 평가하는지 측정할 수 있으며, 온라인 레스토랑 리뷰의 내용 및 이미지 정보와 리뷰의 유용성의 상관관계는 리뷰의 즐거움(Review Enjoyment)에 의해 조정될 수 있다(Yang et al., 2017a).

3-2 온라인 레스토랑 리뷰의 체계적 및 휴리스틱 속성

소비자들이 온라인 레스토랑 리뷰를 읽는 이유는 온라인 리뷰를 통해 다른 사람들의 레스토랑 경험을 미리 얻고, 이를 통해 의사결정에 도움을 받고자하기 위함이다. 레스토랑 경험은 소비자의 지식, 레스토랑에 대한 관찰, 식사 중 경험한 것 등을 모두 종합한 것이다. 경험을 통해 인지된 레스토랑 품질에 따라 소비자의 만족도, 재방문 의사, 충성도 등에 영향을 미친다. 음식, 가치, 서비스, 레스토랑의 물리적 환경(분위기) 등 네 가지 체계적 속성에 의해 레스토랑의 품질이 평가

되며, 소비자들은 텍스트 내용과 첨부 사진 등을 통해 자신의 경험을 기반으로 위 네 가지 속성에 대한 정보를 전달하게 된다. 레스토랑에서의 소비자 경험의 질을 측정하는 데 있어서, 유형의 요소가 무형의 요소보다 더욱 중요하다. 레스토랑 물리적 환경에 대한 소비자의 인식을 레스토랑 서비스 환경(DINESCAPE)이라고 하는데, 레스토랑 서비스 환경은 심미성(Aesthetics), 조명(Lighting), 분위기(Ambience), 공간 배치(Layout), 식기(Dining Equipment), 종업원(Employees) 등 여섯 가지 요소로 구성되어 있다(구철모 · 정남호, 2019). 결국 소비자들이 레스토랑에 대한 온라인 리뷰 검색을 통해 얻고자 하는 물리적 환경에 대한 정보는 〈표 4〉에 대한 내용이며, 이를 통해 해당 레스토랑에 방문할 것인지를 결정하는 것이다.

〈표 4〉 레스토랑 서비스 환경(DINESCAPE)의 여섯 가지 구성요소

구성요소	예
심미성(Aesthetics)	레스토랑 공간의 색 조합, 천장과 벽 장식, 벽에 걸린 그림, 꽃 또는 식물의 비치, 바닥 마감재
조명(Lighting)	조명의 밝기, 부드러움
분위기(Ambience)	음악, 온도, 향 등의 비시각적 감각 요소들
공간 배치(Layout)	테이블과 의자의 배열
식기(Dining Equipment)	접시와 그릇, 냅킨, 가구의 품질, 테이블 보
종업원(Employees)	종업원의 수, 용모

출처: 구철모 · 정남호, 2019

한편, Yelp과 같은 온라인 리뷰 플랫폼의 유저들은 레스토랑의 잠재 고객이라고 볼 수 있으며, 이 플랫폼의 사용자들은 온라인 레스토랑 리뷰를 전반적으로 신뢰할 수 있고 유용하다고 여긴다. 잠재 고객들은 온라인 리뷰 플랫폼에서 제공되는 리뷰들이 판매자로부터 독립되어 작성되었다고 생각하기 때문에 리뷰의 내용을 신뢰하고 의존하게 되는 것이다. 많은 온라인 레스토랑 리뷰 플랫폼들이 음식, 서비스, 물리적 환경(예: 분위기), 가치(예: 가격대비 혜택) 등에 대한 리뷰를 종합적으로 제공한다(Rhee et al., 2016)〈〈그림 7〉 참조〉.

〈그림 7〉 레스토랑 평가 시 주요 속성 (음식, 가치, 서비스, 분위기)

온라인 레스토랑 리뷰에서 대부분의 리뷰들은 긍정적이지만, 부정적인 평가를 지닌 리뷰들도 상당수 존재한다. 또한, 많은 리뷰어(평가

자)들은 전반적인 레스토랑 품질을 평가하여 평점과 같은 수치 정보를 제공하기도 한다. 온라인 레스토랑 리뷰의 중요성이 점차 증대됨에 따라, 소비자들의 리뷰를 보여주는 플랫폼인 레스토랑 소셜미디어가 환대(Hospitality) 산업에서 정보 제공의 주요 원천으로 여겨지고 있다. 리뷰 품질은 인지적 측면(예: Useful)과 정서적 측면(예: Enjoyable)을 반영하여 평가되며, 음식 품질 정보, 시각적 정보, 가독성, 리뷰 내용의 길이 등에 영향을 받는다(Hlee et al., 2019; Li et al., 2018; Yang et al., 2017a). 다음은 리뷰의 유용성 및 즐거움에 영향을 주는 것으로 밝혀진 세 가지 체계적 속성(음식품질 정보, 시각적 정보, 가독성) 및 휴리스틱 속성(리뷰 내용 길이)에 대한 추가적인 설명이다.

① 음식 품질 정보: 음식 품질은 소비자 구매 행동과 구매 후 경험 공유에 가장 강력한 영향을 미친다. 음식 및 음료 품질에 대한 소비자의 인식은 음식의 신선도(Food Freshness), 1회 분량(Portion Size), 메뉴의 다양성(Menu Variety), 플레이팅(Food Presentation), 맛(Food Taste), 음식의 온도(Food Temperature) 등 여섯 가지의 요소에 영향을 받는다. 이 가운데 음식의 신선도, 맛, 온도는 온라인 레스토랑 리뷰를 통해 입증 될 수 없다. 따라서 소비자들은 온라인 리뷰를 통해 메뉴의 다양성, 1회 분량, 플레이팅 대한 정보를 수집하고, 이를 기반으로 해당 레스토랑 음식의 질을 인식한다.

② 시각적 정보: 레스토랑의 음식, 음료, 물리적 환경에 대한 사진은 시각정보로서 레스토랑의 품질을 설명할 수 있다. 레스토랑 온라인 리뷰는 주로 사진과 텍스트 내용이 함께 제시되는 경우

가 많기 때문에, 소비자들은 사진과 텍스트의 두 가지 형식을 통해 리뷰의 유용성과 즐거움을 평가한다. 오히려, 사진이 있는지 없는지에 따라 리뷰의 질을 다르게 인식되기 때문에 사진은 온라인 레스토랑 리뷰에서 매우 중요한 요소라고 할 수 있다. 일부 소비자들은 텍스트로만 서술된 리뷰보다 사진과 텍스트 내용이 함께 제공된 리뷰를 더욱 유용한 정보라고 판단한다. 시각정보가 신뢰성에 영향을 미치기 때문에, 리뷰가 사진과 함께 제공될수록 소비자가 해당 정보를 선택할 확률이 높아지는 것이다.

③ 가독성: 리뷰가 쉽게 읽히는지, 이해하기 쉬운지를 의미하는 리뷰 가독성은 리뷰의 품질을 판단하는 또 다른 주요 요소이다. 리뷰 가독성은 명료성(Clarity), 일관성(Coherence), 포괄성(Comprehensiveness), 간결성(Conciseness) 및 작문성(Good Writing) 등 다섯 가지 요인에 의해 평가된다. 리뷰가 이해하기 쉽게 잘 쓰였다고 느낄수록 소비자들은 리뷰의 유용성(Review Usefulness)이 높다고 인지하며, 리뷰의 즐거움(Review Enjoyment)에 역시 긍정적 영향을 미치게 된다.

④ 리뷰 내용 길이(Review Length 혹은 Review Elaborateness): 리뷰 내용의 길이는 곧 정보의 양과 리뷰 작성에 투입된 정성을 의미하기 때문에 리뷰의 유용성을 판단하는 중요한 척도가 된다. 리뷰에 이미지를 첨부하고 자신의 경험을 자세하게 묘사하는 등 세부적인 정보를 담고 있는 구체적인 리뷰일수록 리뷰의 유용성이 높아지는 경향이 있다.

VI

데이터와 스마트 관광 도시

함 주 연 (경희대학교 스마트관광연구소)

1. 오픈데이터와 관광

1-1 4차 산업혁명과 스마트 트랜스폼

전 세계는 4차 산업혁명(The 4th Industrial Revolution)이라는 새로운 패러다임으로의 변화과정을 겪고 있다. 4차 산업혁명은 2016년 1월 스위스 다보스(Davos)에서 열린 세계경제포럼(World Economic Forum: WEF)에서 소개되었으며, 인공지능(Artificial Intelligence: AI), 로봇, 생명과학과 같은 기술의 고도화와 융합을 강조하고 있다(클라우스 슈밥, 2016). 18세기에 등장한 1차 산업혁명과 19세기에 등장한 2차 산업혁명은 생산시설과 설비기술 혁신을 통한 기계화 및 대량생산 혁명이다. 즉, 오프라인(Offline)의 현실 세계를 중심으로 물질과 이에 대한 소유에 중심을 두고 있다. 반면 20세기 후반에 등장한 3차 산업혁명은 컴퓨터와 정보통신기술(Information and Communication Technology: ICT)로 대표되는 자동화 및 정보화 혁명으로, 온라인(Online) 가상 세계를 중심으로 정보를 공유하는 데 초점을 맞추고 있다(이민화, 2018).

그러나 4차 산업혁명은 1차 산업혁명의 기계, 2차 산업혁명의 전기, 3차 산업혁명의 정보와 같이 개별 기술의 혁명이 아닌 현실 세계와 가상 세계를 연결하는 다양한 기술의 융합으로 이루어진다(디지털타임스, 2019). 특히 4차 산업혁명의 환경에서는 기기 간 정보 교류를 통해 기기가 스스로 주변상황을 분석하고 판단하여 필요한 작업을 자율적으로 수행하게 된다. 따라서 4차 산업혁명의 궁극적인 목적은 초연결(Hyper Connectivity) 및 초지능(Hypr Intelligence) 사회로 발전하는 것이다.

이민화(2018)에 따르면 4차 산업혁명은 1) 데이터를 수집하는 데이터화 단계, 2) 수집된 개별 데이터를 클라우드 플랫폼에 저장하고 이를 빅데이터로 구축하여 다양한 정보를 생성하는 정보화 단계, 3) 여기에 AI 기술을 결합하여 가치를 창출하는 지능화 단계, 4) AI를 통해 창출된 가치를 현실화 하는 스마트화 단계를 통해 이루어진다(〈표 1〉 참조).

〈표 1〉 4차 산업혁명의 스마트 트랜스폼 4단계

단계	설명
1단계 데이터화 단계	▪ 오프라인 중심의 현실 세계를 데이터화(가상화)하는 단계 ▪ 시간, 공간, 인간으로 구성된 현실 세계를 각종 센서로 데이터화 ▪ 데이터화에 필요한 디지털 트랜스폼 기술의 예: 클라우드, 빅데이터, 웨어러블, 사물인터넷(Internet of Things: IoT), 위치 기반 서비스(Location Based Service: LBS), 소셜 네트워크 서비스(Social Network Service: SNS) 기술
2단계 정보화 단계	▪ 클라우드에 빅데이터를 만드는 단계 ▪ 현실 세계에 흩어져있는 데이터들이 클라우드에 통합되면서 융합의 가치를 새롭게 만들어냄. 즉, 데이터가 모이면 전체를 볼 수 있는 정보화 단계가 이루어짐(예: 개별 자동차들의 위치를 수집한 내비게이터는 전체 교통의 흐름을 보여주게 됨)
3단계 지능화 단계	▪ 클라우드에 모인 빅데이터를 분석하고 구조화해 미래에 대한 시간의 예측과 개별 사물과 개인에 대한 시공간의 맞춤을 제공하는 단계 ▪ 빅데이터를 구조화한 모델로 예측과 맞춤을 최적화하는 것이 AI의 역할
4단계 스마트화 단계	▪ 온라인 중심의 가상 세계를 현실화 하는 단계 ▪ AI가 도출한 예측과 맞춤의 가치를 현실화 ▪ 스마트화에 필요한 아날로그 트랜스폼 기술의 예: CPS(Cyber Physical System) 디자인, 3D프린터/로봇, 게임화, 플랫폼, 증강현실(Augmented Reality: AR)/가상현실(Virtual Reality: VR), 블록체인/핀테크 기술

출처: 서울경제, 2018: 이민화, 2018: 키뉴스, 2018: 헤럴드경제, 2018: 저자 재구성

이를 구현하기 위해서는 세 가지 기술이 필요하다. 첫 번째는 오프라인 현실 세계를 가상화하는 데 필요한 디지털 트랜스폼 기술이며, 두 번째는 온라인 가상 세계를 현실화(즉, 실물에 적용)하는 스마트화에 필요한 아날로그 트랜스폼 기술이다. 마지막으로 이 중간에서 가상 세계의 최적화 역할을 하는 AI가 추가되어 4차 산업혁명의 스마트 트랜스폼을 위한 세 가지 기술이 구성된다.

이처럼 4차 산업혁명은 오프라인을 중심으로 하는 현실 세계와 온라인을 중심으로 하는 가상 세계가 데이터를 통해 융합되는 혁명이다. 모든 것을 연결시키고 보다 지능적인 사회로 진화하고자 하는 4차 산업혁명은 인간과 기계의 잠재력을 극대화함으로써 산업 시스템의 전반적인 재편을 이끌며, 정치 · 경제 · 사회 · 문화 등 하나의 국가를 넘어서 전 세계적으로 우리 생활의 전반에 걸쳐 변화를 초래할 것으로 예상된다.

1-2 데이터 경제(Data Economy)의 부상

데이터는 세계에서 가장 가치 있는 자원으로 각광받고 있으며(The Economist, 2017), 전문가들은 데이터를 효과적으로 생성하고 활용한다면 지속적인 가치 창출이 가능할 것으로 전망하고 있다(MIT Technology Review, 2016). 특히 4차 산업혁명의 환경에서는 IoT를 통해 대량의 데이터가 생성 · 축적 · 활용됨으로써 경제 활성화를 견인하는 주요 원동력이 될 것으로 예측되고 있다. 기하급수적으로 증가하는 데이터는 AI와 같은 다양한 기술과 융합하여 스마트 트랜스폼을 가능하게 함으로써 우리 사회의 혁신적인 변화를 초래할 것이다. 특히 단순 데이터 자체가 지니는 가치는 크지 않을지라도 상황적 맥락에 따라 데이터를 가공하고 결합 · 분석함으로써 다양하고 혁신적인 부가가치를 창출할 수 있다. 무엇보다 데이터는 실물자본과 달리 다양한 분야에서 재활용이 가능하며 무한하게 이용할 수 있는 특징으로 인해 새로운 개념의 자본으로 주목받고 있다. 이처럼 데이터가 국가 경제를 이루는 산업의 발전과 새로운 가치 창출의 핵심 자본으로서의 역할을 하게 됨에 따라, 세계 경제의 패러다임은 데이터 경제로 변화하고 있다.

〈표 2〉 데이터 경제의 개념

출처	개념
EC (2014)	데이터를 다루는 구성원이 만들어내고 있는 생태계를 말하며, 데이터의 생성·수집·저장·처리·분배·전달 등을 모두 포괄하는 개념
Gartner (2011)	응용 프로그램, 소프트웨어, 하드웨어의 경제가 아닌 빅데이터, 오픈데이터, 연결데이터 등 데이터로 파생되는 경제가 경쟁 우위를 이끌어가는 시대
IBM (2016)	데이터를 내·외부적으로 가치를 창출하는데 사용하는 것을 의미하며, 이러한 현상은 이용 가능한 데이터와 데이터 기반의 의사결정이 증가하면서 기업들 사이에서 더 많은 데이터가 교환됨으로써 발생함
MIT Technology Review (2016)	데이터 자본은 재화·서비스를 생산하는데 필요한 저장된 정보로, 기존의 물리적 자산처럼 장기적인 경제적 가치를 보유함
한국정보화진흥원 (2018)	모든 데이터가 활용하기 쉽게 자유롭게 흘러 타 산업 발전의 촉매 역할을 하면서, 혁신적 비즈니스와 서비스를 창출하는 경제

출처: 한국정보화진흥원, 2018, pp.7-8, 저자 재구성

데이터 경제는 2011년 3월 가트너(Gartner) 보고서에서 처음 그 개념이 소개되었으며(Garnter, 2011), 2014년 유럽연합 집행위원회(European Commission: EC)가 Digital Single Market 전략을 위한 '데이터 주도 경제(Data-driven Economy)'의 개념을 도입하면서 주목받기 시작했다(EC, 2014). 그러나 그 개념과 범위는 하나로 명확하게 정의되어 있지 않으며 현재까지 논의가 계속 진행되고 있다〈〈표 2〉 참조〉.

한국정보화진흥원(2018)의 'IT & Future Strategy' 보고서에 따르면, 데이터 경제는 다음과 같은 가치사슬의 각 단계에서 경제적 가치를 창출하게 된다〈〈그림 1〉 참조〉. 첫 번째는 데이터 수집 및 생성 단계로, IoT 기술을 적용한 각종 스마트 기기를 통해 데이터를 수집하거나 새로운 데이터를 생성함으로써 데이터를 획득하는 단계이다. 두 번째는 데이터 저장 및 관리 단계로, 이전 단계에서 수집 및 생성된 데이터를 데이터 센터나 클라우드 등에 저장하여 보관하고 관리하는 단계이다. 첫 번째 단계와 두 번째 단계를 통해서 신규 데이터를 발견할 수 있게 된다. 세 번째는 데이터 가공 및 유통 단계로, 분석을 위해서 데이터를 가공하거나 수정 · 보완 · 융합하고 원(Raw) 데이터, 가공 데이터 및 데이터 분석결과를 거래함으로써 경제적 가치를 창출할 수 있게 된다. 즉, 이 단계에서는 데이터를 재창조(즉, 가공하거나 수정 · 보완 · 융합)함으로써 부가가치를 더하고 시장에서의 유통을 통해 경제적 가치를 창출하게 된다. 네 번째는 데이터 분석 및 활용 단계로, 데이터를 분석하고 그 결과를 제품 및 서비스 개발이나 비즈니스 모델 개발에 적용함으로써 새로운 시장 및 가치를 창출하는 단계이다. 이 단계에서는 AI 기술이 스마트 공장, 스마트 교통시스템, 스마트 홈, 스마트 헬스케어, 스마트 인프라 구축 등에 적용됨으로써 새로운 비즈니스 기회 발견의 가능성을 높이게 된다.

〈그림 1〉 데이터 경제의 가치사슬

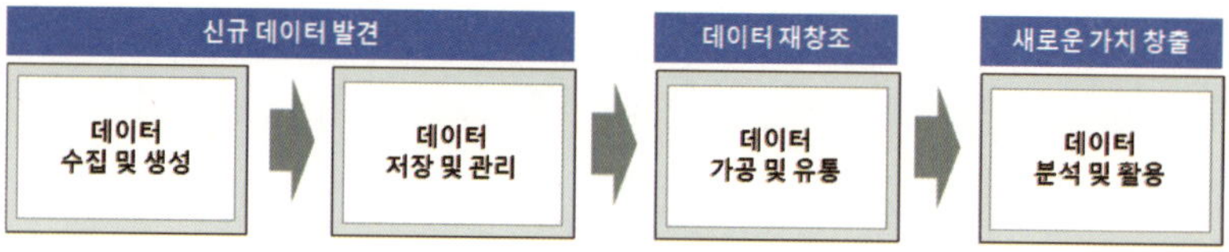

출처: 한국정보화진흥원, 2018: p.3, 저자 재구성

데이터를 활용함으로써 데이터 경제의 활성화를 이끄는 주요 주체는 기업과 국가, 그리고 개인이 있다〈〈그림 2〉 참조〉(한국정보화진흥원, 2018). 첫째로, 기업은 데이터를 생산하고 가공하여 활용함으로써 고객에게 새로운 가치를 제공하고 이를 통해 고객 확보 및 수익을 확대하여 데이터 경제를 선도한다. 예를 들어, 에어비엔비(Airbnb)의 경우는 전 세계 191개국 81,000개 이상의 도시에 분포된 5백만 개 이상의 숙박 장소에 대한 정보와 축적된 고객 데이터를 활용하여 서비스를 제공하고 있다(Airbnb.com). 둘째로, 국가는 수집 및 축적된 데이터를 분석하여 공공 및 행정 서비스를 최적화하고, 기업과 개인이 데이터를 잘 활용할 수 있도록 다양한 법적 · 제도적 기반을 마련함으로써 데이터 경제를 육성하는 역할을 수행한다. 예를 들어, 미국과 영국 등 주요 선진국들은 오픈데이터 포털을 구축하여 정부가 보유하고 있는 양질의 데이터를 개방함으로써 새로운 비즈니스 기회 발굴과 일자리

를 창출하고자 노력을 기울이고 있다. 셋째로, 개인은 각자가 소지하고 있는 스마트 기기를 통해 지속적으로 개인 데이터를 생성함으로써 향후 데이터 경제의 핵심 주체로서 참여할 것으로 전망된다.

〈그림 2〉 데이터 경제의 핵심 주체

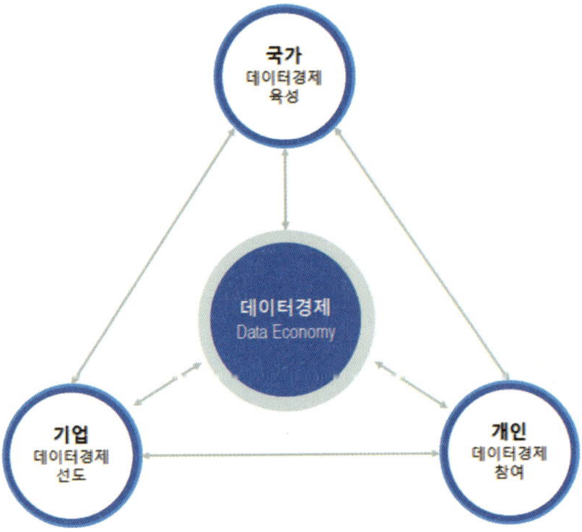

출처: 한국정보화진흥원, 2018: p.5, 저자 재구성

1-3 데이터 경제 활성화를 위한 오픈데이터(Open Data) 개방

데이터가 국가 경제와 성장을 위한 핵심 자본으로 부상함에 따라 데이터 경제를 활성화시키기 위한 대책마련에 전 세계 국가와 기업의 관심이 집중되고 있다. 주요 국가들은 데이터 경제를 활성화하고 데이터 경제 선도 국가로서의 입지를 확보하기 위해 범국가 차원에서

데이터를 확보하고 활용을 증진시키기 위한 종합적 대책을 마련하여 추진하고 있다(한국정보화진흥원, 2018). 특히 정부가 보유하고 있는 데이터를 기업이나 개인이 자유롭게 활용할 수 있도록 하는 오픈데이터의 개방은 데이터 경제 활성화를 위한 각 국가의 주요 전략 중 하나이다.

오픈데이터의 개념은 오픈된 지식을 만들고 공유하는 패러다임인 'Open Knowledge'에서 기인하지만 그 개념과 범위는 조금씩 다르게 정의되기도 한다〈〈표 3〉 참조〉 (Jetzek, 2016). 즉, 오픈데이터는 강조되는 관점에 따라 Open Government Data, Linked Open Data, Liquid Open Data와 같은 다양한 용어로 표현하기도 한다. 예를 들어, Open Knowledge Foundation(OKF)은 오픈데이터를 포괄적인 관점에서 "누구나 자유롭게 사용, 재사용 및 재배포할 수 있는 데이터"로 정의하고 있다. 만약 오픈데이터를 정의하는 데 있어서 정부가 보유한 데이터에 초점을 맞추는 경우에는 "Open Government Data"라고 표현하기도 하며, "정부 또는 공공기관이 생산하거나 위임한 데이터"로 그 정의 대상이 보다 구체화된다. 한편 오픈데이터를 정의 하는데 있어서 기술적인 관점에서 접근하는 경우 "Linked Open Data"라는 용어를 사용하기도 한다. 월드와이드웹(World Wide Web)의 창립자인 팀 버너스 리(Tim Berners-Lee)는 오픈데이터를 개방하는 5단계를 기술 측면에 중점을 두어 설명했다. 이 5단계를 통해 궁극적으로 의미론적 쿼리(Semantic Queries)를 통해 상호 연결된(Interlinked) 오픈 데이터를 구현할 수 있게 되는데 이러한 상태의 오픈데이터를 "Linked Open Data"라고 표현한다. 비슷한 맥락에서 오픈데이터를 "오픈 라이센스하에서 사용자가 정부 데이터에 쉽게 접근하고 사용할 수 있게 하는 기계가 읽을 수 있는 형식의 데이터"로 정의 하기로 했고 (Davies 2013) "Liquid Open Data"라는 용어를 사용하여 "조직 내뿐만 아니라 조직 외부에서도 차별이나 제한 없이 재사용할 수 있으며, 다른 데이터와 연결되어 시스템 간에 자유롭게 스트리밍 될 수 있는 데이터"로 정의 하기로 했다(Jetzek, 2016).

〈표 3〉 오픈데이터의 다양한 개념과 범위

용어	정의
Open Data (OKF)	누구나 자유롭게 사용, 재사용 및 재배포할 수 있는 데이터
Open Government Data (OKF)	정부 또는 공공기관이 생산하거나 위임한 데이터
Linked Open Data (Tim Berners-Lee)	의미론적 쿼리(Semantic Queries)를 통해 상호 연결된(Interlinked) 오픈데이터
Open Data (Davies, 2013)	오픈 라이센스(Open Licenses)하에서 사용자가 정부 데이터에 쉽게 접근하고 사용할 수 있게 하는 기계가 읽을 수 있는 형식의 데이터
Liquid Open Data (Jetzek, 2016)	조직 내에서 뿐만 아니라 조직 외부에서도 차별이나 제한 없이 재사용할 수 있으며, 다른 데이터와 연결되어 시스템 간에 자유롭게 스트리밍될 수 있는 데이터

오픈데이터와 관련된 다양한 개념적 정의에도 불구하고 다음과 같은 공통된 기본원칙을 발견할 수 있다(Maccani et al., 2015). 첫째는 가용성과 접근성의 원칙으로, 사람들이 오픈데이터에 접근하여 원하는 데이터를 얻을 수 있어야 한다. 둘째는 재사용 및 재배포의 원칙으로, 오픈데이터는 재사용할 수 있을 뿐만 아니라 다른 사람과 공유할 수

있도록 재배포 또한 가능해야 한다. 셋째는 보편적 참여의 원칙으로, 오픈데이터는 누구나 공평하게 사용할 수 있어야 한다. 요약하면, 오픈데이터는 누구나 공개된 데이터에 접근하여 데이터를 얻을 수 있어야 하며, 또한 누구든지 공평하게 재사용 및 재배포가 가능한 데이터를 의미한다.

한편 오픈데이터 포털은 공공 및 민간 부문에서 오픈데이터를 효과적으로 제공하고 사용하기 위한 디지털 플랫폼의 역할을 한다(Jetzek, 2016; Lourenço, 2015). Open Data Barometer(ODB)[1]에 따르면 오픈데이터 포털을 운영하는 국가는 2013년 77개 국가에서 2016년 115개 국가로 증가했다(Davies, 2013; Iglesias and Robinson, 2016). 정부는 오픈데이터 포털을 통해 사용자에게 데이터를 제공하며, 사용자는 이 포털에서 오픈데이터를 다운로드하거나 적합한 오픈데이터가 개방되어 있지 않은 경우 원하는 데이터 개방을 요청할 수 있다. 즉, 오픈데이터 포털은 오픈데이터 생태계를 창출하는 기반이 된다. 오픈데이터 포털의 구조는 국가마다 약간씩 다르게 구성되어 있지만, 공통적으로 데이터 카테고리(Data Categories), 데이터세트(Datasets), 리소스(Resources)로 구성된 구조를 갖추고 있다. 데이터 카테고리는 특정 영역에 대한 주제를 나타낸다. 가장 일반적으로 포함되는 최상위 카테고리에는 환경, 정부, 경제, 금융, 지리, 교통, 보건, 교육, 사회, 법률, 과학, 기술, 문화

1 Open Data Barometer(ODB)는 World Wide Web Foundation에서 매년 발간하는 국제 보고서로, 각 국가의 오픈데이터에 대한 준비도, 개방도, 영향력에 대한 종합적 평가결과와 국가별 순위를 발표한다. 발행된 보고서는 ODB 웹사이트(https://opendatabarometer.org)에서 확인할 수 있다.

및 관광 등이 있다. 데이터세트는 특정 카테고리에 포함되는 데이터 파일의 집합을 나타낸다. 예를 들어 문화 및 관광 카테고리의 경우 숙박업체 또는 관광지 등이 데이터세트로 포함될 수 있다. 리소스는 하나의 데이터세트에 포함되어 있는 다양한 형태의 개별 데이터 파일을 의미한다. 예를 들어, 관광지 데이터세트에는 관광지 목록에 대한 데이터를 담고 있는 파일이 html, csv, xls, xml, pdf, doc, txt 등과 같은 다양한 포맷으로 제공될 수 있다. 〈그림 3〉과 〈그림 4〉는 오픈데이터 개방의 시작점이 된 영국과 미국의 오픈데이터 포털 메인화면이다. 양 국가 모두 메인화면에 최상위 데이터 카테고리를 제공하고 있다.

〈그림 3〉 영국의 오픈데이터 포털

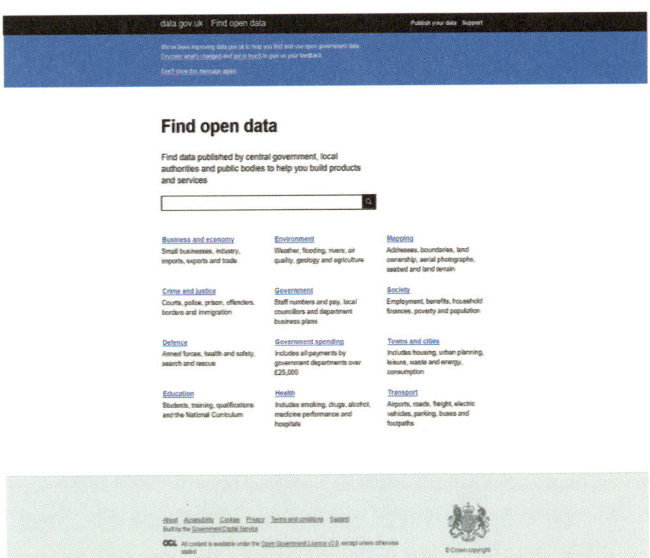

출처: Data.gov.uk

〈그림 4〉 미국의 오픈데이터 포털

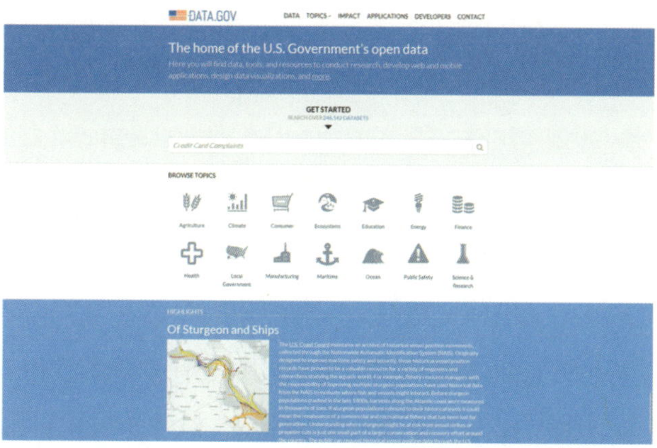

출처: Data.gov.uk

한국은 '공공 데이터의 제공 및 이용 활성화에 관한 법률' 제2조에서 오픈데이터(또는 공공 데이터)를 "데이터베이스, 전자화된 파일 등 공공기관이 법령 등에서 정하는 목적을 위해 생성 또는 취득하여 관리하고 있는 광(光) 또는 전자적 방식으로 처리된 자료 또는 정보"로 정의하고 있다. 특히 동법 제3조에서는 오픈데이터의 기본원칙에 대해 "공공기관은 누구든지 공공 데이터를 편리하게 이용할 수 있도록 노력해야 하며, 이용권의 보편적 확대를 위해 필요한 조치를 취해야 한다"라고 설명하고 있다. 즉, 누구든지 편리하게 오픈데이터를 이용할 수 있도록 해야 하며, 그 접근 및 이용에 대한 권리에 있어서도 평등성이 보장되어야 함을 강조하고 있다. 이처럼 오픈데이터는 정부가 보유하고 있는 데이터를 기업이나 개인을 포함한 누구나가 언제 어디서나 어떤 목적으로든 자유롭게 사용 및 공유할 수 있도록 공개한 데이터를 의미한다(Open Knowledge Foundation). 한국에서는 2013년 정부 3.0의 핵심과제를 시작으로 오픈데이터 개방이 본격화 되었다. 물론 그 이전에도 유사한 정책은 존재했으나 법률적 기반을 마련하고 플랫폼을 구축 및 재정비한 것은 정부 3.0으로부터 시작되었다고 볼 수 있다(서형준, 2017). 〈그림 5〉는 한국의 오픈데이터 포털 메인화면을 나타낸다. 영국 및 미국과 마찬가지로 한국 또한 메인화면에 최상위 데이터 카테고리를 제공하고 있다. 그러나 한국의 경우 '국가중점데이터'와 '표준데이터'를 별도로 제공하고 있다. '국가중점데이터'는 데이터 수요가 높은 분야를 선정하여 사용자가 활용하기 편리한 형태로 정제 및 가공하여 개방하는 양질의 대용량 데이터를 의미하며, 총 65개 영역에 대한 국가중점데이터가 제공되고 있다(2019년 3월 23일 기준). 또한 '공공 데이터의 제공 및 이용활성화에 관한 법률' 제23조(공공 데이터의 표준화)와 '전자정부법' 제50조(표준화)에 따라서 행정안전부는 「공공 데이터 개방 표준」을 제정 및 고시했다. 이 표준에서는 공공기관에서 오픈데이터를 개방할 때 공통적으로 적용할 표준 기준을 제시하고 있는데, 이는 오픈데이터 개방과 이용을 활성화하고 오픈데이터를 보다 효율적으로 관리하는 데 그 목적이 있다. 한국의 오픈데이터 포털에서 제공하는 '표준데이터'는 이 개방 표준에 맞추어 개방된다.

〈그림 5〉 한국의 오픈데이터 포털

출처: 공공데이터포털

1-4 관광 및 도시 분야 오픈데이터 개방 현황

관광객의 측면에서 '관광(Tourism)'의 사전적 정의는 "다른 지역이나 나라에 가서 그곳의 풍경이나 풍습, 문물 따위를 구경"하는 것이다. 반면 비즈니스 측면에서 보면 "관광객을 위한 서비스를 제공하는 비즈니스"를 의미한다. 관광객은 관광목적지(Tourism Destination)인 도시를 방문하고 서비스를 이용함으로써 새로운 관광 경험을 얻게 되므로 관광산업과 도시는 서로 연계되어 다양한 관광 서비스와 경험의 기회를 제공해야 한다. 특히 최근의 관광산업은 ICT를 활용하여 관광객에게 보다 풍부한 서비스 및 경험의 기회를 제공하는 스마트 관광(Smart Tourism)으로 그 패러다임이 변화하고 있다. 따라서 관광산업 활성화를 위해서 관광과 도시에 대한 데이터의 활용이 무엇보다 중요하다.

이러한 맥락에서 비록 개방의 범위 및 정도의 차이는 있으나 대부분의 국가에서 관광 분야와 관련된 데이터를 개방하고 있다(함주연 등, 2018). 한국 또한 대표 오픈데이터 포털인 공공 데이터포털(www.data.go.kr)과 서울 열린데이터광장(data.seoul.go.kr), 관광지식정보시스템(www.tour.go.kr), 문화센터(stat.mcst.go.kr) 등을 통해 관광 분야와 관련된 데이터를 개방하고 있다. 한국의 오픈데이터 포털인 공공 데이터 포털의 경우, 최상위 데이터 카테고리를 16개로 나누어 오픈데이터를 제공하고 있는데, 그 중 문화관광 분야의 데이터가 전체 개방된 데이터 중 약 16%(4,636건)로 가장 많은 부분을 차지하고 있다〈〈표 4〉 참조〉. 도시 분야는 별도의 최상위 카테고리로 분류되어 있지는 않지만 도시와 직접적으로 관련되어 있는 재난안전(8%), 교통물류(11%), 환경기상(8%) 등의 분야만 살펴보아도 결코 적지 않은 부분을 차지하고 있음을 알 수 있다.

〈표 4〉 한국 오픈데이터 포털의 데이터 개방 현황 (2019년 3월 23일 기준)

카테고리	전체	파일데이터	오픈API[2]	표준데이터
교육	1,401(5%)	1,192	200	9
국토관리	1,302(5%)	1,022	271	9
공공행정	4,118(14%)	3,798	311	9
재정금융	503(2%)	420	83	0
산업고용	2,237(8%)	1,953	283	1
사회복지	1,971(7%)	1,771	197	3
식품건강	630(2%)	560	70	0
문화관광	4,636(16%)	4,118	498	20
보건의료	1,880(7%)	1,725	151	4
재난안전	2,344(8%)	2,213	121	10
교통물류	3,023(11%)	2,721	287	15
환경기상	2,239(8%)	2,027	205	7
과학기술	897(3%)	779	117	1
농축수산	1,269(4%)	1,059	206	4
통일외교안보	290(1%)	212	78	0
법률	110(0%)	94	16	0
합계	28,850(100%)	25,664	3,094	92

단위: 건

2 오픈API(Open Application Program Interface)는 외부 개발자나 사용자들이 직접 애플리케이션이나 서비스를 개발할 수 있도록 공개된 프로그램 인터페이스를 의미한다. 지도 서비스 및 다양한 서비스 개발에 활용되고 있으며 누구나 쉽게 접근하여 사용할 수 있다.

A보다 구체적으로 오픈데이터 포털에서 '관광'을 키워드로 데이터를 검색한 결과는 〈그림 6〉과 같다. 데이터 검색을 위해 검색창에서 '관광'을 입력할 경우, '관광 DB, 관광 숙박 시설 현황, 관광 투어 DB, 관광 편의시설업 현황, 관광가이드북 정보, 길 관광'과 같은 기존 검색 키워드가 나타나는 것을 볼 수 있다(〈그림 6〉의 위쪽 그림 참고). 이 키워드를 살펴보았을 때, 관광 분야 오픈데이터 사용자들은 주로 관광 애플리케이션 등을 개발하는 공공기관이나 기업으로 추측해볼 수 있으며, 따라서 관광 애플리케이션 개발에 필요한 기본 관광 DB와 관련 시설업 현황, 관광정보 등을 주로 검색 키워드로 입력하는 것으로 보인다. 연관 검색어로는 '경상북도, 충청남도, 제주특별자치도, 광주광역시' 등의 특정 지역과 '전화번호, 운영일시, 정보제공, 여행 관광단지 관광명소, 관광진흥법, 관광안내소 정보 제공'과 같은 유명 관광지 및 관광정보와 같은 키워드가 주로 검색되는 것을 알 수 있다(〈그림 6〉의 아래쪽 그림 참조). '관광' 키워드 검색결과 총 1,510건의 데이터세트가 검색되었으며, 그 중 파일데이터는 1,354건, 오픈API는 142건, 표준데이터는 14건으로 나타났다(〈그림 6〉의 아래쪽 그림 참조). 이 결과를 볼 때, 한국 오픈데이터 포털에서 제공하는 총 92건의 표준데이터 중 관광과 직접적으로 관련이 있는 표준데이터가 14건으로 약 15%를 차지하는 것을 알 수 있다.

〈그림 6〉 '관광' 키워드 검색 결과 (2019년 3월 23일 기준)

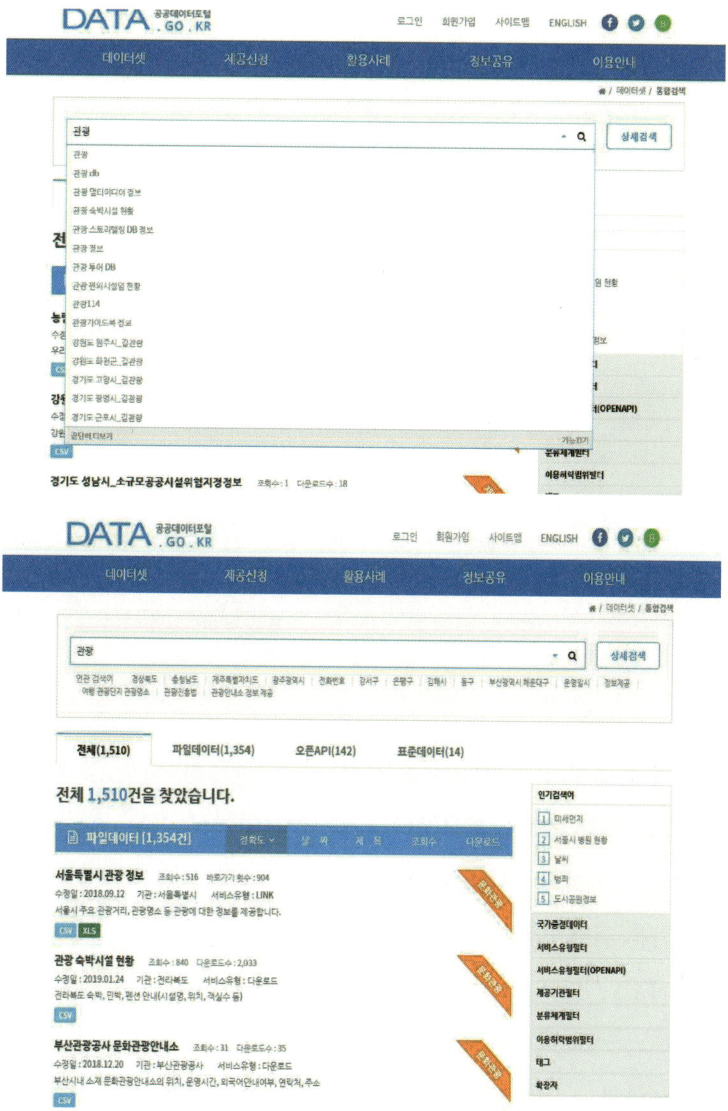

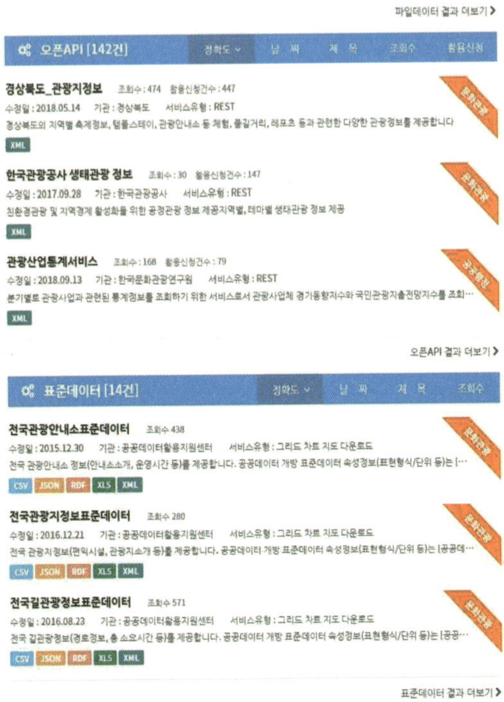

출처: 공공데이터포털

한편, 오픈데이터 포털에서 '도시'를 키워드로 데이터를 검색한 결과는 〈그림 7〉과 같다. 검색창에서 '도시'를 입력한 경우, '도시가스 공급 현황, 도시개발 현황, 도시계획도, 도시계획정보, 국제자매도시'와 같은 기존 검색 키워드가 나타나는 것을 볼 수 있다〈〈그림 7〉의 위쪽 그림 참고〉. 연관검색어는 '부산광역시, 광주광역시, 대전광역시, 공공시설, 소재지, 공공 · 무료 와이파이, 전화번호, 시티투어정보' 등으로 나타났다. 이 결과를 통해 도시 분야 오픈데이터 사용자들은 주로 도시계획과 관련된 정부 및 공공기관으로 추측해볼 수 있다. 또한 관심 대상 도시가 부산, 광주, 대전과 같은 광역시에 주로 집중되어 있으며, 와이파이와 같은 기반시설 및 시티투어 정보를 함께 검색하고 있음을 볼 때 관광객 편의를 위한 부분도 고려하고 있는 것으로 예상된다. 즉, 도시와 관광은 서로 연계되어 있음을 이 결과를 통해 확인할 수 있다. '도시' 키워드 검색 결과 총 1,146건의 데이터 세트가 검색되었으며, 그 중 파일데이터는 991건, 오픈API는 102건, 표준데이터는 53건으로 나타났다〈〈그림 7〉의 아래쪽 그림 참조〉. 한국 오픈데이터 포털에서 제공하는 총 92건의 표준데이터 중 도시와 관련이 있는 표준데이터는 53건으로 약 57%를 차지하는 것을 알 수 있다. 이 결과를 볼 때, 한국정부는 도시 분야에 대한 오픈데이터의 표준화에 집중하고 있는 것으로 해석할 수 있다.

〈그림 7〉 '도시' 키워드 검색 결과 (2019년 3월 23일 기준)

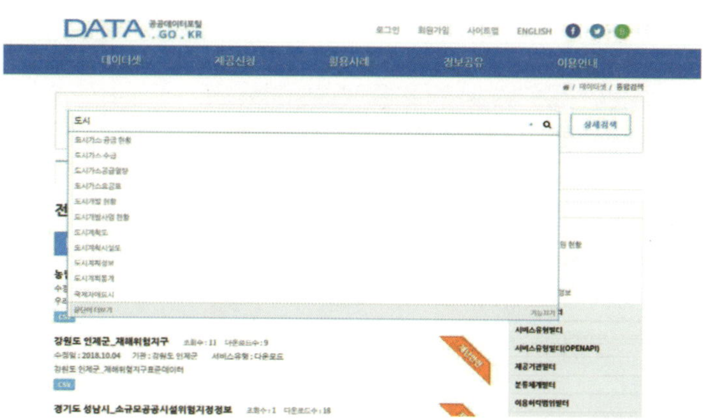

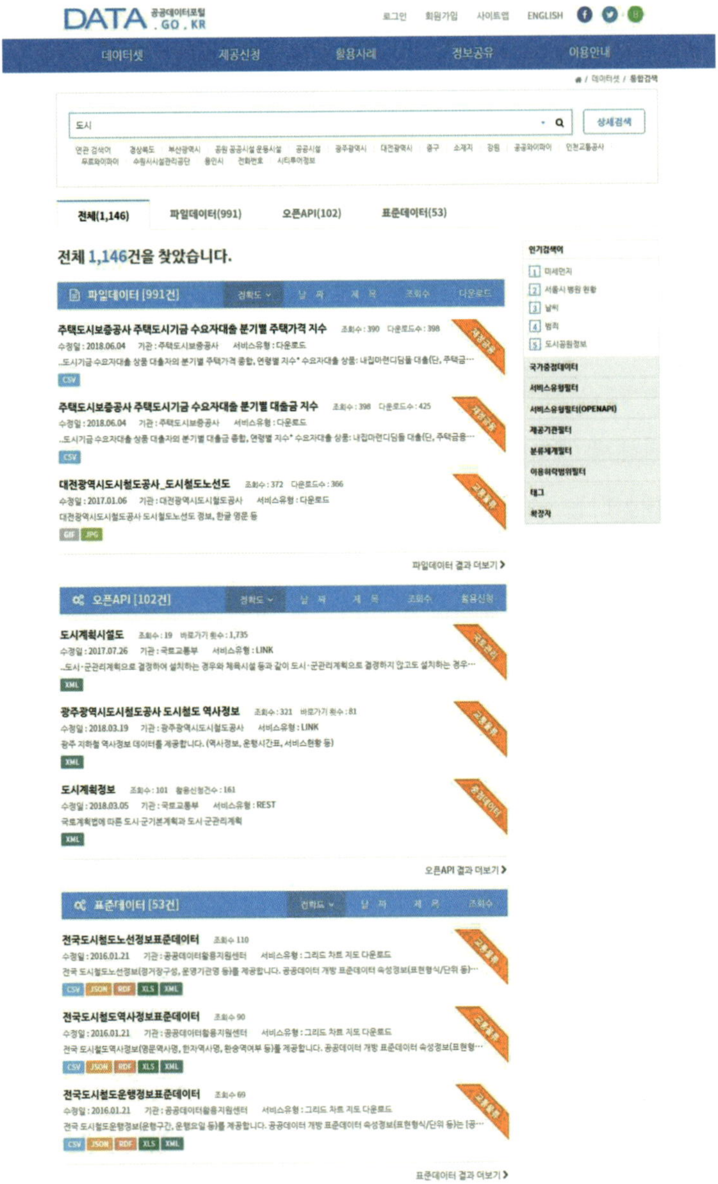

출처: 공공데이터포털

〈그림 8〉 '관광 숙박시설 현황' 데이터 제공 화면 (2019년 3월 23일 기준)

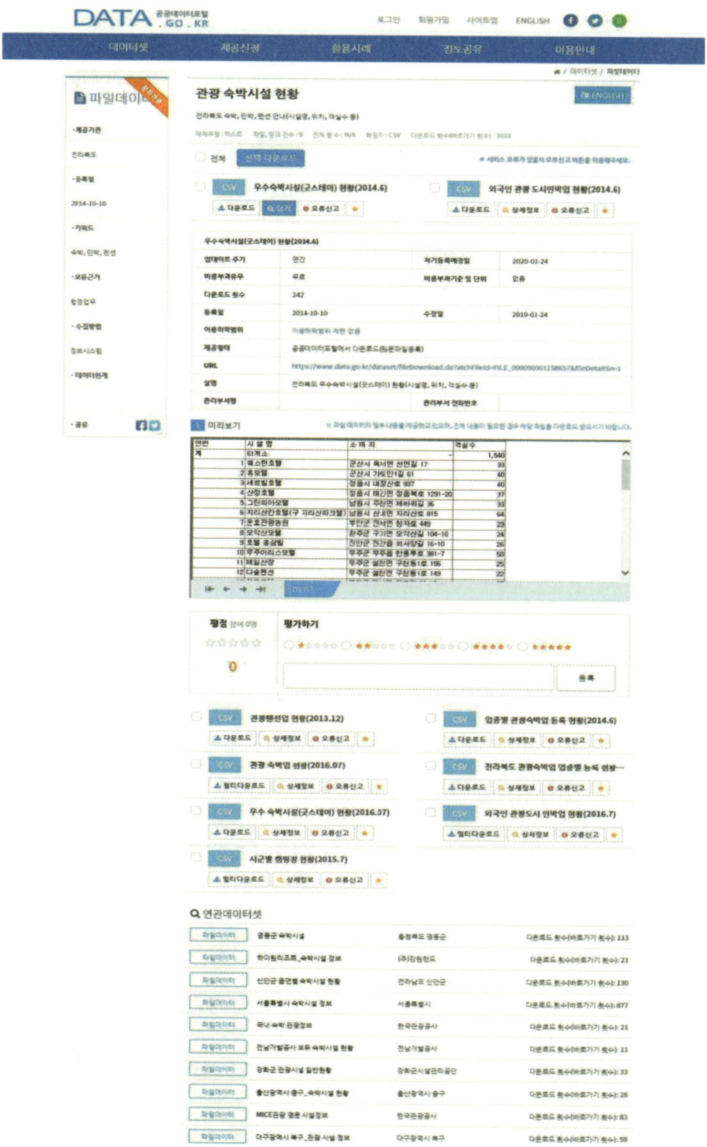

〈그림 6〉에서 '관광' 키워드로 검색된 1,354건의 결과 중 '관광 숙박시설 현황' 데이터 세트를 클릭하면 〈그림 8〉과 같은 화면이 나타난다. '관광 숙박시설 현황' 데이터 세트에는 총 9개의 csv 파일(즉, 리소스)이 포함되어 있는 것을 볼 수 있다. 각 파일(리소스)에 대한 '상세정보'를 클릭하면 데이터 제공기관에 대한 정보(예: 제공기관 명, 데이터 등록일, 키워드, 보유 근거, 데이터 수집방법 등)와 제공된 오픈데이터에 대한 정보(예: 데이터명, 업데이트 주기, 차기등록 예정일, 비용 부과 유무, 다운로드 횟수, 등록 및 수정일, 이용허락 범위, 제공 형태, 데이터에 대한 설명, 관리 부서명 및 연락처 등)을 볼 수 있다. 또한 해당 파일에 대한 미리보기가 제공되어 파일을 다운로드하지 않더라도 어떠한 형태의 데이터가 포함되어 있는지를 살펴볼 수 있다. 사용자는 각 파일에 대한 평점을 1~5점으로 평가할 수 있으며, 원하는 경우 피드백을 직접 남길 수도 있다. 추가적으로 사용자가 검색한 데이터와 연관이 있는 데이터 세트의 목록을 제공함으로써 보다 쉽게 관련 데이터를 찾을 수 있도록 도와준다.

한편, 한국의 오픈데이터 포털에서는 오픈데이터 활용사례를 제공함으로써 오픈데이터 이용에 대한 다양한 아이디어 및 서비스 개발에 도움을 주고자 한다. 〈표 5〉는 한국 오픈데이터 포털에 등록된 카테고리별 오픈데이터 활용사례 등록현황을 보여준다. 국내 활용사례의 경우 문화관광 분야 활용사례가 전체 2,123건 중 503건으로 약 24%를 차지하는 것으로 나타났다. 그 다음으로는 교통물류 267건(약 13%)와 환경기상 239건(약 11%)이 높은 비율을 차지하고 있다. 교통물류와 환경기상 분야는 특히 도시와 밀접한 관련이 있는 분야이다. 교통물류 분야는 버스 및 지하철 등 대중교통에 대한 정보 애플리케이션에 대한 수요가 높기 때문인 것으로 해석된다. 환경기상 분야에 대한 활용사례가 많은 이유는 최근 미세먼지의 위협이 높아짐에 따라 시민들의 환경에 대한 관심이 높아진 결과로 해석된다.

〈표 5〉 오픈데이터 활용사례 등록현황(2019년 3월 23일 기준)

카테고리	전체		모바일앱		웹사이트		기타	
	국내	해외	국내	해외	국내	해외	국내	해외
교육	117(6%)	13(7%)	92	0	21	13	4	0
국토관리	142(7%)	14(8%)	95	2	46	12	1	0
공공행정	181(9%)	29(16%)	154	3	27	26	0	0
재정금융	57(3%)	16(9%)	47	4	10	12	0	0
산업고용	127(6%)	2(1%)	67	1	60	1	0	0
사회복지	52(2%)	10(6%)	43	3	9	7	0	0
식품건강	44(2%)	2(1%)	43	1	1	1	0	0
문화관광	503(24%)	19(11%)	401	8	99	11	3	0
보건의료	165(8%)	8(4%)	136	4	27	4	2	0
재난안전	42(2%)	18(10%)	40	12	2	6	0	0
교통물류	267(13%)	20(11%)	236	9	30	11	1	0
환경기상	239(11%)	15(8%)	219	2	17	13	3	0
과학기술	67(3%)	5(3%)	41	3	24	2	2	0
농축수산	92(4%)	3(2%)	80	1	12	2	0	0
통일외교안보	12(1%)	0(0%)	11	0	1	0	0	0
법률	16(1%)	4(2%)	11	1	5	3	0	0
합계	2,123 (100%)	178(100%)	1,716	54	391	124	16	0

단위: 건

〈그림 9〉는 한국 곳곳에 위치한 관광지 정보를 제공하는 모바일 애플리케이션인 '대한민국 구석구석'의 오픈데이터 활용사례를 보여준다. 활용사례 화면에서는 오픈데이터를 활용하여 개발한 웹사이트 및 모바일 애플리케이션에 대한 간단한 소개와 함께 개발자에 대한 정보가 제공된다. 또한 개발에 활용된 데이터세트나 오픈API에 대한 정보를 함께 제공함으로써 비슷한 서비스나 애플리케이션을 개발하고자 하는 사용자들에게 구체적인 정보를 제공한다. 이처럼 오픈데이터 활용사례는 오픈데이터를 활용한 새로운 서비스나 애플리케이션 개발을 위한 벤치마킹의 대상이 될 수 있다.

〈그림 9〉 오픈데이터 활용사례 화면 (2019년 3월 23일자)

출처: 공공데이터포털

1-5 관광 도시를 위한 오픈데이터 개방 및 활용

관광 도시는 관광목적지로서 일반적인 도시보다는 관광객을 위한 서비스 및 편의제공에 중점을 둔 도시이다. Buhalis(2000)에 따르면 관광목적지는 다음과 같은 여섯 가지 구성요소(6As)를 고려해야 한다 〈〈표 6〉 참조〉. 첫째는 관광매력물(Attraction)로, 폭포나 산과 같은 자연경관이나 테마파크·랜드마크 등의 인공(건축)물, 각종 문화유산 및 특별 문화 이벤트 등을 포함한다. 둘째는 접근성(Accessibility)으로, 도로나 터미널과 같은 교통시스템을 통한 접근성을 의미한다. 셋째는 관광편의시설(Amenities)로, 관광을 보다 촉진시키고 활성화시킬 수 있는 각종 서비스와 숙박, 식음료 시설 등을 의미한다. 넷째는 가용한 패키지(Available Package)로, 관광정보를 위한 공식 플랫폼이나 관광안내소와 같이 중개자를 통해 사전에 구성된 정보나 서비스, 상품 패키지 등을 의미한다. 다섯째는 관광활동(Activities)으로, 관광객이 관광지에서 할 수 있는 모든 활동을 의미한다. 레저·스포츠 활동, 쇼핑, 엔터테인먼트, 컨벤션 및 전시, 다양한 체험 이벤트 등이 포함된다. 마지막은 부수적 서비스(Ancillary Services)로, 관광객이 필요로 하는 부수적인 시설이나 서비스를 의미한다. 은행, 병원, 우체국 등이 이에 해당한다.

〈표 6〉 관광 도시 관련 국가중점데이터 및 표준데이터 목록 (2019년 3월 23일 기준)

6As	데이터 목록
관광매력물 (Attraction)	전국등산로, 전국산정보, 전국낚시터정보, 전국향토문화유적, 전국도시공원, 전국문화축제, 전국박물관미술관정보, 전국휴양림, 전국보호수, 전국길관광정보, 전국가로수길정보, 전국관광지정보, 전국지역특화거리, 전국전통시장, 전국지정약수터, **등산로 및 국가생물종 정보**
접근성 (Accessibility)	전국도시철도노선정보, 전국도시철도역사정보, 전국도시철도운행정보, 전국보행자전용도로, 전국휴게소정보, 전국자동차검사소, 전국거주자우선주차정보, 전국세차장, 전국자전거대여소, 전국주차장, 전국전기차충전소, 전국도로터널정보, 전국육교정보, 전국렌터카업체정보, 전국GIS건물통합정보, 전국법정구역(읍면동)정보, **도로명주소정보, 공간융합정보, 교통신호정보, 스마트교통정보**
관광편의시설 (Amenities)	전국민박/펜션업소, 전국야영(캠핑)장, 전국로컬푸드인증정보, 전국주요상권현황, 전국무더위쉼터, **상권정보, 전통식품정보, 식품안전인증정보, 전국푸드뱅크정보, 먹는샘물안전정보**
가용한 패키지 (AvailablePackage)	전국시티투어정보, 전국관광안내소
관광활동 (Activities)	전국공연행사, 전국농어촌체험마을
부수적 서비스 (Ancillary Services)	전국무료와이파이, 전국금연구역, 전국교통사고다발지역, 전국어린이보호구역, 전국지반침하정보, 전국자동심장충격기, 전국소규모공공시설위험지정정보, 전국민방위대피시설, 전국보안등정보, 전국재해위험지구, 전국지진해일대피소, 전국CCTV, 전국도서관, 전국공중화장실, 전국공공시설개방, **지방행정정보, 교통사고정보, 재난관리정보, 국민의료정보, 기상정보, 지진대피소정보, 해양환경생태정보, 환경영향평가정보, 공공시설물안전정보, 소비자행태조사정보, 소비자안전정보, 다국어5종의 음성과 영어대역문장DB**

*볼드체 표기는 국가중점 데이터를 의미함

한국 오픈데이터 포털에 개방되어 있는 65건의 국가중점데이터와 92건의 표준데이터 중 관광 도시와 관련된 데이터 목록을 선별하여 여섯 가지 구성요소 관점에서 정리한 결과는 〈표 6〉과 같다. 정리된 결과를 통해 다음과 같은 점을 발견할 수 있다. 첫째, 관광 도시를 위한 오픈데이터 개방은 상당부분 이루어졌으나 일부 영역에 집중되어 있는 것을 알 수 있다. 관광매력물, 접근성, 관광편의시설, 부수적 서비스 영역에 대해서는 다수의 데이터가 공개되고 있다. 그러나 가용한 패키지와 관광활동 영역에 대해서는 각각 2건의 데이터만 공개됨으로써 다른 영역에 비해 그 공개비중이 현저하게 낮은 상태이다. 따라서 이 두 가지 영역에 대한 오픈데이터를 추가적으로 발굴 및 표준화하여 공개할 필요가 있다.

둘째, 문화관광 콘텐츠 정보에 대한 개방이 상대적으로 부족함을 알 수 있다. 관광지나 편의시설과 같은 기본 정보는 다수 개방되어 있으나 관광객이 관광 도시를 방문하여 어떤 콘텐츠를 즐길 수 있는지에 대한 정보가 매우 부족하다. 따라서 관광객들에게 다양한 경험을 제공하기 위해서는 콘텐츠를 중심으로 하는 데이터 공개가 필요하다. K-POP이나 K-DRAMA를 통한 한류 콘텐츠의 수출과 같이 향후 콘텐츠가 국가경쟁력의 중요한 핵심자본이 될 수 있음을 고려할 때, 콘텐츠 정보를 전략적으로 개방하고 활용하는 방안이 필요한 시점이다.

2. 데이터와 도시 경쟁력

2-1 스마트 관광 도시의 구성요소와 데이터의 중요성

스마트 관광 도시는 스마트 관광의 주요 대상인 관광객과 스마트 도시의 주요 대상인 거주민이 함께 공생하며 지속적으로 성장 및 발전할 수 있는 스마트 기술을 기반으로 한 도시를 의미한다. 스마트 관광 개념 모델을 기반으로 스마트 관광 도시의 구성요소 및 구성요소별 계층(Layer) 구조를 도출한 결과는 〈표 7〉과 같다. 특히 스마트 관광 도시가 스마트 도시에 스마트 관광의 개념을 융합한 것으로 볼 때, 〈표 7〉에서의 1-3 계층은 도시의 기반구조에 보다 중점을 둔 '스마트 도시' 영역의 계층으로 볼 수 있다. 반면 4-5 계층은 스마트 도시를 기반으로 '스마트 관광'에 대한 비즈니스 생태계와 경험을 통한 가치창출에 보다 중점을 두고 있는 계층으로 볼 수 있다.

〈표 7〉 스마트 관광 도시의 구성요소

구성요소의 계층		설명
스마트 관광	(5) 스마트 경험	스마트 비즈니스 생태계를 통해 정부, 기업, 개인(관광객 및 거주민)이 얻게 되는 경험
	(4) 스마트 비즈니스 생태계	축적된 데이터를 가공·유통하거나 분석·활용을 통해 새로운 서비스를 개발하고 제공하는 비즈니스 생태계(즉, 정부, 기업, 개인으로 구성된 이해관계자들 간의 관계가 구조화됨)
스마트 도시	(3) 데이터	스마트 기술을 적용하여 수집·생성된 데이터를 저장·관리
	(2) 기술	사물이 상호 유기적으로 연결될 수 있도록 하는 스마트 기술
	(1) 사물	스마트 관광 도시를 구성하는 물리적 공간·사물

출처: Gretzel et al., 2015; 2018, 저자 재구성

스마트 관광 도시를 구성하는 가장 첫 번째 계층은 사물 계층(Physical Layer)으로 물리적 공간과 건물 등 오프라인 현실 세계를 구성하는 사물을 의미한다. 두 번째 계층은 기술계층(Technology Layer)으로, IoT와

같이 사물에 탑재된 센서를 통해 사물이 상호 유기적으로 연결되어 있으며 커뮤니케이션을 할 수 있게 하는 스마트 기술 계층을 의미한다. 세 번째 계층은 데이터 계층(Data Layer)으로, 스마트 기술을 통해 수집 및 생성된 데이터를 클라우드에 저장하고 관리하는 계층이다. 네 번째 계층은 스마트 비즈니스 생태계 계층(Smart Business Layer)으로, 축적된 데이터를 가공 및 유통하거나 분석 또는 활용함으로써 새로운 서비스나 애플리케이션을 개발하고 제공하는 비즈니스와 관련된 생태계 계층이다. 이 계층에서는 생태계를 구성하는 이해관계자로서의 정부, 기업, 개인(관광객 및 거주민)의 관계가 구조화되어 나타나게 된다. 스마트 관광 도시를 구성하는 최상위 계층인 다섯 번째 계층은 스마트 경험 계층(Smart Experience Layer)으로, 스마트 비즈니스 생태계를 통해 정부, 기업, 개인이 얻게 되는 경험에 대한 계층이다. 특히 건강한 스마트 비즈니스 생태계는 이해관계자들 간의 협력과 소통, 협업, 참여 등을 통해 다양한 공유가치와 경험을 창출할 수 있다(정남호, 2018).

스마트 관광 도시를 위한 구성요소의 계층 중에서도 세 번째 계층인 데이터 계층은 스마트 관광을 위한 비즈니스 생태계를 구성하고, 그 생태계를 통해 다양한 스마트 관광 경험과 가치를 생성하는 핵심 자원이 된다는 점에서 가장 중요한 계층이라고 볼 수 있다. 따라서 축적된 데이터를 가공하고 유통하는 데이터 중개업자와, 데이터를 분석하고 숨은 의미를 찾아내어 새로운 스마트 관광 비즈니스 모델을 개발하고 효과적으로 데이터를 활용할 수 있도록 하는 전문 데이터 분석가와 데이터 컨설턴트 등이 향후 중요한 역할을 수행할 것으로 전망된다.

2-2 스마트 관광 도시의 경쟁력

경쟁력이란 "주어진 시장에서 기업, 산업, 국가가 재화와 서비스를 판매하거나 공급하는 능력과 매출을 비교하는 개념"이다. 이 개념은 주로 경제적 성과를 통해 경쟁력을 이해하고자 하는 경제학이나 경영학 분야에서 주로 사용되는 개념이다. 그러나 한 분야에 국한되지 않고 적용되는 맥락에 따라 다양한 분야에서 사용되기도 한다. 특히 관광 분야에도 활발하게 적용되는데, WEF의 Travel & Tourism Competitiveness Report가 관광 경쟁력을 다룬 대표적인 보고서이다. 스마트 도시에서도 각국 정부기관이나 연구기관에서 해마다 경쟁력 순위를 발표하는데 저마다 다른 관점과 평가기준을 통해 경쟁력 있는 도시를 선정하여 발표한다. 그러나 스마트 관광 도시는 스마트 관광과 스마트 도시가 서로 연계되어야 하며, 특히 관광객과 거주민의 상생을 통한 성장과 발전을 고려해야 하므로 기존의 경쟁력 평가영역과 지표를 그대로 적용하기에는 어려움이 있다. 따라서 스마트 관광 도시의 구성요소 계층을 토대로 〈표 8〉과 같이 스마트 관광 도시 경쟁력을 위한 평가항목을 고려해 볼 수 있다. 그러나 이와 같은 평가항목 개발에는 스마트 관광 도시 생태계를 구성하는 이해관계자들의 적극적인 참여와 협조가 무엇보다 중요하다.

〈표 8〉 스마트 관광 도시의 경쟁력 평가항목 예시

구성요소의 계층		관광객 관점	거주민 관점
스마트 관광	(5) 스마트 경험	관광객에게 다양한 관광 경험을 제공하는 정도	거주민에게 삶의 질 향상에 대한 다양한 경험을 제공하는 정도
	(4) 스마트 비즈니스 생태계	축적된 데이터를 활용하여 관광객에게 필요한 서비스나 애플리케이션을 개발하고 제공하는 정도	축적된 데이터를 활용하여 거주민에게 필요한 서비스나 애플리케이션을 개발하고 제공하는 정도
스마트 도시	(3) 데이터	관광객에게 필요한 데이터를 수집·생성 및 저장·관리하는 정도	거주민에게 필요한 데이터를 수집·생성 및 저장·관리하는 정도
	(2) 기술	관광객을 위한 사물에 스마트 기술이 적용되어 있는 정도	거주민을 위한 사물에 스마트 기술이 적용되어 있는 정도
	(1) 사물	관광객을 위한 다양한 공간, 건물, 시설 등의 사물이 갖추어진 정도	거주민을 위한 다양한 공간, 건물, 시설 등의 사물이 갖추어진 정도

3. 요약 및 제언

본 챕터에서는 오픈데이터와 관광 그리고 데이터와 도시경쟁력에 대한 내용을 살펴보았다. 관광 도시를 위한 오픈데이터의 개방현황을 살펴본 결과, 균형 있는 오픈데이터 개방 및 활용이 필요하며 특히 문화관광 콘텐츠 정보의 개방이 상대적으로 부족한 것을 발견했다. 따라서 가용한 패키지와 관광활동 영역에 대한 오픈데이터를 추가적으로 발굴 및 표준화하여 공개할 필요가 있다. 또한 향후 콘텐츠가 국가경쟁력의 중요한 핵심자본이 될 수 있음을 고려할 때, 콘텐츠 정보를 전략적으로 개방하고 활용하는 방안마련이 필요하다.

스마트 관광 도시를 위한 구성요소 계층은 사물계층, 기술계층, 데이터 계층, 스마트 비즈니스 생태계 계층, 스마트 경험 계층으로 나누어 볼 수 있다. 그 중에서도 세 번째 계층인 데이터 계층은 스마트 관광을 위한 비즈니스 생태계를 구성하고, 그 생태계를 통해 다양한 스마트 관광 경험과 가치를 생성하는 핵심 자원이라는 점에서 가장 중요한 계층이다. 특히 데이터 중개업자와 전문 데이터 분석가, 데이터 컨설턴트 등이 향후 중요한 역할을 수행할 것으로 예측된다. 또한 관광객과 거주민이 서로 상생할 수 있는 스마트 관광 도시의 구축 및 스마트 관광 도시의 경쟁력 제고를 위해서는 적절한 평가항목 개발이 필요하다. 그러나 이를 위해서는 스마트 관광 도시 생태계를 구성하는 이해관계자들의 적극적인 참여와 협조가 무엇보다 중요하다.

VII

빅데이터 분석과 스마트 관광 도시

홍 태 호 (부산대학교 경영학과)

1. 인공지능과 빅데이터

제 4차 산업혁명의 가장 중요한 키워드인 '인공지능(AI: Artificial Intelligence)'과 '빅데이터(big data)'는 산업전반에서 높은 관심을 받고 있다. 물론, 관광산업에서도 인공지능과 빅데이터의 역할은 급격히 증가하고 있으며, '스마트 관광 도시'를 위한 필수적인 요소가 되고 있다. 빅데이터는 기존의 데이터보다 방대한 양의 데이터를 의미하며 〈표 1〉과 같이 데이터의 규모(Volume), 다양성(Variety), 속도(Velocity)의 증가로 정의할 수 있으며, 정확성(Veracity)의 증가, 가치(Value) 및 복잡성(Complexity)의 증가를 포함하기도 한다.

〈표 1〉 빅데이터의 정의

4V + C	설명
규모의 증가 (Volume)	기술적인 발전과 IT의 일상화가 진행되면서 디지털 정보량이 제타바이트(ZB)의 수준으로 증가하고 있음
다양성의 증가 (Variety)	웹 로그기록, 소셜네트워크, 위치정보 등 다양한 데이터의 종류가 증가하며, 테스트 이외의 멀티미디어 등 비정형화된 데이터의 유형의 증가
속도의 증가 (Velocity)	사물인터넷(IoT: Internet of Thing)을 통한 사물정보, 모니터링, 스티리밍 정보 등의 증가와 스마트 팩토리(Smart Factory)의 발전으로 대규모 데이터 처리 및 실시간 데이터 처리 및 분석 속도가 중요
정확성 (Veracity)	다양한 데이터를 분석함으로써 정확한 처리 및 분석이 가장 중요
가치 (Value)	빅데이터 분석으로 인해 생성되는 정보(기업적, 사회적, 경제적 등)에 따른 활용 가치 증대
복잡성의 증가 (Complexity)	클라우드 컴퓨팅, SNS 및 모바일 환경으로 접어들면서 물리/가상화 IT 시스템의 복잡성이 매우 높아지고 있음

이러한 빅데이터는 관광산업에서 UGC(User Generated Contents)로 대표되는 온라인 리뷰, 블로그, 소셜네트워크 등의 텍스트, 이미지, 동영상 등의 형태로 급속하게 성장하고 있으며, 여행지, 호텔, 식당 등과 관련된 사용자 리뷰도 생성되고 있다. 즉, 인터넷 사용자들은 자신이 경험을 리뷰로 작성하여 다른 사용자들과의 정보를 공유하게 되었다. 관련 조사에 의하면 여행과 관련된 정보 검색은 가장 인기 있는 온라인 활동 중 하나이며, 리뷰를 통해 사용자의 피드백, 제품 특성 등 다양한 내용이 포함되어 여행객들의 유용한 정보로 활용되고 있다. 온라인 고객 리뷰는 여러 고객들에 의해 재생산되고, 재사용되면서 양은 더욱 방대해지고 내용은 보다 섬세해지고 있다. 그러므로 분석에도 많은 시간과 노력이 들기 때문에 결과를 적시에 활용하기가 어렵다. 이와 관련하여 최근 대량의 리뷰에서 고객들의 의견을 정확하게 추출하기 위해 자연어 처리 및 텍스트마이닝과 같은 분석 기법의 개발에 관심이 집중되고 있다.

1-1 데이터마이닝 개념

인터넷 사용자들은 다양한 소셜 미디어 콘텐츠를 이용함으로써 온라인에서 생성되는 데이터의 양이 기하급수적으로 증가하게 되었다. 이로 인해 방대한 양의 자료가 축적되고 있는 실정이며, 산업에서는 이를 적극적으로 활용하기 위해 인공지능 및 기계학습 등 빅데이터를 분석하기 위해 다양한 기법들을 사용하고 있다. 데이터마이닝(Data mining)은 대용량의 데이터로부터 숨겨진 사실을 발견하고 의미 있는 지식을 찾아 유용한 정보를 추출하기 위한 일련의 과정이라 정의할 수 있다(Fayyad et al., 1996).

데이터마이닝은 데이터 분석 및 경영 정보 분야에서 많이 사용되고 지식채굴과정(KDD, Knowledge Discovery in Database)을 통해 인공지능 및 기계학습 분야에 사용되어 왔다.

〈그림 1〉 지식 채굴 과정

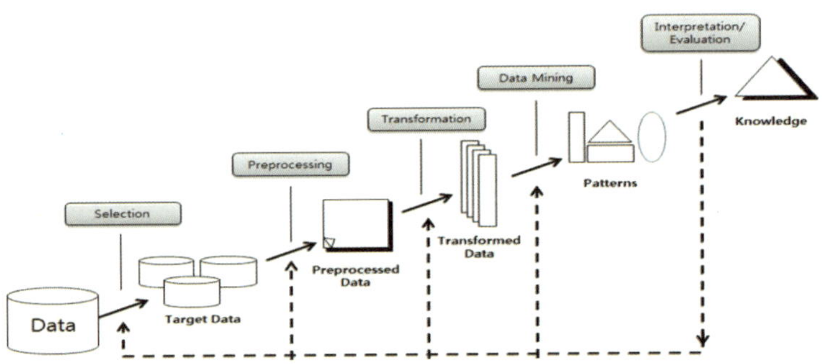

출처: Fayyad et al., 1996

1-2 데이터마이닝 기법 및 응용 사례

가. 군집분석

군집분석은 목적변수를 예측하기보다는 비슷한 그룹으로 묶어 의미 있는 군집으로 나누는 기법을 의미한다. 즉, 분석의 목적에 맞도록 군집들을 찾아내어 이를 특징짓는 것이다. 군집으로 분리하는 것은 전체의 이질적인 데이터 셋보다는 각 군집을 개별적으로 모델링함으로써 지도학습의 성능을 향상시키는 데 유용하다. 또한, 다른 분석을 위한 사전 단계로 사용되는 경우가 많다. 대용량의 데이터를 분석할 경우, 데이터 전체를 파악하기에는 복잡하고 어렵다는 단점이 있는데, 군집분석을 이용해 이를 구성하는 몇 개의 군집을 우선적으로 살핀 후 전체에 대한 윤곽이나 특성을 파악하며 유용하게 사용할 수 있다.

〈그림 2〉 군집분석의 예

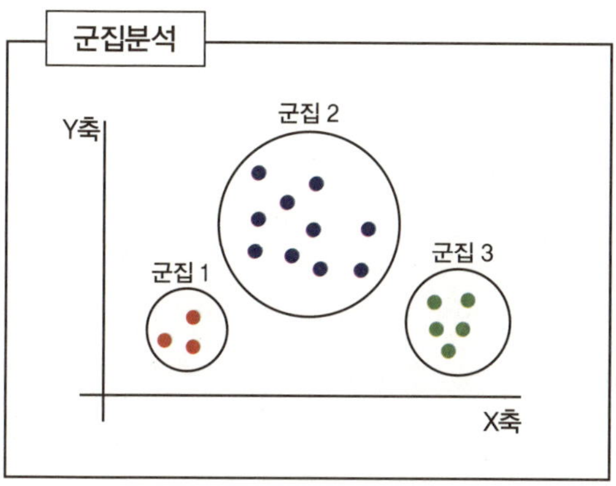

군집분석은 주로 K-Means와 SOM 알고리즘을 이용하여 수행한다. K-Means 알고리즘은 '거리' 개념을 사용하여 가깝게 위치한 점들을 찾아 군집으로 묶어주는 기법이며, K는 사전에 정의된 군집의 개수를 의미한다. 이러한 K-Means 알고리즘은 다음과 같은 단계로 이루어진다.

〈표 2〉 군집분석을 위한 K-Means 알고리즘 적용 단계

단계	정의
1단계	K개의 군집으로 나눔
2단계	군집의 수만큼 기준값을 정함 (*이는 각 군집의 중심점이 되는 값으로 처음에는 아무 곳에나 임의로 정해짐)
3단계	각 점들을 4개의 군집 중 하나의 군집으로 배정 (*가장 가깝게 위치한 중심값에 해당하는 군집으로 배정)
4단계	가깝다는 것은 거리상으로 가깝다는 의미이며 거리와 관련된 공식으로 계산됨 거리 = (방문횟수 – 방문횟수의 중심값) +(사용량–사용량의 중심값)
5단계	군집에 속하는 점들의 방문횟수와 사용량에 대한 평균값을 계산하여 각 군집의 새로운 중심값을 구함
6단계	새로운 군집의 중심값을 기준으로 각 점들을 가까운 군집에 다시 배정 (*처음에 배정된 군집과 같을 수도 다를 수도 있음)
7단계	새로운 점들로 구성된 군집들에 대한 줌심값을 다시 계산하여 3, 4, 5 단계 과정 반복
8단계	군집의 중심값이 변하지 않을 때 최종적인 군집 형성

SOM(Self-Organizing Map)은 코호넨(Kohonen)이 제안한 비지도학습 기법의 인공신경망 모델 중의 하나로 군집 특성을 이용한 기법이다. SOM 알고리즘은 주어진 데이터들로부터 규칙을 찾아내는 데 목적을 두고 있으며 정확한 해답을 제공하지 않고 자기 스스로 학습할 수 있는 능력을 가지고 있다. 구조적으로 수행이 빠른 알고리즘인 SOM은 분석 결과를 시각적으로 제시할 수 있으며, 기존의 선형 판별 분석이나 전통적인 다계층 인공신경망과 견줄만한 결과를 나타낼 수 있다는 특성이 있다.

기업은 고객을 세분화하여 고객의 특성에 따라 차별화되면서도 맞춤화된 마케팅 전략을 제공하며 고객 유지에 힘쓰고 있다. 고객 세분

화란 지리적 데이터, 인구 통계학적 데이터, 심리 데이터, 행동 데이터 등을 활용하여 고객들을 제품군에 대한 태도, 의견, 구매행동 등을 파악해 비슷한 성향을 가진 소집단으로 묶는 과정을 의미한다. 이와 같은 고객 세분화를 활용하여 기업에서는 기존 고객과의 관계 강화를 위해 복잡하면서도 다양한 고객의 특성을 미리 파악하여 분석한다.

군집분석 및 고객 세분화와 관련된 연구사례로 '데이터마이닝을 이용한 세분화된 고객집단의 프로모션 고객반응 예측(홍태호, 김은미, 2010)' 연구가 있다. 이 연구는 목욕세제 구매고객에 대한 데이터를 이용하여 고객 세분화를 진행하여 구매를 예측하고, 이를 예측에 대한 내용을 기반으로 고객집단 특성에 따른 마케팅 전략을 제시했다.

〈그림 3〉 고객 세분화 모형

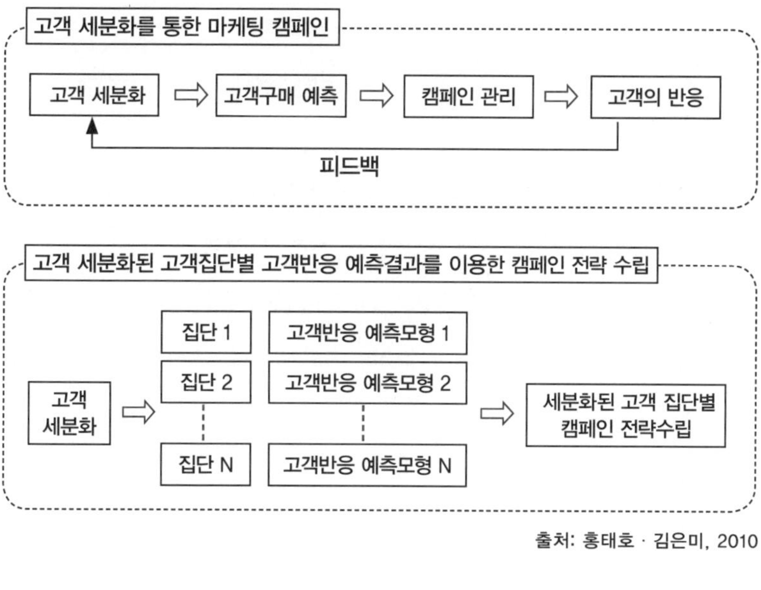

출처: 홍태호 · 김은미, 2010

이 연구에서는 고객 세분화 모형을 구축하기 위해 SOM(Self-Organizing Map) 기법을 활용했다. 또한, 세분화된 고객 집단에 대해 로짓, 인공신경망, SVM, 사례기반추론을 적용해 통합 예측모형을 구성했고, 이를 바탕으로 프로모션 전략을 제시했다.

〈그림 4〉 고객 세분화 결과

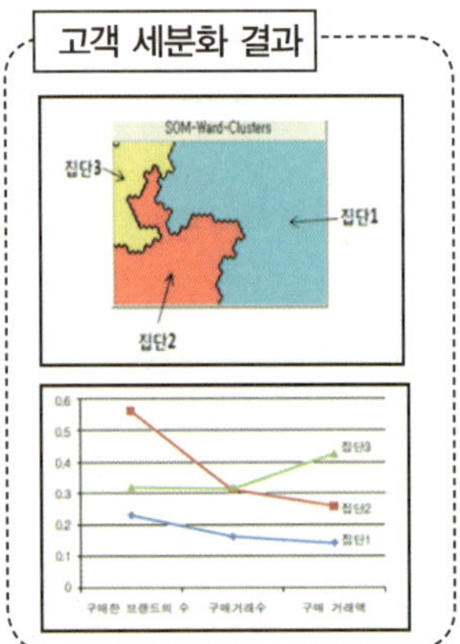

집단별 고객 특성

집단	집단의 특성에 따른 구분	반응률	집단의 특성
집단 1	일반고객	40.60%	가장 많은 고객이 속하는 집단으로 구매거래도 적게 일어나며 구매 거래액도 적은 집단
집단 2	가격지향고객	69.38%	브랜드와 상관없이 저렴한 제품의 구매를선호하기 때문에 프로모션에 의한 구매가 많이 일어나는 집단
집단 3	품질지향고객	53.25%	프로모션에 의한 제품구매도 이루어지지만 저렴한 제품을 대량으로 구매하기보다는 사용하던 브랜드나 고액의 제품을 소량으로 구매하는 집단

출처: 홍태호, 김은미, 2010

실험 결과 총 3개의 고객 군집으로 세분화되었고, 고객 전체의 반응률 예측보다 세분화된 고객 집단별로 예측한 성과가 더 높게 나타나는 것을 확인했다. 따라서 세분화된 고객집단의 특성에 따라 선별적으로 목표고객을 선정할 수 있었고, 프로모션을 제시할 고객 집단의 선정을 통해 고객 특성에 맞는 맞춤화 전략을 제시할 수 있었으며, 세분화된 고객 집단 특성에 맞춘 마케팅 전략을 제공하여 비용절감이나 매출 극대화 효과를 얻을 수 있다.

나. 인공신경망

인공신경망(Aritifical Neural Networks)은 인공지능의 한 분야로, 인간의 두뇌가 생물학적으로 작동하는 형태를 모방하여 컴퓨터에게 지적인 능력을 갖추게하는 인공지능 방법론이다. 이는 공학 분야에서 시작되어 90년대부터 경영학에 도입이 되기 시작했다. 이러한 인공신경망은 유연성, 자기조직화시스템 등의 특징을 가진다.

〈표 3〉 인공신경망의 특징

일반화	유연성	자기조직화시스템	비선형분석가능
·학습이 끝난 후 모형의 구축에 사용되지 않은 데이터 ·**새로운 데이터를 모형에 적용하여 예측하기에 일반화의 가능성이 높음**	·계량적 분석 이외의 문자인식 ·신호처리 ·안면인식 등의 다양한 문제에 이용됨	·새로운 패턴이 주어지면 적응하는 능력이 매우 뛰어남 ·새로운 패턴들을 이용하여 인공신경망 모형을 구축 가능	·추가예측 및 고객 반응 예측 ·비선형적 영역 ·적합한 모형 구축 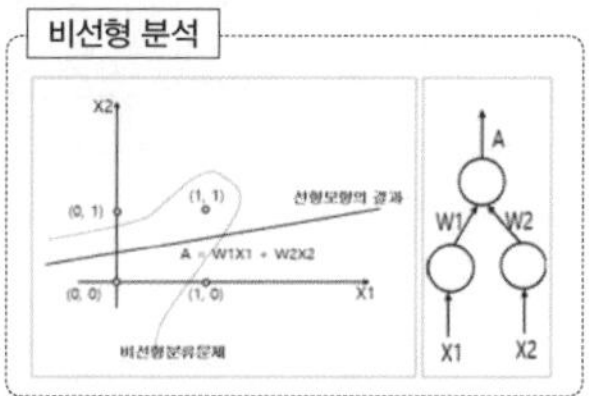

인공신경망은 주어진 학습자료에 대하여 스스로 지식을 습득할 수 있도록 병렬처리 구조로 구성되어 있다. 입력층, 은닉층, 출력층의 총 3가지 층으로 구성되며, 은닉층은 입력과 출력값을 연결해주는 매개변수의 값으로 채워진다. 이러한 은닉층은 신경망의 성공 여부에 많은 영향을 미친다.

〈그림 5〉 인공신경망의 구조와 가중치 결정후의 모습

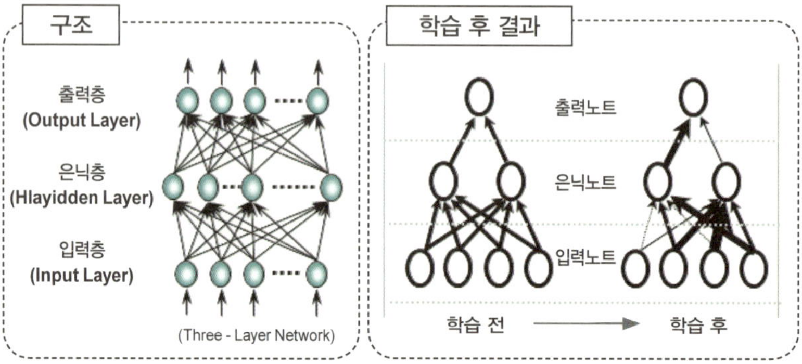

인공신경망의 학습과정은 총 4단계로 구성된다.

〈표 4〉 인공신경망의 학습과정

단계	정의
1단계	초기 연결가중치 결정 (임의의 아주 적은 값(보통 -1~1 사이)으로 초기화)
2단계	전방향 계산 - 은닉층 및 출력층에서 입력값의 연결가중치를 곱하여 각 처리요소들의 출력값 계산 - 전이함수를 사용하여 출력값 결정
3단계	역방향 계산 - 출력층의 출력값과 목표출력값 사이의 오류치 계산 - 출력층과 은닉층 처리요소에 연결된 가중치를 수정 - 연결가중치를 수정
4단계	Epoch (2, 3 단계)의 반복

인공신경망은 백프로파게이션(back-propagation) 알고리즘을 사용한다. 입력신호는 각 유니트에서 변환되어 중간층에 전달되고, 최후에

출력층에서 신호를 출력하는데, 이는 출력값과 기댓값을 비교하여 차이를 줄여나가는 방향으로 연결강도를 조절하게 된다. 즉, 상위층에서 역전파하여 하위층에서는 이를 바탕으로 다시 자기층의 연결강도를 조정한다. 하지만 인공신경망은 지역 최소점(local minimum)에 빠질 가능성이 있다. 또한 많은 횟수의 반복학습과 학습 파라미터의 재조정이 필요하며, 추가학습에서 전체적인 재학습이 필요하다는 단점이 있다.

〈그림 6〉 인공신경망의 백프로파게이션 알고리즘을 이용한 학습과정

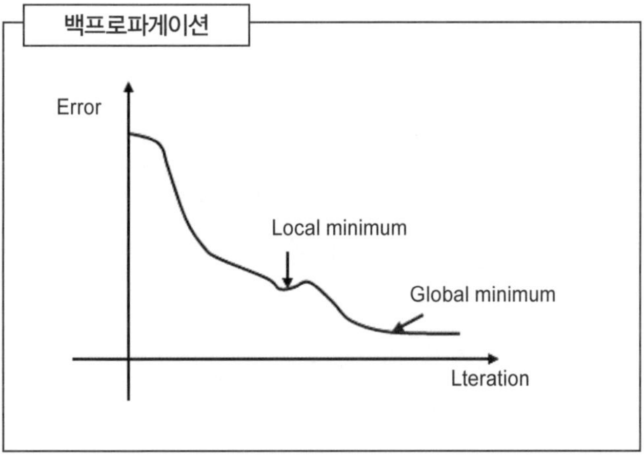

다. Support Vector Machines (SVMs)

SVM 기법은 Vapnik(1995)에 의해 개발된 것으로 통계학적 학습이론을 기반으로 하고 있으며, 1979년 Vapnik(1979)에 의해 발표됐지만,

최근에 들어와서 인정을 받게 되어 분류문제를 해결하는 데 좋은 성능을 보이고 있다. 특히 SVM 기법이 최근 각광을 받는 이유는 대부분의 학습 알고리즘은 경험적 위험(Empirical Risk)을 최소화에 초점을 맞췄다면, SVM은 구조적 위험(Structural Risk)의 최소화에 기반을 둔 기법으로 분류 문제에 있어서 일반화가 용이하여 다양한 분야에서 응용되고 있다. 또한, 입력공간과 관련된 비선형문제에 대해 고차원의 특정공간의 선형문제로 대응시켜 나타내기 때문에 수학적 분석이 용이하다. 분류 문제에 있어 학습 데이터들을 서로 다른 두 개의 클래스로 분류할 때 기준이 되는 분리 경계면(hyper plane)을 학습알고리즘을 통해 찾고 클래스를 구분하는 최적분리경계면(maximum margin hyper plane)을 구하기 위해 분리경계면과 가장 가까운 점(support vector)과의 거리를 최대화한다. SVM이 학습 데이터를 두 개의 클래스로 분류하기 어려울 경우 커널함수를 이용하여 데이터를 고차원의 특정공간으로 사상시켜 고차원의 공간에서 선형 분리가 가능한 분리경계면을 생성할 수 있다. 따라서 SVM에서는 커널함수의 역할이 매우 크다는 것을 알 수 있다. 커널함수는 데이터를 고차원공간으로 사상시킴으로써 특정공간 내에 선형으로 분리 가능한 입력 데이터셋을 만들며, 일반적으로 사용되는 커널함수는 다항식 커널(Polynominal kernel)과 가우시안 RBF(Gaussian Radial Basis Function) 등이 있다. 아래 그림은 SVM의 의사결정경계와 마진을 보여주고 있다.

〈그림 7〉 SVM의 의사결정 경계와 마진

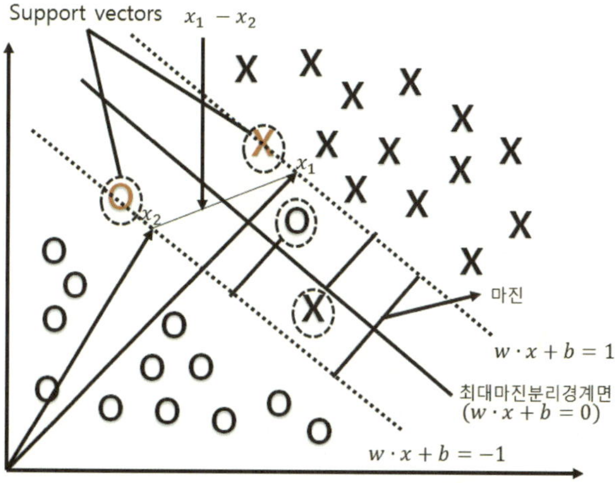

분류문제에 있어서 SVM의 학습 알고리즘을 보면 학습 데이터를 이용하여 함수 $f : R^n \rightarrow \{\pm 1\}$를 추정하도록 하고, 분리되는 두 개의 클래스 중 A는 $x_i \in R^n, y_i = +1$ 로, B는 $x_i \in R^n, y_i = -1$로 표시한다.

학습 데이터가 선형으로 분리가 가능하면 식①, 식②와 같이 나타낼 수 있다. x는 입력벡터를 나타내고 w와 b는 분리경계면을 결정하는 모수이다. w는 가중치 벡터를 나타내고 b는 바이어스이다.

① $w \cdot x_i + b \geq +1, \quad x_i \in A$

② $w \cdot x_i + b \leq -1, {}^{\forall} x_i \in B$

식①과 식②에 의해 식③을 도출할 수 있다.

③ $y_i(w \cdot x_i + b) \geq 1, {}^{\forall} x_i \in A \cup B$

최대마진 분류자는 최대 분리경계면을 가지고 데이터를 최적화하며 결국 식④의 최적화문제가 된다.

④ $$\min_{w,b} \frac{w \cdot w}{2}$$
$$s.t. y_i(w \cdot x_i + b) \geq 1$$

최종적으로 최적 의사결정 분리경계면은 식⑤과 같다.

⑤ $f(x, \alpha_i, b) = \sum y_i \alpha_i (x \cdot x_i) + b$

여기서 와 b는 분리경계면을 결정하는 모수이며, x는 학습용 데이터, 는 support vector를 나타낸다. 학습데이터가 비선형인 경우 입력변수를 고차원의 특징공간으로 이동시키고 비선형 문제에 대해 선형문제로 근사시킬 수 있으며, 비선형 분류문제에서는 함수를 식⑥와 같이 나타낸다.

⑥ $f(x, \alpha_i, b) = \sum y_i \alpha_i K(x \cdot x_i) + b$

식⑥에서 $K(x, x_i)$를 커널함수라 한다. 커널함수는 원래 데이터를 고차원공간으로 사상시킴으로써 특징공간 내에서 선형으로 분리 가능한 입력 데이터셋을 만들며, 일반적으로 사용되는 다항식 커널함수와 가우시안 RBF 커널함수는 각각 식⑦, 식⑧와 같다.

⑦ 다항식 커널함수 : $K(x, x_i) = (x \cdot x_i + 1)^d$

⑧ 가우시안 RBF : $K(x, x_i) = \exp(-\frac{1}{\sigma^2}(x - x_i)^2)$

라. 유전자 알고리즘

1975년 존 홀랜드(John Holland)에 의하여 개발된 유전자 알고리즘은 생물진화(선택도태, 돌연변이)의 원리로부터 착안된 전역적인 인공지능 기법 알고리즘으로 확률적 탐색이나 학습과 최적화를 위한 기법이다. 이는 미지의 함수 'Y = f(X)'를 최적화하는 '해 X'를 찾는 형태의 모의 진화(simulated evolution)형의 탐색 알고리즘으로, 풀고자 하는 문제에 대해 가능한 '해'들을 정해진 형태의 자료구조로 표현하여 이들을 점차적으로 변형하며 점점 더 좋은 해를 만들어 낸다. 이러한 GA는 점(point)가 아닌 군(population)에 기반하며 결정적 규칙이 아닌 확률적인 규칙으로 탐색한다. 그리고 탐색공간에 대한 연속성이나 미분 가능성 등의 제약을 요구하지 않고, 적합도 함수(fitness function)값을 사용한다. 이러한 유전자 알고리즘은 복제, 교차, 돌연변이의 세가지 유전 연산자를 가진다. 복제(Reproduction, Selection)란 자손 세대 구성을 결정 시, 문제에 매우 적합한 값을 가지는 부모의 속성을 가지도록 선택하는 것이다. 교차(Crossover)는 유전자의 교환에 의한 후손을 선택하는 것이며, 돌연변이(Mutation)는 이전에 보지 못한 새로운 자손의 출생에 의해 새로운 방향으로 문제에 접근하는 것을 의미한다. 이러한 유전자 알고리즘은 총 5단계로 구성된다.

〈그림 8〉 유전자 알고리즘

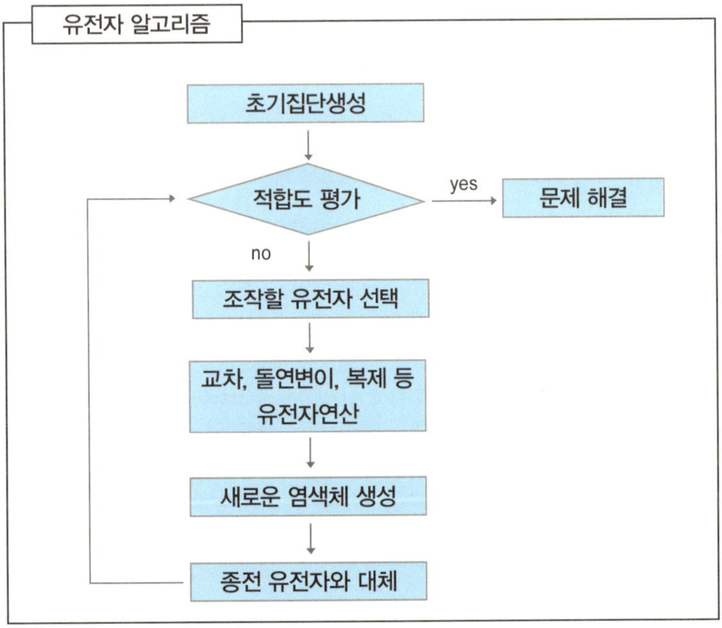

〈표 5〉 유전자 알고리즘 적용 단계

＊K=4로 가정

단계	정의
1단계	적합도함수와 유전자 파악
2단계	최초 유전자군의 선택과 적합도 계산
3단계	유전자 조작 (복제, 교차, 돌연변이)과 적합도 계산
4단계	최고의 적합도를 갖는 사례 선택
5단계	문제 해결

GA는 신용평가 분야에서 다양하게 활용되고 있다. 인공신경망을 이용한 신용평가모형을 구성함에서 최적의 설명변수를 선택할 수 있으며, 인공신경망을 이용한 모형을 구축할 경우, 최적의 재무변수 선택이 어렵다는 단점이 있다. 따라서 유전자 알고리즘을 활용하여 변수를 선정할 경우, 인공신경망을 이용한 신용평가모형에 가장 적합한 최적의 설명변수군을 효과적으로 선택할 수 있다. 또한, 인공신경망 모형의 예측성과를 제고시켜, 목적함수값의 예측 오차를 최소화하는 과정에서 발생하기 쉬운 지역적 최소화 문제를 효과적으로 해결할 수 있다.

2. 스마트 관광 도시의 빅데이터 활용

2-1 오피니언 마이닝을 이용한 스마트 관광

빅데이터 중 가장 흔한 형태의 텍스트 데이터는 오피니언 마이닝(opinion mining)의 한 분야인 감성분석(sentiment analysis)이 대표적이다. 감성분석은 텍스트로부터 어떻게 감성이 표현되고 있는지에 대한 분석과 특정한 주제에 대한 긍정적 혹은 부정적인 표현들이 포함되어 있는지를 분석하는 방법이다.

일반적으로 감성분석은 전체 문서에 대한 의견을 종합해 긍정적 혹은 부정적 성향을 판단하는 것으로써 크게 문서수준(Document-Level)의 분석과 문장수준(Sentence-Level)의 분석으로 나누어 설명된다. 문서수준의 분석은 긍정적 혹은 부정적인 의견이나 감성을 표현하는 문서를 분류하는 것을 목표로 전체 문서에서 하나의 주제에 대한 내용을 기본 정보단위로 고려한다는 것이 특징이다. 또한, 문서에 포함되어 있는 특정 용어들을 통해 빈도수에 따라 판별함으로 빠르고 포괄적인 판단을 할 수 있다. 문장수준에서의 분석은 문서에 포함되어 있는 문장에서 표현된 감성을 분류하는 것을 목표로 하고 있으며 긍정적이거나 부정적인 의견을 표현하는지에 대한 여부를 확인할 수 있다는 것이 특징이다. 대부분의 감성분석에 관한 연구들은 문서수준에서의 연구나 문장수준에서의 분석을 토대로 많은 연구들이 진행되고 있다. 최근 SNS, 마이크로블로그 등에서 작성된 댓글과 리뷰를 이용하여 고객의 의견을 분석하고 의견에 대한 긍정과 부정의 분포 등을 분석하는 연구사례가 증가하고 있다(김명규 등, 2009). 문서에서의 용어를 통한 분석, 문장 간의 관계, 언어학적 규칙들을 이용하여 분류 및 분석하는 방법들이 존재하며 다양한 기법들을 통해 분석이 이루어지고 있다.

〈표 6〉 문서수준, 문장수준, 토픽수준에서의 분석

	정의
문서수준 (Document-Level)	긍정적 혹은 부정적인 의견이나 감성을 표현하는 문서를 분류하는 것으로 문서 내의 특정 용어들을 통해 감성을 표현하는 빈도수에 따라 판별해내는 분석
문장수준 (Sentence-Level)	문서에 포함되어 있는 문장에서 표현된 감성을 분류하는 것을 목표로 하고 있으며 긍정적이거나 부정적인 의견을 표현하는지에 대한 여부를 확인하는 분석
토픽수준 (Topic-Level)	문서에서 포함한 여러 토픽에 관련된 극성을 탐색하는 분석

텍스트 문서를 기반으로 연구를 진행하는 오피니언 마이닝 연구에서는 다양한 소셜 미디어를 활용하고 있다. 특히, 소셜 네트워크 서비스(SNS, Social Network Service)에서 많은 데이터를 활용하고 있으며, 생성된 사용자 데이터를 기반으로 많은 분석이 이루어지고 있다.

오피니언 마이닝에 관한 학문적 연구에서는 감성(sentiment)과 감정(emotion)의 의미가 혼용되고 있다. 감정을 뜻하는 말로 흔히 사용되고 있는 'emotion' 이라는 단어도 일부 학자들이 '감성'으로 번역하는 경우가 있고 'sentiment'라는 단어가 '감정'으로 번역되어 혼란을 야기시키기도 한다. 감정과 감정에 대한 사전적 의미를 살펴보면 감성은 자극이나 자극의 변화를 느끼는 성질을 나타내고 감정은 어떤 현상이나 일에 대하여 일어나는 마음이나 느끼는 기분을 의미한다. 감성은 사물이나 환경에 따라 예쁘다, 좋다, 나쁘다와 같은 일반적인 느낌을 말하며, 감정은 행복, 슬픔, 분노, 놀람, 지루함, 유익함과 같은 느낌으로 구분할 수 있다. 감성과 감정에 따라 연구의 진행 방향이 달라지기 때문에 텍스트 문서에서의 정확한 의미를 파악하여 분류 혹은 분석이 이루어져야 한다.

감성분석은 어휘를 기반으로 접근하는 방법(Lexicon-based Approach), 기계학습을 기반으로 접근하는 방법(Machine Learning Approach), 통합으로 접근하는 방법(Hybrid Approach)으로 나누어 이루어진다. 감성분석 기법에서 어휘기반 접근방법은 긍정적 용어와 부정적 용어에 대해 어떠한 의미가 있는지를 분석하는 방법으로, 미리 편집된 감성용어와 잘 알려진 감성어휘를 사용하는 것이 대표적이고, 기계학습 접근방법은 수집된 데이터를 기반으로 행동이나 패턴 등의 데이터를 학습시킨

후 모형을 통해 분류하거나 분석해서 미래를 예측한다. 또한, 기계학습 접근방법에서 사용되는 알고리즘과 언어적 변수를 사용하며, 문서분류 문제로 감성분석을 해결하기 위해 알고리즘에 의존한다. 통합 접근방법은 어휘기반 접근방법과 기계학습 접근방법을 결합하는 방법으로 감성 어휘가 대부분의 중요한 역할을 하는 것이 매우 일반적이다.

〈그림 9〉 감성분석 기법

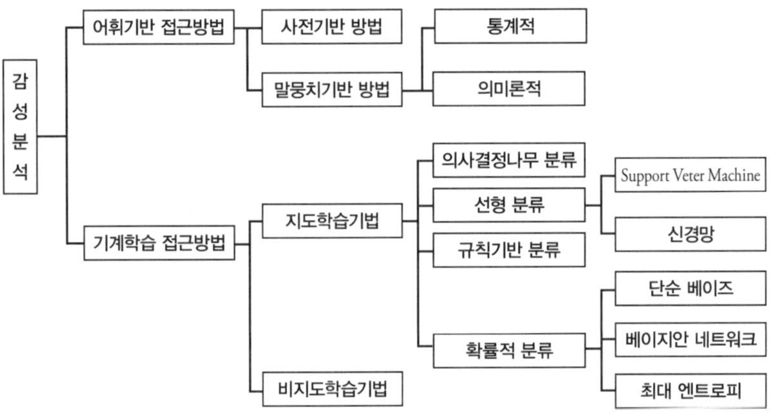

출처: Medhat et al., 2014

홍태호 등(2018)은 온라인 리뷰에서 표출되는 고객들의 감성을 더욱 세부적으로 분석할 수 있도록 하는 온라인 리뷰에서 추출한 여러 토픽에 대한 감성분석 방법을 제안했다. 본 연구에서는 트립어드바이저 웹사이트에서 데이터를 크롤링했으며, 이 데이터는 2010년 1월부터

2017년 7월까지 트립어드바이저 웹사이트에서 세계 7대 도시(런던, 파리, 방콕, 베이징, 홍콩, 서울, 싱가포르)에 위치하는 호텔들의 온라인 리뷰로 고객들이 자신의 경험을 토대로 총 평가점수, 속성별 세부 평가 점수 및 평가리뷰를 포함하고 있다.

〈그림 10〉 감성분석을 위한 연구모형

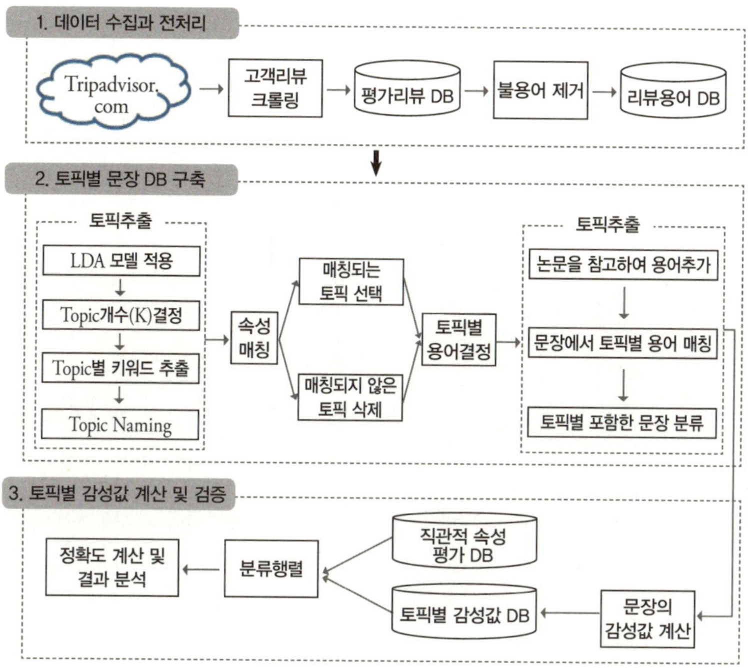

출처: 홍태호 등, 2018

토픽별 감성분석 과정은 다음과 같다. 먼저, 수집된 각 리뷰를 문장으로 나누고 추출된 토픽별 키워드를 포함한 문장을 토픽별 문장으로 분류한다. 아래 그림에서 볼드체로 표시된 단어들은 추출된 토픽별 키워드이다. 다음으로 토픽별 문장에 대해 어휘기반 접근법을 이용하여 감성분석을 진행한다. 수집한 데이터 중에서 47번째 리뷰에 대해 토픽별 감성분석 과정을 설계한 것으로, 예를 들어 토픽별 키워드와 대응시시켜 토픽 room과 관련된 문장들이 8번째, 9번째이며, 문장들의 감성분석 결과는 고객이 호텔의 room에 대해 평가할 때 가지고 있는 감성이다. 결과를 보면 room에 대한 감성분석 결과는 부정적이라 할 수 있다. 그 외에 service, value, location, sleep quality, cleanliness에 대한 감성분석 또한 같은 과정으로 진행되었다. 이렇게 각 리뷰에 대해 문장 분류와 감성분석 과정을 반복적으로 진행하여 토픽별 감성분석 결과를 얻을 수 있었다.

〈그림 11〉 리뷰에서 문장 분류와 감성분석 과정

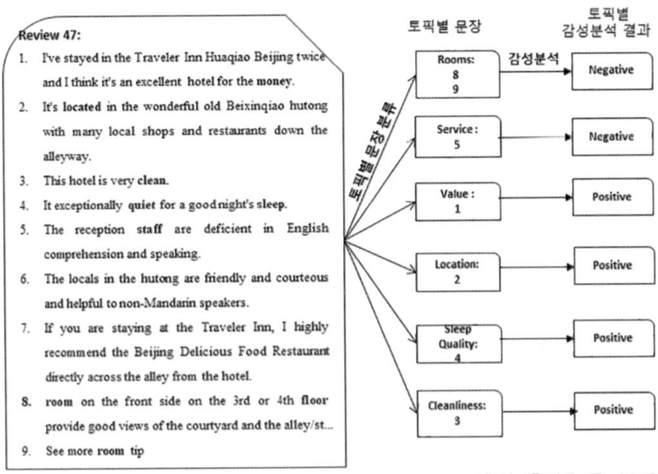

출처: 홍태호 등, 2018

〈표 7〉 토픽별 감성분석 검증 결과

Dimention	Accuracy	Precision	Recall	F-1
rooms	93.72%	96.87%	96.48%	96.68%
service	96.37%	98.07%	97.12%	97.59%
value	96.37%	93.52%	94.99%	94.25%
location	93.70%	95.17%	98.34%	96.73%
sleepquality	82.91%	84.91%	96.56%	90.36%
cleanliness	95.83%	98.54%	97.54%	97.84%

출처: 홍태호 등, 2018

이 연구는 비구조적인 문서에서 단어들 간 관련성에 따라 분류하는 확률 모델인 Latent Dirichlet Allocation(LDA) 모델을 사용해 고객들이 직접 방문했던 호텔에 남긴 리뷰 데이터를 대상으로 토픽을 추출하여 분석을 진행했다. 또한, 연구모형의 성능을 검증하기 위해 추출한 토픽들은 리뷰별로 토픽별 감성분석을 실시했다.

2-2 지능형 추천시스템을 이용한 스마트 관광[1]

추천시스템(Recommender System)은 전자상거래 사이트의 사용자가 구매할 가능성이 높은 상품을 찾아 Top-N 항목의 리스트를 구성하여

1 본 내용은 이륜경 등 (2019)의 "딥러닝을 이용한 온라인 리뷰 기반 다속성별 추천 모형 개발" 에 기반하여 재구성했다.

사용자의 의사결정에 도움을 줄 수 있는 데이터 분석 기술이다. 이러한 추천시스템에서는 인구학적 데이터나 전반적으로 많이 팔린 상품, 과거의 사용자가 구매한 내역에 대한 패턴 정보를 바탕으로 사용자의 선호도나 성향을 파악하여 사용자가 미래에 구매할 상품을 예상하고 추천한다. 추천시스템에 적용되는 대표적인 알고리즘은 콘텐츠 기반 필터링(Content Based Filtering: CBF)과 협업필터링(Collaborative Filtering: CF)으로 구성된다. 콘텐츠 기반 필터링은 사용자가 관심을 가지는 콘텐츠와 상품에 포함된 콘텐츠를 비교하여 추천하는 알고리즘이다. 이러한 콘텐츠 기반 필터링은 타 사용자 및 소비자의 선호도에 대한 정보를 사용하는 대신 콘텐츠 자체의 정보를 사용하여 사용자에게 추천한다. 반면, 협업필터링은 상품에 대한 평점과 같은 평가 데이터를 수집하여, 해당 프로파일을 바탕으로 사용자들의 유사한 패턴을 찾아 상품을 추천한다. 이는 한 고객이 과거에 하나의 상품에 대하여 만족했다면 미래에도 해당 상품에 대하여 만족하는 경향이 있다는 가정을 내포하고 있다. 즉, 유사한 상품을 선호하는 사용자들은 유사한 성향을 가지고 있을 것이라는 추측을 바탕으로 구성된 알고리즘이다. 이러한 협업필터링은 추천 시스템의 알고리즘 중에서 가장 성공적이며 보편적인 추천 기법으로 알려져 있다.

협업필터링은 메모리 기반 협업필터링(Memory-Based Collaborative Filtering)과 모델 기반 협업필터링(Model-Based Collaborative Filtering), 하이브리드 협업필터링(Hybrid Collaborative Filtering)으로 구성된다. 메모리 기반 협업필터링은 사용자와 상품에 대한 데이터를 이용하여 유사한 선호도를 가진 사용자들을 식별함으로써 새로운 추천 상품을 예측한다. 메모리 기반 협업필터링은 새롭게 생성된 데이터를 쉽게 추가할 수 있으며 구현이 비교적 간단하다는 장점이 있지만, 협업필터링에서 잘 알려진 데이터 희박성(Data Sparsity) 문제로 인해 성능이 감소한다는 단점을 가지고 있다. 이러한 메모리 기반 협업필터링은 흔히 사용자 기반 협업필터링(user-based Collaborative Filtering)과 아이템 기반 협업필터링(Item-based Collaborative Filtering)의 두 가지로 나뉜다. 사용자 기반 협업필터링은 사용자와 유사한 사용자들의 데이터를 바탕으로 대상 사용자가 좋아할 상품을 찾아 추천해주는 방법이다. 반면에 아이템 기반 협업필터링은 사용자가 이전에 구매했거나 관심을 가진 상품을 바탕으로 유사한 상품을 찾아 추천해주는 방법이다. 모델 기반 협업필터링은 베이지안 네트워크(Baysian belief nets) 등과 같은 머신러닝 알고리즘 및 군집화(clustering) 등과 같은 데이터마이닝 알고리즘을 이용하여 추천 상품을 예측하는 알고리즘이다. 해당 협업필터링은 사용자와 상품에 대한 데이터를 이용한 학습 데이터를 바탕으로 모형을 개발한다. 해당 모형을 통해 복잡한 패턴을 파악해 실제 데이터나 테스트 데이터로 협업필터링을 수행함으로써 추천 항목 및 평점을 예측할 수 있다. 이러한 모델 기반 협업필터링 알고리즘은 협업필터링의 데이터 희소성 문제성과 확장성 문제에 대해 효과적으로 해결이 가능하며, 예측 성능이 향상된다는 장점을 가지고 있다. 하지만 구현이 용이한 메모리 기반 협업필터링과 달리 모델을 개발함에 비용이 많이 발생하며, SVD(Singular Value Decomposition)나 PCA(Principal Component Analysis)와 같은 차원축소 방법을 이용하여 구현할 경우 데이터가 가지고 있는 유용한 정보를 잃을 가능성이 높다는 단점이 있다. 하이브리드 협업필터링은 추천이나 예측을 위해 추천 기법과 협업필터링 기법을 합친 것을 나타내며 여기에서 의미하는 추천 기법은 전형적으로 콘텐츠 기반의 협업필터링을 말한다.

〈표 8〉 협업필터링 종류 및 기술

종류	기술	장점	단점
메모리 기반 협업 필터링	▪이웃 기반(Neighbor-based) ▪아이템/사용자 기반 top-N 추천	▪구현이 쉬움 ▪새로운 데이터를 쉽게 추가 가능 ▪추천 항목의 내용을 고려할 필요가 없음 ▪공동 항목 평가	▪사람이 평가한 평점에 의존 ▪데이터 희소성으로 인한 성능 감소 ▪새로운 사용자 및 상품에 추천 불가 ▪대규모 데이터에 대한 확장성이 제한적
모델 기반 협업필터링	▪베이지안 (Baysian belief nets) ▪클러스터링(Clustering) ▪MDP 기반(MDB-Based) ▪잠재시맨틱(Latent sementic) ▪희소 요인 분석(sparse factor-analysis) ▪차원 축소(Dimensionality-reduction) 방법을 이용한 협업필터링	▪데이터 희소성이나 확장성 문제를 효과적으로 해결 가능 ▪예측 성능이 향상됨 ▪추천 사항에 대한 근거 제시 가능	▪모델 개발에 많은 비용이 발생 ▪예측 성능과 확장성 사이에서 trade off 관계를 가짐 ▪차원 축소 기술에 있어 유용한 정보를 잃을 수 있음
하이브리드 협업필터링	▪콘텐츠 기반(content-based) 협업필터링 추천 ▪콘텐츠 부스트(content-boosted) ▪메모리 기반과 모델 기반 협업필터링을 합친 하이브리드 협업필터링	▪콘텐츠 기반 혹은 추천 협업필터링의 한계를 극복 가능 ▪예측 성능이 향상됨 ▪데이터 희소성이나 Gray sheep과 같은 문제 해결 가능	▪모델 구현에 있어 복잡성과 비용이 증가함 ▪일반적으로 사용할 수 없는 외부 정보가 필요함

출처: Su & Khoshgoftaar, 2009

하이브리드 협업필터링은 콘텐츠 기반 필터링이나 협업필터링의 한계를 극복할 수 있으며 예측 성능을 증가시킬 수 있다. 또한, 데이터 희소성 및 상품 및 타 사용자에 대하여 긍정적이지도 부정적이지도 않은 Gray sheep 문제 해결이 가능하다. 하지만 모델 기반 협업필터링과 같이 모델 구현에 있어 비용이 많이 들고 복잡하다는 단점이 있다.

대부분의 추천시스템은 사용자가 선호하는 상품을 추론하기 위해 사용자가 제공한 평점을 이용한다. 정량적 데이터인 평점은 상품에 대한 사용자의 선호도를 의미하지만 사용자의 실제적인 선호도를 전체적으로 반영한다고 보기는 어렵다. 따라서 추천시스템은 상품에 대한 사용자들의 만족 및 불만족 정보가 존재하는 리뷰를 활용하여 개발되고 있으며, 리뷰는 상품에 대한 고객의 생각이나 선호도, 신뢰 가능한 정보를 가지고 있어 추천시스템에서 유용하게 활용될 수 있다. 또한 리뷰는 사용자들로부터 작성된 상품의 속성이나 만족도에 대한 구체적인 정보를 포함하기도 한다. 상품의 속성이란 고객이 상품을 구매함에 있어 효과적으로 의사결정을 진행하도록 도움을 주는 요인으로, 상품의 가격이나 품질, 서비스 등을 의미한다. 이러한 다양한 속성에 대한 평점 및 정보, 선호도를 추천시스템에서 활용할 경우, 정확한 추천 정보를 제공할 수 있게 된다.

가. 텍스트 기반 추천시스템

텍스트 마이닝(Text Mining)은 텍스트 형태의 자연어에서 의미있는 정보를 얻을 수 있는 새로운 분야이다. 즉 많은 양의 텍스트 형태의 자연어를 분석하고 어휘나 언어 사용 패턴을 발견함으로써 유용한 정보를 추출할 수 있다. 그리고 텍스트는 정보를 전달하거나 표현하는 수단이지만 비구조적이며 정형적이지 않아 알고리즘으로 처리하기 쉽지 않다는 특징이 있다.

온라인 리뷰에는 텍스트나 이미지 등 유형의 콘텐츠가 포함되어 있으며, 특히나 텍스트 데이터는 리뷰에 있어 흔한 유형의 콘텐츠이다. 이러한 사용자가 생성한 리뷰(User-generated Review)는 상품에 대한 생각 및 지식을 공유하고 의견을 표출할 수 있는 중요한 매개체이다. 그리고 사용자들은 리뷰를 통해 사용 경험에 대한 후기 및 상품에 대해 만족하거나 만족하지 않는 이유를 설명한다. 이러한 온라인 리뷰는 상품을 구매할 사용자의 구매 결정이나 매출에 영향을 미치는 요인으로 중요성이 증가하고 있다. 이러한 리뷰는 신뢰할 수 있는 상품에 대한 사용자의 생각과 상품에 대한 정보를 상세하게 포함하고 있어 추천시스템에 유용할 수 있다(전병국, 안현철, 2015). 그리고 리뷰를 활용하여 추천시스템을 개발할 경우, 상품에 대한 평점 정확도를 높일 수 있으며 사용하고 있는 알고리즘을 개선시킬 수 있다.

나. 다속성 기반 추천시스템

상품에는 속성이나 상품의 속성을 나타내는 기준이 존재하며 이러한 기준을 바탕으로 사용자의 선호도를 측정할 수 있다(구민정, 안현철, 2018). 상품의 속성이나 기준을 바탕으로 구성된 다속성 기반 추천시스템은 상품의 여러 가지 속성 및 측면, 상품의 구성요소에 대해 사용자 선호도 정보를 제공하며 단일 평점을 이용한 추천시스템과 같이 각 사용자에게 유용한 상품을 찾는 것을 목표로 한다. 단일 평점은 상품에 대한 사용자의 선호도와 관련한 정보를 제공하지만 구체적인 상품 속성에 대한 사용자의 선호도에 대해서는 알아내기 힘들다. 하지만 상품의 속성에 대한 세부적인 평가 정보를 활용할 시, 사용자가 상품을 좋아하는 구체적인 이유에 대하여 알아낼 수 있다. 그리고 추천 시스템에서 상품의 다양한 속성 정보를 고려할 경우, 상품 및 사용자에 대한 풍부한 정보를 활용가능하다는 특징이 있어 속성별 평점 및 정보를 추가적인 정보로 사용할 경우 추천 정확도를 향상시킬 수 있고, 상품의 속성에 따른 사용자의 선호도를 고려하여 정확한 추천 정보를 사용자에게 제공할 수 있다.

〈표 9〉 다속성별 온라인 리뷰기반 추천모형의 성과 비교

종류	총 평점 기반 모형		속성별 분류 모형	
성과지표	K-NN	RBM	K-NN	RBM
RMSE	0.199	0.158	0.179	0.09
MAE	0.121	0.096	0.108	0.068
MAPE	16.9%	8.5%	14.7%	6.6%

출처: 이륜경 외, 2019

속성별 모형이 추천 기법에 따라 총 평점 기반의 모형에 비하여 향상된 성과를 보이는 것을 확인했다. 각 추천 기법과 관련하여, 딥러닝

기법인 RBM을 이용한 모형의 성능이 가장 뛰어나는 것을 확인했다. 총 평점 기반의 모형의 경우, K-NN과 SVD를 사용했을 때 오류율이 각각 16.9%, 16.4%가 나오는 반면, RBM을 이용했을 경우, 오류율이 8.5%로 줄어드는 것을 확인했다. 그리고 본 연구에서 제안하는 속성별 분류 모형에서도 타 추천 기법에 비하여 가장 좋은 성능을 가지는 것을 확인했다. 속성별 분류 모형에 K-NN 는 오류율이 14.5%로 나타나지만 RBM을 이용했을 경우, 6.6%로 가장 낮게 나타나는 것을 확인했다.

〈표 10〉 속성별로 분류된 리뷰 결과(예시)

전체 리뷰	속성	분류된 리뷰
Very small bistro nearby my hotel. excellent food and service. Typical French cooking. The owner is the host and is very attentive to his guests. Prices are reasonable.	음식(food)	excellent food and service. Typical French cooking.
	분위기(atmosphere)	–
	서비스(service)	excellent food and service. The owner is the host and is very attentive to his guests.
	가격(price)	Prices are reasonable.
	위생(cleanliness)	
	위치(location)	Very small bistro nearby my hotel.

출처: 이륜경 외, 2019

이 연구는 총 2000개의 레스토랑의 리뷰를 수집하여, 리뷰로부터 음식, 분위기, 서비스, 가격, 위생, 위치에 대해 속성을 추출한다. 그리고 각 속성에 대한 평점을 이용하여 속성별 레스토랑 추천을 수행한다.

예를들어, 한 사용자가 A라는 레스토랑에 대해 총 6가지의 레스토랑 속성 중 '음식', '서비스', '가격', '위치'의 4가지 속성에 대해서만 리뷰를 작성했고, 해당 레스토랑에 대하여 4점을 부여했다. 이는 사용자가 '음식'+'서비스'+'가격'+'위치'의 속성에 대해 평점 4점을 부여했다고 볼 수 있으며, 4가지의 같은 속성에 대해서 리뷰를 작성한 타 사용자들끼리 추천을 수행한다. 이처럼 총 6가지의 레스토랑 속성을 바탕으로 총 63개의 속성 조합을 구성할 수 있다.

$$_6C_1 + {}_6C_2 + {}_6C_3 + {}_6C_4 + {}_6C_5 + {}_6C_6 = 63$$

이 연구에서는 총 평점 기반 모형과 속성별 분류 모형을 구성했으며, 해당 모형을 구축함에서 KNN, RBM을 적용했다. RBM(Restrict Boltzmann Machine)은 2개의 층으로 구성된 딥러닝 기반의 비지도 학습 모형으로, 부작위로 구성된 변수간의 종속성을 구조화하여 표현하는 강력한 도구로써 최근에는 인공지능, 기계학습, 분류, 협업필터링 등에서 많이 사용되고 있다(Zhang et al., 2018). 해당 연구에서는 추천 모형을 구축함에서 RBM이 적합한 것을 확인했다. 그리고 총 평점을 사용하여 추천 모형을 구현하는 것보다 리뷰를 각 속성별로 분류하여 활용한 속성별 분류 모형이 좋은 성과를 나타내고 활용성이 좋은 것을 발견했다.

3. 제언

빅데이터가 생성되는 것은 전 세계 모두의 공통된 추세다. 그럼에도 생성된 빅데이터를 어떻게 활용하는가는 전혀 다른 문제이다. 그 중에서 가장 중요한 것은 생성된 빅데이터를 저장하고 공유할 수 있어야 한다. 빅데이터의 활용은 특정 센터나 조직이 관리할 수 있는 한계를 넘어선 분야이다. 전 세계 빅데이터를 연구하는 집단지성(collective Intelligence)을 활용하여야 하며, 그러기 위해서는 더욱 체계적이고 공개적인 빅데이터 클라우드 플랫폼을 구축해야 한다. 스마트 관광 도시로 발전하기 위한 가장 첫 번째 관문은 '스마트 관광 빅데이터 클라우드 플랫폼'의 구축이다. 전 세계적으로 인공지능 또는 빅데이터 분석을 위한 플랫폼은 신도 IT 기업들이 주도권을 삽기 위해 지열하게 발전하고 있다. 마찬가지로 빅데이터를 플랫폼에 모으는 노력 또한 많은 성과를 내고 있다.

스마트 관광을 활성화하기 위해서는 일반적인 빅데이터 분석 플랫폼의 발전보다는 스마트 관광 빅데이터 클라우드 플랫폼의 구축이 필요하다. 그리고 이 플랫폼을 기반으로 많은 연구들이 시도되면서, 우리 도시들이 스마트 관광 도시로 변모하게 될 것이다. 더불어 이 플랫폼을 통해서 관광 정책 입안자, 관광업 종사자, 빅데티어 분석가, 소프트웨어 개발자 등이 활발하게 활동할 수 있는 있게 되면 스마트 관광 도시는 더 빠르게 구축될 수 있을 것이다.

VIII

스마트 관광 도시의 경제성 평가

정 남 호 (경희대학교 호텔경영학과)

1. 스마트 관광 도시의 경제적 필요성

1-1 4차 산업혁명의 등장

2016년의 세계경제포럼(World Economic Forum:WEF)인 다보스포럼의 주요 논의 과제는 '4차 산업혁명'이었다. 이 포럼에서는 4차 산업혁명을 '3차 산업혁명을 기반으로 한 디지털, 물리학, 바이오 분야의 융합'이라고 설명했다. 1차 혁명은 기계화였으며 2차 산업혁명은 대량생산체제, 3차 산업혁명은 정보기술을 이용한 자동화체제, 4차 산업혁명은 디지털 혁명으로써 그 주된 특징인 산업간 융합으로 인해 창조된 새로운 결과물이라고 할 수 있다. 3차 산업혁명 때는 정보기술을 기반으로 한 지식정보의 사회로, 정보 확산과 무형의 지식이 빠르게 전달되고 공유되는 것이 중심이었지만 4차 혁명은 그 중심에 정보통신기술을 통한 사물들의 지능성(Intelligence)과 초연결성(Super Connected)이 있다〈그림 1〉 참조. 그 예로 바이오 기술, 인공지능, 3D프린팅, 사물인터넷(Internet of Things; IoT) 등의 융합 서비스가 있는데, 우리 사회는 스마트폰 시대에 맞게 빌딩, 홈 인텔리전트와 생활가전 지능형 기기의 연결, 자동차 및 에너지 분야의 연결, 삶과 관련한 개인 건강 관련 데이터의 생성과 분석, 그리고 O2O(Online to Offline)의 최적화된 쇼핑 방식이 플랫폼 안에서 연결되어 지능적인 사회로 발전하고 있다. IoT와 인공지능의 결합으로 단순한 물리적 통합 시스템을 뛰어넘어 보다 스마트한 방식으로 구축 운영될 수 있을 것이다.

<그림 1> 4차 산업혁명의 등장

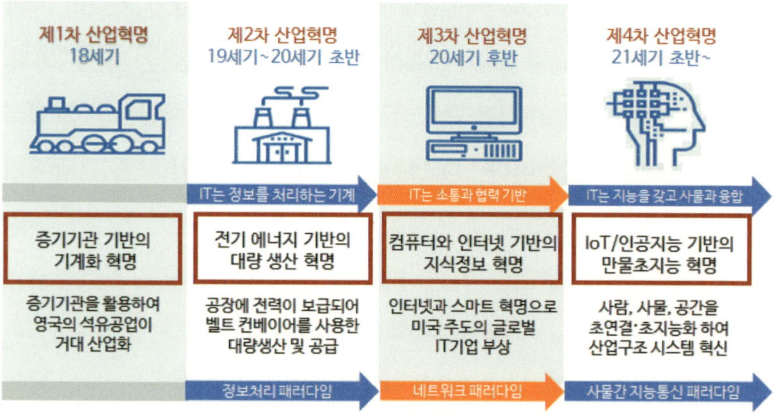

1-2 4차 산업혁명과 스마트 관광

초기의 스마트 관광 개념은 스마트폰을 중심으로 관광객의 현재 상황(관광 위치, 시간, 예산 등)에 맞춘 실시간 관광 정보와 위치 정보를 기반으로 관광객들에게 효과적인 맞춤형 관광 서비스를 경험하게 하는 것이었다. 그러나 4차 산업혁명을 접목시키면서 인간의 서비스를 대체시킬 수 있는 로봇과 정보기술 그리고 센서 기반과 네트워크 연결의 사물인터넷으로 관광산업의 적용 분야를 확대할 필요가 있음을 지적하고 있다. 따라서 스마트한 도시기반에 관광 참여자 간의 공유가치를 형성하고 상호이익을 충분히 얻을 수 있고 기존 관광 방식을 새롭게 하는 방식과 충분한 지능화된 관광 서비스를 제공하는 방식으로 확대되는 것이 스마트 관광이라고 확장하여 정의내리고 있다. 결과적으로 이러한 스마트 관광의 개념과 정의는 단순히 정보기술을 적용한 스마트폰과 다양한 사용자 맞춤형 서비스 그리고 소셜 네트워크 서비스(SNS: Social Network Service)의 콘텐츠 생성과 공유가 아니라 스마트 도시기반의 시민과 스마트 도시 목적지의 관광 사용자의 경험(User Experience)에 중요한 초점을 두고 글로벌하게 개념이 확장되고 발전되고 있는 추세라는 것이다. 〈표 1〉에는 스마트 관광이 기존 관광과의 차이점을 설명하고 있다.

〈표 1〉 스마트 관광의 차별점

차원	3차 산업혁명 시대의 e-Tourism	4차 산업혁명 시대의 스마트관광
영역	온라인	온라인과 오프라인의 연결
핵심기술	인터넷 웹사이트	센서기반의 지능성과 초연결성
여행단계	여행 전, 여행 후	여행의 모든 단계
핵심요소	정보	빅 데이터 기반의 지식과 지혜
패러다임	상호작용	협업, 가치창출
구조	가치사슬(Value-Chain)	생태계(Eco-system)
거래주체	B2B, B2C, C2C	기업, 공공, 주민, 관광객 등 모든 참여자

1-3 스마트 관광 도시의 구성요소와 경제적 가치창출

스마트 관광의 기반이 되는 곳이 스마트 관광 도시이며, 스마트 관광을 할 수 있는 환경과 생태계나 시스템이 구축되어 있는 곳이 스마트 관광 도시라고 할 수 있다. 즉, 스마트 관광에 필요한 기술들이 하나의 시스템과 생태계로 자리 잡아 다양한 산업 분야와 융합하여 시너지를 창출하고 이를 통해 관광객들의 관광 경험의 질을 높이고 효율적이고 효과적인 관광 서비스를 제공하는 도시가 스마트 관광 도시라고 할 수 있다. 스마트관광연구소가 정의한 스마트 관광 도시의 구성요소는 GUEST라고 정의할 수 있다. GUEST의 의미는 〈그림 2〉와 같다.

〈그림 2〉 스마트 관광 도시의 구성요소

GUEST는 스마트 관광 도시의 5가지 핵심 트렌드의 키워드로 Governance(거버넌스)는 도시의 발전을 이끄는 전략, 성과측정, 제도/규제 정비 등 촉매제 역할을 의미하고, Urban Openness(도시 개방성)는 다양한 오픈데이터를 활용하여 새로운 서비스를 이끌어내는 4차 산업혁명 시대의 핵심자원을 의미한다. Eco-system(생태계)은 도시의 발전을 유도하기 위해 다양한 이해관계자인 정부, 기업, 주민들의 참여를 이끌어내는 환경이며, Sustainability(지속가능성)는 스마트 도시 생태계가 미래에도 유지될 수 있는 제반 능력을 의미하고, Technology(기술)는 IoT, 빅데이터, 인공지능 등 4차 산업혁명을 선도하는 다양한 신기술을 기반으로 도시의 난제를 해결할 수 있음을 의미한다. 한편, 스

마트 관광 도시가 관광객을 지원하기 위해서는 GUEST와 더불어 6A가 필요하다. 6A는 〈표 2〉와 같이 정리할 수 있다.

〈표 2〉 스마트 관광 도시의 6A

요소	예시
Attraction (관광매력물)	자연(폭포, 산 등), 인공(테마파크 등), 문화(페스티벌 등)
Accessibility (접근성)	도로, 터미널, 공공운송과 같은 교통시스템
Amenity (관광편의시설)	체재를 촉진하는 서비스, 숙박, 요식업, 레저활동
Available Package (가용한 패키지)	관광객의 주의를 끌기위한 중개자 (관광안내소 등)
Activity (관광활동)	관광객 방문을 특정 장소로 유도하는 것 (레저, MICE 등)
Ancillary Services (부수적 서비스)	관광객이 필요로 하는 부수적인 것 (은행, 병원, 우체국 등)

출처: Buhalis & Amaranggana, 2014

이러한 6A는 여행의 3단계인 여행 전, 여행 중, 그리고 여행 후에서 〈표 3〉과 같은 서비스로 구체화하여 생각해볼 수 있다. 이 때 스마트 관광 도시에서 제공되어야 할 서비스가 같이 제시되어 있다. 예를 들어, 스마트 관광 도시에서는 관광매력물(Attraction)과 관련하여 여행 전에는 명소 추천서비스나 정보탐색기 등이 제공되어야 하고, 여행 중에는 디지털 지도를 통해 가치를 제공하고 실시간 정보를 제공해야 한다는 것이다. 또한, 여행 후에는 플랫폼을 공유하여 뉴스를 업데이트하고 또 다른 여행을 하도록 추천시스템이 제공되어야 함을 나타내고 있다.

〈표 3〉 스마트 관광 도시 6A와 여행단계별 서비스

6A 차원	여행단계			스마트 관광기술
	여행 전	여행 중	여행 후	
관광 매력물	- 명소 추천시스템 제공 - 정보 탐색기 제공	- 디지털 지도를 통한 가치제공 - 실시간 정보 제공	- 플랫폼 공유 - 뉴스 업데이트 - 추천시스템	- NFC, 비컨 등 - 패턴인식 - 자연어 처리 기술
교통	- 운행간격, 유형, 요금 정보 제공 - 추천 루트 제공 - 시간절감(예약 및 체크인) 기능 제공	- 실시간 스케쥴링 - 개인화된 정보 - 다용도 교통카드 제공	- 피드백 - 프로모션 업데이트 - 수하물 추적	- 인공지능 - 무인자동차
관광 편의시설	- 위치, 리뷰, 숙박시설, 가격, 주변 정보 제공 - 시간절감(예약 및 체크인) 기능 제공 - 맞춤화된 환영 메시지	- 개인화된 환영 메시지 - 고객의 선호도 인식 - 개인화된 고객 서비스 제공 - 고객서비스를 위한 객실 콘트롤	- 피드백 - 프로모션 제공 - 고객연결 유지 - 사후 고객 서비스 제공	- APP - 빅데이터 - 사물인터넷
가용한 패키지	- 관광 안내물 온라인 제공	- 관광지 관광안내소 배치 - 예약 및 정보 제공	- 사후 고객서비스 제공	- APP - 로봇 - AR/VR
관광활동	- 관광정보 제공	- 네비게이션 기능 제공 - 즉각적인 변화 정보 제공 - 개인화된 서비스 제공	- 프로모션 제공 - 사후 고객서비스 제공	- AR/VR - 빅데이터
부수적 서비스	- 정보제공	- 정확한 위치 정보 제공 - 휴일 및 근무시간 정보 제공	- 피드백 - 프로모션 제공	- APP

그런데, 스마트 관광 도시는 스마트 관광 생태계의 관점에서 공유가치 창출과 연계하여 생각할 수 있다. 주민, 관광기업, 결제기업, 공공기관, 정부는 스마트 관광 생태계에서 중추적인 역할을 수행하는 구성원이자 이해관계자들이다. 스마트 관광 도시는 산업계에서 흔히 말하는 클러스터(Cluster)의 개념과 비슷한 맥락으로 설명할 수 있는데, 클러스터라는 것은 원래 기업이 성공하기 위해 자원과 관련 업체가 지리적 위치를 기반으로 결합되어 있는 것이다. 따라서, 스마트 관광 도시를 클러스터의 관점에서 보면 해당 지역을 중심으로 이해관계자들이 결합되어 상호 보완적인 관계에서 가치를 창출하는 구조를 갖고 있다는 것이다. 이때 가치 창출은 어느 한 부문의 노력으로 가능한

것이 아니라 이해관계자들의 협업, 참여, 공유 속에서 이루어진다는 측면에서 공유가치 할 수 있다. 〈그림 3〉은 이러한 스마트 관광 도시의 공유가치 창출 과정을 도식화한 것이다.

〈그림 3〉 스마트 관광 도시의 공유가치 창출 모형

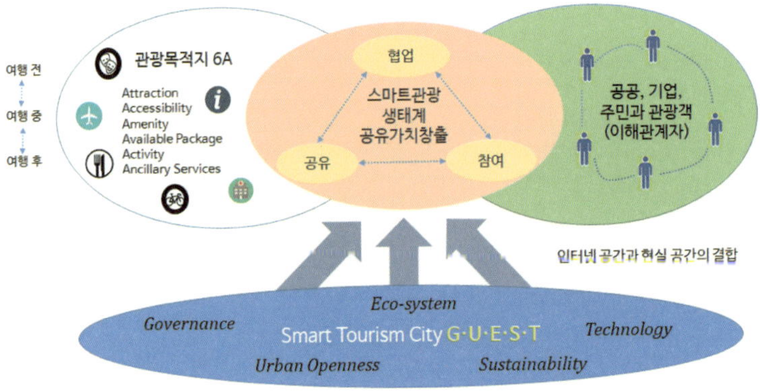

이와 같이 스마트 관광 도시는 생태계적 관점에서 스마트 관광의 개념을 도시에 적용한 개념으로(Koo et al., 2017), 공유가치를 창출함으로써 현재 여러 도시들이 당면하고 있는 상반된 문제점들(예: 거주민의 삶의 질, 과잉 관광과 인구 소멸)에 대한 해결책으로 각광받고 있다(정남호, 2016; 정희정 등, 2017). 공유가치 창출이란 "기업의 경쟁 우위를 강화함과 동시에 공동체의 사회적, 경제적 조건을 함께 증진시키는 기업의 운영 방침 혹은 정책(p. 6)"을 의미한다 (Porter & Kramer, 2011). 즉, 기업이 경제적 가치와 사회적 가치를 모두 충족시킬 수 있는 방향으로 운

영 방향을 설정하고, 행동하는 것의 중요성을 강조한다. 이러한 공유 가치 창출 개념을 토대로 스마트 관광 생태계가 달성할 수 있는 공유 가치는 "정보통신기술이 선도하는 4차 산업혁명과 공정한 시장 질서를 기반으로 스마트 관광 생태계를 구성하는 모든 이해관계자들이 주민과 함께 좋은 일자리 창출, 혁신성장 및 지역경제 활성화를 이룩하고, 그 가치를 공유하는 활동"(정희정 등, 2017, p. 172)으로 정의할 수 있다. 즉, 스마트 관광 도시에서 공유가치 창출은 생태계 구성 요소들이 경제적, 사회적 가치를 달성하고 그 성과를 공유하는 것이다. 결국 스마트 관광 도시에서의 경제적 가치 창출은 단독으로 나타나는 것이 아니라 이해관계자들이 서로 협업하고 참여하고 공유하는 포용적인 관점(Inclusive Perspective)에서 발생한다는 점이 흥미로운 사실이다. 이런 점에서 스마트 관광 도시가 포용적 혁신의 플랫폼(Inclusive Innovation Platform)으로 간주될 수 있는 것이다.

2. 스마트 관광 도시의 경제적 파급효과[1]

국내에서는 서울시와 부산시가 스마트 관광 도시를 표방하고 있다. 특히, 부산시는 2015년부터 현재까지 스마트 도시 시범 구역으로 지정되어, 정부 기관과 민간 사업자의 협력과 사물 인터넷 도입으로 인한 관광 인프라 수준 향상을 목표로 스마트 도시 플랫폼을 구축하고,

1 본 내용은 이현애 등 (2019)의 "스마트 관광 도시 부산의 지역 내 · 외적 경제적 파급효과: 지역 간 산업연관모델을 이용하여" 연구에 기반하여 재구성한 것이다.

해운대 해수욕장 등에서 오버투어리즘(Overtourism)[2]으로 인해 발생하는 문제점들을 해결했다고 보고하고 있다. 2017년에는 '소통과 협치로 시민이 행복한 스마트 도시 실현'이라는 정책 목표를 기반으로 본격적인 스마트 도시가 추진되었으며, 종래 해운대구에만 구축되어 있던 플랫폼을 부산 전체에 적용했다고 있다〈〈그림 4〉 참조〉. 그런데, 많은 지자체들이 스마트 도시나 스마트 관광 도시를 지향하고 있으나 왜 지향해야 하는지에 대해서는 구체적인 근거를 제시하고 있지 못하다. 스마트 관광 도시는 지역주민의 안전 및 관광객들과 지역주민이 자연스럽게 어우러져 해당 지역의 경제적 발전이 주요 목적이다. 따라서, 스마트 관광 도시가 해당 지역과 인근 지역에 어떠한 경제적 파급효과를 미치고 있는지 살펴보면 스마트 관광 도시의 필요성을 더욱 명확히 할 수 있다.

2 지나치게 많다는 뜻의 'Over'와 관광을 뜻하는 'Tourism'이 결합된 말로, 수용력을 넘어서는 관광객이 몰려들어 관광객이 도시를 점령하게 되고 관광지 주민들의 삶을 침범하는 현상을 말한다. 관광객이 너무 많이 몰려들게 되면 그 관광지는 환경 생태계 파괴, 교통대란, 주거난, 소음공해 등의 여러 부작용이 발생하게 되며 급기야 원주민이 다른 곳으로 이전하게 되는 '젠트리피케이션(Gentrification)'이 발생한다. '과잉관광'이라고도 한다.

〈그림 4〉 부산 스마트 도시 체험관 구성 개요

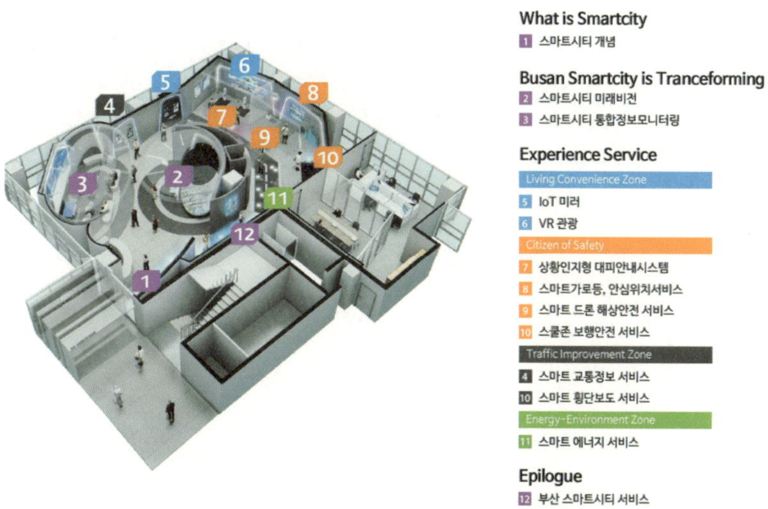

출처: 부산 스마트 도시 체험관

관광 분야에서는 관광 목적지에 대형 박람회나 축제와 같은 대규모 이벤트가 있으면 산업연관모형(Inter-Regional Input-Output Model, IRIO)을 이용하여 해당 이벤트의 경제적 파급 효과를 측정한다. 일례로 〈그림 5〉의 2012년 여수 세계 박람회와 같은 경우에는 생산유발 효과가 10조원을 넘고 부가가치 창출 효과도 4조원에 이르며 관련해 일자리 역시 9만명에 달할 것으로 예측한 바 있다.

<그림 5> 여수 세계 박람회

출처: 2012 여수 세계 박람회재단

이 예측이 얼마나 정확했는지도 중요하지만 더 중요한 사실은 이러한 대규모 이벤트가 경제적 파급효과를 유발한다는 것이다. 스마트 관광 도시는 박람회나 축제와 같은 이벤트는 아니지만 스마트한 도시를 구축하기 위해 많은 시설과 장비, 그리고 비용이 투입된다는 점에서 대규모 이벤트와 매우 흡사하다. 따라서, 스마트 관광 도시 역시 그 성과 측정에 있어서 경제적 파급 효과를 검토하는 것은 매우 중요하다. 경희대학교 스마트관광연구소에서는 2018년 스마트 관광 도시인 부산을 대상으로 스마트 관광 도시의 경제적 파급 효과를 연구했다. 이 연구의 전체적인 분석체계는 <그림 6>과 같으며 세부적인 내용을 소개하고자 한다.

〈그림 6〉 스마트 관광 도시 경제적 파급효과 분석체계

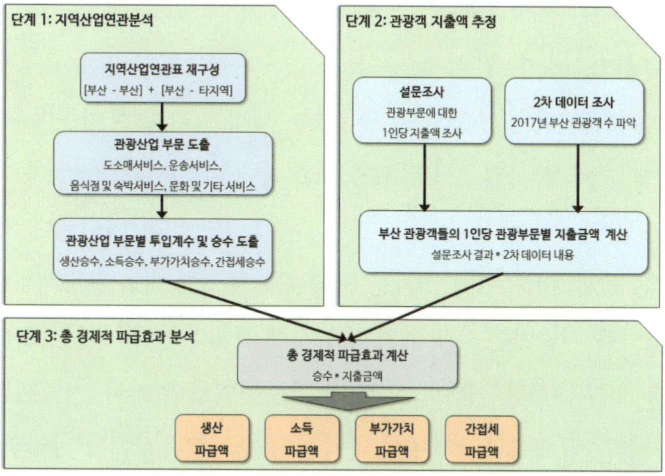

〈그림 6〉을 보면 우선, 1단계에서는 한국은행에서 발간한 '2013 지역산업연관표 통합대분류'를 부산-부산(지역 내)와 부산-타지역(지역 간) 행렬로 재구성한다[3]. 여러개의 산업부문 중에서 관광부문은 도소매

3 국가 경제를 구성하는 산업들은 여러 가지 재화 및 서비스를 구입 · 생산 · 판매하며, 이를 통해 ① 다른 산업의 생산 활동을 위한 원재료 또는 부재료로 활용되거나 ② 국내에서 소비 또는 투자되거나 ③ 해외로 수출된다. 한국은행은 이러한 재화와 서비스가 한 해 동안 생산 또는 처분된 내역을 행렬로 정리한 산업연관표를 주기적으로 정리하고 있으며, 이를 사용하여 산업간 상호연관관계를 수량적으로 파악하는 분석방법을 산업연관분석(Interindustry Analysis) 또는 투입산출분석(Input-Output Analysis)라고 부른다. 산업연관표는 작성 대상 지역에 따라 전국산업연관표와 지역산업연관표로 분류되며, 전국산업연관표는 전국의 산업별 거래 내역을 나타낸 반면, 지역산업연관표는 지역 간 상이한 산업구조와 기술구조, 거래 형태를 반영하기 위해 지역별, 산업별 거래 내역을 나타낸다(한국은행, 2015)

서비스, 운송서비스, 음식점 및 숙박서비스, 문화 및 기타서비스를 관광산업으로 분류한다. 이를 바탕으로 관광산업 부문(도소매 서비스, 운송 서비스, 음식점 및 숙박 서비스, 문화 및 기타서비스)별로 생산승수, 소득승수, 부가가치승수, 간접세승수를 도출한다. 이때, 투입계수는 최종 수요가 지역과 산업 부문으로 파급하는 직접 효과를 보여주며, 생산유발계수는 특정 지역에서의 최종 수요 한 단위가 발생하면 자기 지역과 타 지역에서 생산이 어느 정도 유발되었는지를 나타낸다 (한국은행, 2015). 2단계에서는 설문조사를 통해 관광부문에 대한 관광객들이 1인당 얼마나 지출하는지와 과거 부산시에 관광객이 얼마나 방문했는지를 통해 부산관광객들이 1인당 관광부문별로 얼마나 지출했는지를 계산한다. 끝으로 1단계에서 파악한 승수와 2단계에서 파악한 관광객들의 지출금액을 곱하면 생산 파급액, 소득파급액, 부가가치 파급액, 간접세 파급액 등 총 경제적 파급효과를 분석할 수 있다.

2-1 1단계: 지역산업 연관분석

지역산업 연관분석을 통한 부산시의 30개 산업부문의 승수 도출 결과는 다음 〈표 4〉와 같다. 부산시 관광산업의 생산승수는 음식 및 숙박서비스(2.069)을 제외하고, 전 산업 평균치(1.922) 이하인 것으로 나타나, 전 지역과 전 산업에 유발하는 생산 효과가 상대적으로 낮은 것으로 나타났다.

〈표 4〉 지역 간 산업연관모델의 승수 도출결과

관광활동		생산승수			소득승수			부가가치승수			간접세승수		
		부산	타지역	총계수	부산	타지역	총계수	부산	타지역	총계수	부산	타지역	총계수
1	농림수산품	1.132	0.595	1.727	0.320	0.363	0.683	0.513	0.148	0.661	0.008	0.009	0.017
2	광산품	1.316	0.641	1.957	0.214	0.155	0.369	0.550	0.187	0.737	0.006	0.005	0.011
3	음식료품	1.323	0.988	2.311	0.152	0.274	0.426	0.296	0.337	0.633	0.003	0.006	0.009
4	섬유 및 가죽제품	1.209	0.786	1.995	0.169	0.287	0.456	0.330	0.239	0.569	0.002	0.004	0.006
5	목재 및 종이, 인쇄	1.188	0.826	2.014	0.195	0.250	0.445	0.359	0.262	0.621	0.002	0.003	0.005
6	석탄 및 석유제품	1.167	0.759	1.926	0.081	0.075	0.156	0.142	0.206	0.348	0.002	0.002	0.004
7	화학제품	1.165	0.958	2.123	0.178	0.373	0.551	0.320	0.245	0.565	0.002	0.006	0.008
8	비금속광물제품	1.249	1.097	2.346	0.119	0.544	0.663	0.342	0.331	0.673	0.003	0.014	0.017
9	1차 금속제품	1.216	1.359	2.575	0.100	0.499	0.599	0.245	0.286	0.531	0.002	0.011	0.013
10	금속제품	1.249	1.098	2.347	0.200	0.393	0.593	0.383	0.274	0.657	0.002	0.006	0.008
11	기계 및 장비	1.239	0.962	2.201	0.228	0.376	0.604	0.405	0.259	0.664	0.002	0.004	0.007
12	전기 및 전자기기	1.139	0.827	1.966	0.176	0.305	0.481	0.393	0.233	0.626	0.002	0.004	0.006
13	정밀기기	1.134	0.709	1.843	0.231	0.245	0.476	0.462	0.209	0.671	0.002	0.002	0.004
14	운송장비	1.243	1.209	2.452	0.152	0.457	0.609	0.310	0.334	0.644	0.002	0.006	0.008
15	기타 제조업 제품 및 임가공	1.206	0.829	2.035	0.381	0.462	0.843	0.521	0.242	0.763	0.002	0.003	0.006
16	전력, 가스 및 증기	1.102	0.797	1.899	0.088	0.211	0.299	0.268	0.200	0.468	0.003	0.006	0.009
17	수도, 폐기물 및 재활용서비스	1.299	0.582	1.881	0.273	0.252	0.525	0.602	0.168	0.770	0.004	0.004	0.008
18	건설	1.239	1.044	2.283	0.306	1.340	1.646	0.415	0.305	0.720	0.006	0.031	0.037
19	정보통신 및 방송 서비스	1.342	0.561	1.903	0.249	0.238	0.487	0.584	0.216	0.800	0.006	0.005	0.011
20	금융 및 보험 서비스	1.288	0.359	1.647	0.323	0.352	0.675	0.710	0.141	0.851	0.004	0.004	0.008
21	부동산 및 임대	1.206	0.257	1.463	0.129	0.157	0.286	0.823	0.093	0.916	0.029	0.029	0.058
22	전문, 과학 및 기술 서비스	1.212	0.369	1.581	0.425	0.458	0.883	0.717	0.127	0.844	0.005	0.005	0.009
23	사업지원서비스	1.191	0.346	1.537	0.519	0.513	1.032	0.764	0.114	0.878	0.005	0.004	0.009
24	공공행정 및 국방	1.099	0.189	1.288	0.533	0.577	1.110	0.858	0.063	0.921	0.001	0.001	0.002
25	교육서비스	1.130	0.290	1.420	0.631	0.699	1.330	0.793	0.093	0.886	0.002	0.003	0.006
26	보건 및 사회복지 서비스	1.183	0.552	1.735	0.424	0.576	1.000	0.619	0.175	0.794	0.004	0.005	0.009
27	도소매서비스	1.281	0.387	1.668	0.261	0.455	0.716	0.727	0.133	0.860	0.008	0.010	0.018
28	운송서비스	1.168	0.469	1.637	0.245	0.604	0.849	0.406	0.120	0.526	0.005	0.014	0.019
29	음식점 및 숙박 서비스	1.193	0.876	2.069	0.273	0.511	0.784	0.468	0.283	0.751	0.010	0.014	0.024
30	문화 및 기타 서비스	1.199	0.644	1.843	0.325	0.479	0.804	0.598	0.195	0.793	0.023	0.025	0.047
평균	관광분야	1.210	0.594	1.804	0.276	0.512	0.788	0.550	0.183	0.733	0.012	0.016	0.027
	비관광분야	1.210	0.730	1.941	0.261	0.401	0.663	0.489	0.211	0.700	0.004	0.007	0.011
	전체	1.210	0.712	1.922	0.263	0.416	0.679	0.497	0.207	0.705	0.005	0.008	0.013

반면, 관광산업의 소득승수와 간접세 승수는 모든 분야에서 전 산업의 평균치(0.679, 0.013)이상으로 나타났으며, 부가가치승수는 운송서비스(0.526)을 제외하고, 전 산업 평균치(0.705) 이상으로 나타났다. 이를 통해 부산시의 관광산업은 생산파급효과는 낮지만 고소득, 고부가가치 산업이며 세수 증대에 크게 기여한다는 것을 알 수 있다.

2-2 2단계: 관광객 지출액 추정

2017년 관광을 목적으로 부산을 방문한 관광객 중에 부산시가 스마트 도시 국가 시범 도시로 선정된 스마트 관광 도시인 것을 알고 있는 관광객만을 대상으로 온라인 설문조사를 실시했다. 우리 속담에 '아는 만큼 보인다' 라는 말이 있듯이 사실 아무런 생각없이 부산여행을 다녀오면 어떤 서비스가 스마트 관광 서비스인지 거의 인식하기 어렵다. 그런데 부산이 스마트 관광 기술을 기반으로 다양한 서비스를 한다는 것을 알고 가면 무인 판매대, 지능형 가로등, 부산관광앱 등 다양한 것들이 얼마나 편리한지 깨닫게 될 것이다. 이러한 측면에서 본 연구는 부산이 스마트 관광 도시라는 것을 알고 방문한 관광객만을 대상으로 조사를 한 것이다.

이 자료를 토대로 1인당 지출액을 분석한 결과, 국내 관광객 1인당 숙박비(196,979원) 지출이 가장 높게 나타났으며, 다음으로 식음료비(153,189원), 쇼핑비(110,110원), 교통비(105,068원), 문화오락서비스비(75,913원)의 순으로 나타났다. 이 때 숙박비는 부산에서 숙박을 했다고 응답한 152명의 사람들만의 숙박비를 토대로 산출했다. 이 1인당 지출액을 2017년 한 해 동안 부산을 방문한 국내 관광객 수에 곱하면 국내 관광객들의 총 지출액 추정이 가능하다(이충기 외, 2011). 2017년 한 해 동안 부산을 방문한 국내 관광객 수는 7,878,051명으로 추산되며, 그 중 2,982,662명이 숙박 관광객으로 나타났다(문화체육관광부, 2018). 이를 토대로 1인당 총 지출액은 약 4조 875억 원으로 추정되었다.

2-3 3단계: 총 경제적 파급효과 분석

부산을 방문한 국내 관광객들의 총 지출액이 직·간접 효과를 통해 발생시킨 생산 파급액, 소득 파급액, 부가가치 파급액, 간접세 파급액은 〈그림 7〉과 같다.

〈그림 7〉 부산시 스마트 관광 도시 추진으로 인한 경제적 파급효과

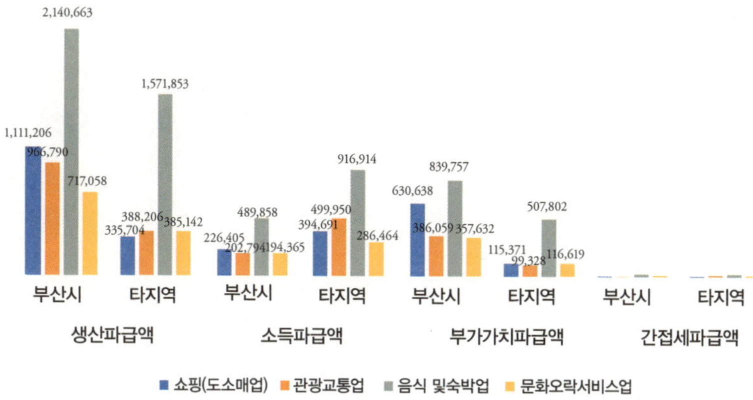

단위: 백만원

우선, 총 생산 파급액은 약 7조 6,166억 원으로 추정되며, 이 중에서 부산시로 파급된 효과는 총 생산 파급액의 64.8%인 4조 9,357억 원으로 추정되었다. 부산시로 파급된 생산 파급효과 중 음식 및 숙박업이 약 2조 1,406억 원으로 가장 높게 추정되었으며, 문화오락 서비스업이 7,170억 원으로 가장 낮게 추정되었다. 또한, 총 소득 파급액은 약 3조 2,114억 원으로 추정되었다. 이 중에서 부산시로 파급된 효과는 총 소득 파급액의 34.7%인 1조 1,134억 원으로 추정되었으며, 타 지역으로의 파급액은 65.3%인 2조 980억 원으로 추정되어, 소득 파급효과의 누출 효과가 큰 것으로 추정되었다. 그리고 총 부가가치 파급액은 약 3조 32억 원으로 추정되었다. 이 중에서 부산시로 파급된 효과는 총 부가가치 파급액의 72.1%인 2조 1,640억 원으로 추정되었으며, 타 지역으로의 파급액은 27.9%인 8,391억 원으로 추정되었다. 부산시와 타 지역에 대한 부가가치 파급 효과 또한 음식 및 숙박업이 약 8,387억 원으로 가장 높게 나타났다. 끝으로, 총 간접세 파급효과는 약 1,025억 원으로 추정되었다. 이 중에서 부산시로 파급된 효과는 총 간접세 파급액의 41.7%인 427억 원으로 추정되었으며, 타 지역으로의 파급액은 58.9%인 603억 원으로 추정되어, 간접세의 누출 효과가 큰 것으로 나타났다.

2-4 스마트 관광 도시의 경제적 파급효과가 주는 시사점

이상과 같이 부산시가 스마트 관광 도시로 선언하여 '스마트 관광 도시 부산'으로 서의 경제적 파급효과를 정리해 보면 다음과 같다. 첫째, 부산시의 관광산업의 생산 파급효과는 낮지만 고소득, 고부가가치 산업이며 세수증대에 크게 기여하고 있다는 점이다. 둘째, 부산의 관광산업은 타지역의 인력에 크게 의존하고 있으며 타 지역의 재정수입에도 기여하고 있다. 셋째, 부산시와 타 지역에 대한 관광산업의 파급효과 중에서 음식 및 숙박업의 파급 효과가 가장 높은 것으로 나타났다. 실무적인 관점에서 볼 때 스마트 관광 도시인 부산의 현재 위치 파악과 향후 발전 방향 설정에 기여하고자 했다. 연구 결과를 바탕으로 볼 때 부산시는 소득 파급액과 간접세 파급액의 타 지역으로의 높은 누출 효과에 관심을 가져야 한다고 볼 수 있다. 지역균형 발전의 측면에서 보았을 때 타 지역에 대한 긍정적인 경제적 파급효과는 바람직하다고 볼 수 있으나 부산시의 입장에서는 부산 거주민들의 소득 창출 기회와 세수의 누출이라고 볼 수 있다. 관광산업이 인력 기반의 산업임을 감안하고, 스마트 관광 도시가 지향하는 거주민의 삶의 질 향상을 달성하고자 한다면 상대적으로 취약한 인력 기반을 견고하게 다져 관광산업으로 인한 소득 파급효과가 부산시에도 긍정적으로 기여할 수 있도록 할 필요가 있다.

3. 스마트 관광 도시의 가치평가[4]

스마트 관광 도시가 갖는 경제성은 위에서 살펴본 바와 같이 스마

4 본 내용은 정희정 등 (2019)의 "스마트 관광의 경제적 지속성을 위한 스마트 관광 체험의 지불가치 추정: CVM을 이용하여" 연구에 기반하여 재구성했다.

트 관광 도시가 갖는 경제적 파급효과로 측정이 가능하지만, 관광객들이 스마트 관광 도시 내에서 경험할 수 있는 다양한 스마트 관광 경험에 대해 얼마나 지불할 의향(Willingness to Pay)이 있는지에 대한 것을 추정함으로써도 가능하다. 스마트 관광 도시를 추진하는 것이 지자체 입장에서 관광객으로부터 수익을 창출하는 것이 주목적은 아니다. 그러나 스마트 관광 도시에 참여하는 다양한 기업과 같은 이해관계자 입장에서는 지자체로부터의 경제적 지원 외에도 자체적인 비즈니스 모델이 있어야 지속가능한 성장을 담보할 수 있기 때문에 관광객으로 부터의 추가적인 수익은 매우 중요한 이슈이다. 그런데 스마트 관광 도시에서의 경험은 형체가 있는 상품(Tangible Product)이 아니라 시장에서 거래되기도 어렵고 측정하기도 어려운 무형의 상품(Intangible Product)이기 때문에 가상의 가치를 평가하는 방법이 요구된다(이충기 · 조윤미, 2004).

3-1 가가치평가법을 통한 스마트 관광 경험 가치 추정

관광 분야에서는 시장재의 경제적 가치를 평가하기 위해 가상가치평가법(Contigent valuation method: CVM)을 적용해왔다. 이 방법은 가상의 시장을 설정하여 관광객들로 부터의 지불의사금액을 파악하는 기법인데 크게 두 가지 방법으로 나누어볼 수 있다. 먼저, 개방형 설문기법을 이용하여 응답자가 설문이나 지불카드방식을 이용하여 응답자가 스스로 지불의사금액을 기술하는 방법이다. 이 기법은 응답자가 응답을 하지 않거나 지불의사금액을 너무 높게 또는 너무 낮게 기술하는 문제가 발생할 수 있다. 또 다른 방법인 폐쇄형 설문기법은 무작위로 제시된 특정 금액에 대해 '예', '아니오'로만 응답하면 되어 비교적 쉽게 지불의사금액을 파악할 수 있어 다양한 분야에 활용되고 있다. 특히, 관광 분야에서는 〈그림 8〉과 같이 DMZ 생태관광자원의 가치를 평가하거나, 축제입장료의 가치를 평가하는 데 사용된바 있으며 이들 연구에서 DMZ 생태관광자원의 총경제적 가치는 약 7,600억원으로 추정될 수 있으며 축제입장료는 10,540원이 적당한 것으로 나타난 바 있다(이충기, 2005; 정찬영 · 이훈, 2014).

〈그림 8〉 가상가치추정기법에 의한 경제적 가치

경희대학교 스마트관광연구소에서는 스마트 관광 도시인 부산을 대상으로 다음과 같은 스마트 관광이 제공하는 가치를 추정하고자 하는 시도를 한 바 있다. 〈표 5〉는 스마트 관광 도시인 부산을 대상으로 관광객들이 인식하는 가치를 추정하기 위해 만든 시나리오이다.

〈표 5〉 스마트 관광 경험의 가상가치 추정을 위한 시나리오

스마트 관광 도시인 부산은 비콘, 가상현실 등의 기술을 활용하여, 관광객에게 맞춤형 관광 서비스를 제공합니다. 구체적으로, 비콘 서비스는 부산 주요 관광지에 설치되어 스마트폰 앱을 통해 다양한 관광 정보를 제공하고, 가상현실을 도입한 뚜벅이 길 안내 서비스는 목적지까지 체계적으로 찾아갈 수 있도록 합니다. 또한 VR 체험존을 만들어 관광객이 즐길 수 있는 스마트 체험 프로그램을 운영합니다. 이러한 편익을 제공하는 스마트 관광 도시 부산에서의 1박 2일의 지출경비(교통비, 식음료비, 숙박비, 쇼핑비, 유흥비 등)가 1인 기준으로 X원이라면 이를 참여하시겠습니까? ※ 스마트 관광 도시란 관광객 과밀로 인한 부정적인 영향에 대한 해결책으로 각광받고 있으며, 스마트 관광에 필요한 다양한 기술들을 지원하여, 관광객들이 보다 편리하고 효율적으로 관광할 수 있는 환경을 만들어 관광객들의 경험은 물론 도시 경쟁력을 높이는 도시를 의미합니다. ① 예　　② 아니오

이때 설문지의 X원에 들어갈 경비의 범주는 2017년 국민 여행 실태조사에서 분석된 부산시 평균여행 지출액인 211,163원을 기준으로 하여 1박 2일에 대한 경비를 다양한 가격 범주로 무작위로 제시했다. 총 온라인 조사에 참여한 217명을 대상으로 하여 파악된 스마트 관광 도시에서의 1박 2일에 대한 지불 의사 금액을 소개하면 다음과 같다.

3-2 스마트 관광 도시의 스마트 관광 경험 지불의사 분석

스마트 관광 도시에서의 스마트 관광 경험에 대한 가상가치를 추정하기 위해서는 스마트 관광의 참여의사 여부가 결과변수이며 참

여의사에 영향을 미칠 것으로 기대되는 설명변수로는 제시금액, 성별, 나이, 직업, 월평균 소득, 거주지, 방문경험 등이 포함된다. 〈표 6〉에는 가상가치 추정을 위해 사용된 변수들과 변수에 대한 설명을 제시했다.

〈표 6〉 스마트 관광 도시 지불의사에 대한 모형에 사용된 변수

변수명		변수설명
결과변수	지불의사	제시금액에 대한 지불의사여부 (0: 없음, 1: 있음)
설명변수	제시금	90,000원, 120,000원, 150,000원, 180,000원, 210,000원, 240,000원, 270,000원, 300,000원, 330,000원 360,000원
	성별	1. 남자 2. 여자
	나이	1. 29세 미만 2. 30-39세 3. 40-49세 4. 50-59세 5. 60세 이상
	직업	1. 학생 2. 사무·관리직 3. 판매·서비스직 4. 기술·기능직 5. 단순 노무직 6. 전문직 7. 자영업 8. 공무원 9. 주부 10. 기타
	월평균 소득	1. 100만원 미만 2. 100-200만원 미만 3. 200-300만원 미만 4. 300-400만원 미만 5. 400-500만원 미만 6. 500만원 이상
	거주지	1. 서울 2. 대구 3. 인천 4. 광주 5. 대전 6. 울산 7. 경기 8. 강원 9. 충북 10. 충남 11. 전북 12. 전남 13. 경북 14. 경남 15. 제주 16. 세종
	방문경험	1. 처음이다 2. 아니다
	방문목적	1. 여가 / 위락 / 휴가 2. 사업 / 전문활동 3. 쇼핑, 4. 가족 / 친구 /친지 방문 5. 교육 6. 성지순례 7. 기타
	동반자	1. 혼자 2. 친구/연인 3. (직장)동료 4. 가족 5. 단체모임

주어진 변수를 이용하여 설명변수와 결과변수 간의 모형을 구축하고 분석한 결과를 살펴보면 스마트 관광의 참여의사에 영향을 미칠 것으로 예상된 설명변수들 중 제시금액과 거주지만이 유의한 영

향을 미치는 것으로 나타났다. 제시금액은 부(−)의 영향을 갖는 것으로 나타났는데, 이는 제시금액이 높으면 높을수록 스마트 관광에 대한 참여의사가 감소하는 것을 의미한다. 또한 거주지 역시 부(−)의 영향을 갖는 것을 나타났다. 이는 서울, 광역시 그리고 경기 지역이 주로 앞 번호로 코딩되어 있다는 점에서 주요도시의 거주자일수록 스마트 관광에 대한 참여의사가 높다는 것을 의미한다. 이러한 내용을 바탕으로 가치추정산출식을 계산해 보면 가장 적합한 지불의사금액은 220,709원으로 나타났다.

3-3 스마트 관광 경험에 대한 지불의사금액이 주는 시사점

스마트 관광 경험에 대한 지불의사를 추정하는 모형을 분석한 결과 스마트 관광 경험을 위한 지불의사에 영향을 미치는 변수는 제시금액과 거주지로 나타났다. 구체적으로 제시금액이 낮을수록 지불의사가 높게 나타났으며, 이는 기존의 연구들과도 유사한 결과이다. 또한 거주지의 경우 서울, 경기 또는 광역시에 거주할수록 지불의사가 높은 것으로 나타났다. 한편, 모형 분석에서 도출된 계수를 활용하여 1인당 평균 지불의사금액을 산출했는데 이 금액은 1인당 220,709원으로 나타났다. 이는 2017년 국민여행실태조사의 부산 여행의 평균 지출액인 211,163원보다 약 1만원 더 높은 것으로 나타났다. 이는 일반 여행으로 인지되었을 때보다 스마트 관광으로 인지되었을 때 더 많은 금액을 지불할 의사가 있는 것으로 해석할 수 있다. 게다가 2017년 한 해 동안 부산시를 방문한 관광객이 총 7,878,051명임으로 고려해

볼 때 (문화체육관광부, 2018), 스마트 관광이 제공하는 총 경제적 가치는 약 1조 7000천억으로 추정된다. 따라서 관광객들에게 스마트 관광 도시임을 명확히 인식시키고 해당 도시에서 이루어지는 활동이 스마트 관광임을 인지할 수 있도록 한다면 그 도시의 경제적 가치를 더욱 높일 수 있을 것이다.

4. 제언

2019년 2월 대통령 직속 4차산업혁명위원회와 국토교통부는 부산 벡스코에서 세종과 부산에 조성하는 스마트 도시 국가 시범도시 시행계획을 발표했다. 이 계획에 따르면 2019년에 실시 설계를 마치고 2021년에는 주민 입주가 시작된다〈〈그림 9〉 참조〉.

〈그림 9〉 부산 스마트 도시 조성 계획

출처: 4차산업혁명위원회

이를 통해 모빌리티, 헬스케어, 교육, 에너지 · 환경, 거버넌스, 문화 · 쇼핑, 일자리 등 7대 스마트 서비스 구현에 최적화된 공간계획이 추진될 예정이다. 이 공간에서는 관련 규제를 해소할 수 있는 '스마트 도시 규제 샌드박스'도 도입하고, 이 도시 단위 내에서는 익명을 처리한 개인정보도 활용할 수 있게 된다. 이와 같이 세종, 부산을 중심으로 시작된 스마트 도시 사업은 관광객 관점과 어우러져 스마트 관광 도시로의 역할이 더욱 커질 것이다. 세종과 부산의 스마트 관광 도시의 성공여부는 이들 도시가 얼마나 경제적 파급효과와 경제성을 담보할 수 있느냐이다. 해당 도시 내에서 규제를 해소하고, 익명을 처리한 개인정보를 활용할 수 있게 한다는 발상은 스마트 관광 도시가 지속적으로 성장할 수 있는 자생적 비즈니스 모델을 운영하겠다는 의미이기도 하다. 결국 스마트 관광 도시의 성공은 주민들에게는 안전하고 편안한 삶, 관광객들에는 주민과 동일한 경험의 제공, 그리고 참여 이해관계자들은 지속적으로 성장할 수 있는 기반이 제공되는지의 포용적 혁신의 발현여부에 밀접하게 연결되어 있는 것이다.

EPILOGUE

Notes on the imagined city: The fractal nature of smart perception and experience in tourism

There are two visions of the imagined city and they present themselves in a fractal way through the nature of smart technology. The city has always been too big to see. The individual is simply too small and existence too fleeting to grasp such an entity as a thing in itself. There is a scale of magnitude that separates us from the historical, geographical and socio-political scale of the city. We can view the city from above from various non-ordinary views such as via satellite photos but they offer no value into the potential experiential or value-based views that are available from the personal perspective. So we must approach such an entity as a fractal assemblage of rivers, monumental structures, sites and cityscapes and functional commercial establishments that define the personal experience within the larger expanse of the city as a thing-in-itself.

The fractal view of the city is based on two fundamental perspectives. First, there is the physical and historically identified collection of landscape, monumental built structures, sites (or sights) available to the individual within the cityscape, presented to us as markers indicating the full range of potential individual experience. Second, there is the subjective view that is based on the phenomenological present, the pre-experience motivations and the post-experience reflections that collectively represent the expectations and pay-offs of the held subjectivities the individual carries regarding the city. This second view of the city also extends from the visitor to the resident and policy and marketing entities who might be involved in anticipating or second-guessing those subjectivities.

In this chapter these two views and their relationships to each other are described. And further, the impacts of such a fractal view of the imagined city are explored for the inevitable development of a smart tourism industry and the emergence of a fully equipped smart city. It is important to recognize that in the current social context we are tied to internet technology to the point that we view the city in terms of an endless circulation of images. They are representations of the physical rivers and landscapes, monumental structures, cityscapes or districts and experiences and events. These visual and verbal representations circulate between promoters, consumers and so-called critics (whether they be the consumer-reviewer or professional critics) as they simultaneously produce, upload, download and self-evaluate their individual contributions to online content.

Producers and planners alike must be self-reflexive enough to recognize that the representation of the imagined city culminates in a synecdoche (a thing in itself) or a gestalt image that has been formed from individual micro representations of the city that have been produced and subconsciously ratified through the circulative borrowing and reposting actions associated with the internet and its packages or compartments of social media applications which culminate in smart experiences facilitated by mobile devices. The pure division of labor between the planners' vision for the future city, the marketers' projection of that image and the individuated experiences of visitors and residents has been blurred by the online representation of the city. It is now a collection of all these visual and verbal narratives that are mutually borrowed, sold, experienced and critiqued by all the involved stakeholders.

The aim of this chapter is to describe the two-sided nature of the imagined city as a fractal entity. It includes the physical and the subjective view, blurred or mixed together through the self-reflexive experience of the individual. In addition there is a need to explore how the identity of the imagined city is an accumulation of things and experience generated over time. Therefore the city is as much an historical as it is a physical entity experienced through the socio-political lens of the now. The goals of this chapter include the need to express how the fractal nature of perception in the context of the city consists of a combination of what is provided (the projected image) and what is needed or experienced (the perceived). The conceptual outline of this chapter were:

· To offer a basic definition of theory regarding tourism destination image, semiotics and representations and its relationship to the imagined city in terms of smart tourism;

· To illustrate the psycho-physical scope or scale of the city and its representations in comparison to the individual experience;

· To describe the individual phenomenological experiences of the city and their representation in light of previous studies;

· To discuss the fractalising mechanism of online or smart technology in the combining of reality and desire in the imagined city, contrasting this emerging social norm with the previous mentioned 'individual experience and;

· To explore the impacts of the imagined city and its fractal nature in the anticipation of a fully realized tourism smart city.

It was stated earlier that the city is too vast a thing to be grasped by the individual in all its physical, social and historical complexity. The individual is simply too small to fully comprehend its magnitude. Instead, with the development and proliferation of mobile devices, their data processing systems, networks and content, people are more exposed to information than, perhaps, ever before. Augmented reality offers visitors and residents of the smart city self-referential narratives that can be highly colorful descriptions of touristic experiences, news reports or critical reviews of attractions or services. These narratives circulate on a platform of photographs. A highly effective form of representation because they allow the viewer to use them as a template for their own subjective narrative that includes both held expectations and personal experience. Maps and verbal information in list or article form give shape and direction to the photographic representations of rivers, monumental structures, sites and cityscapes and functional commercial establishments that define the personal experience within the larger expanse of the city. In the smart city and with smart tourism, researchers must continue to refine their methods of description and definition to more closely conform to the rapidly changing reality of smart technology. In this sense this book works as a step toward this constant challenge in tourism and information technology research.

William Cannon Hunter

Department of Convention Management, Kyung Hee University

에필로그

상상 속의 도시에 대하여 : 관광에서의 스마트한 인식과 경험의 프랙탈적 특성

상상 속의 도시는 두 가지의 비전이 있는데 이 비전들은 스마트 기술의 본질을 통해 프랙탈 방식으로 스스로를 표현한다. 다시 말해서, 스마트 기술이라는 단순한 구조가 끊임없이 반복되면서 하나의 도시라는 복잡하고 묘한 전체 구조를 구성함으로써 상상 속의 도시의 두 가지 비전이 표현된다는 것이다. 이 도시는 한눈에 보기에는 그 규모가 너무 크고, 개인은 도시라는 실체를 이해하기에는 너무나도 작은 존재이다. 도시의 역사적 · 지리적 · 사회정치적 계층구조와 우리를 구분하는 계층구조가 있다. 우리는 위성사진과 같은 다양하고 일반적이지 않은 방법을 통해 도시를 한눈에 볼 수 있지만, 이러한 방법은 잠재적 경험적 가치 또는 가치기반적 관점과 같이 한 개인이 도시를 바

라볼 수 있는 관점에는 도움을 주지는 않는다. 그러므로 우리는 강, 기념비적 구조물, 위치, 경관, 그리고 기능적 상업시설과 같이 도시를 구성하는 기본적인 단위들의 집합체(프랙탈적 집합체) 같은 실체에 접근해야 하며, 이는 도시의 더 넓은 범위 내에서 개인적인 경험을 그 자체로 정의해야 한다.

도시의 프랙탈적 관점은 두 가지 근본적 관점에 기초한다. 첫째, 도시경관은 개인이 이용할 수 있는 물리적 · 역사적으로 확인된 풍경, 기념비적인 건축 구조물, 부지(또는 풍경)가 수집된 것으로, 우리에게 잠재적인 개인의 경험의 전체를 구성하는 속성으로 표현된다. 둘째, 도시와 관련하여 개인이 가지고 있는 주관적인 기대와 보상이 한데 어우러진 현상학적 현재와 경험 전 동기 및 경험 후에 반영된 생각에 기반한 주관적인 시각이 있다. 도시에 대한 이 두 번째 관점은 방문자로부터 거주자, 이러한 주제들을 예측하거나 다시 추측하는 데 관여하는 정책 및 마케팅 단체에까지 확대된다.

본 서에서는 이 두 관점과 그들의 관계에 대해 설명한다. 더 나아가, 스마트 관광산업의 필연적 발전과 완전한 시설을 갖춘 스마트 도시의 출현을 위해 상상 속의 도시에 대한 프랙탈적 관점의 영향을 탐구한다. 현재의 사회적 맥락에서 끝없는 이미지 순환의 관점에서 우리가 도시를 보는 시점은 인터넷 기술과 밀접한 관련을 가지고 있다는 것을 인지하는 것이 중요하다. 이것들은 물리적 강과 풍경, 기념비적 구조물, 도시 풍경 혹은 지역, 경험과 사건들에 대한 표현이다. 이러한 시각적이고 구두적인 표현은 생산자와 소비자의 구분 없이 온라인 콘텐츠가 생성되는 과정에서 순환한다. 구체적으로, 기획자, 소비자, 그리고 소위 말하는 비평가(그들은 리뷰를 남기는 소비자이건 전문적인 비평가이건)들이 생산자와 소비자의 구분 없이 온라인 콘텐츠를 생산하고, 업로드하고, 다운로드하고 온라인 콘텐츠에 대한 그들의 개별적 기여를 스스로 평가하기 때문에 그 사이에서 순환한다.

생산자와 기획자 모두 상상 속의 도시의 표현이 순환적 상호작용을 통해 생산되고 무의식적으로 대조된 도시의 미시적인 개별적 표현으로부터 형성되어온 대유적 사물(synecdoche, 그 자체로 하나의 사물)이나 잘 짜여진 이미지는 끝을 맞았음을 인식할 수 있을 만큼 자기반사적이어야 한다. 이것은 모바일 기기에 의해 촉진되는 스마트한 경험으로 귀결되는 인터넷과 그 패키지 또는 소셜 미디어 애플리케이션의 컴파트먼트와 관련되어 있다. 미래 도시에 대한 기획자의 비전, 마케터가 이미지를 투영하고, 방문객과 거주자가 개별화된 경험을 가지는 것에 대한 완전한 분업이 도시가 온라인으로 표현됨에 따라 그 경계가 모호해졌다. 이제는 모든 참여자들에 의해 상호적으로 대여되고, 판매되고, 경험되고 평가되는 모든 시각적, 언어적 표현의 집합이다.

본 서에서는 상상 속의 도시의 양면성을 프랙탈 실체로 서술하는 것을 목표로 한다. 개인의 자기반사적 경험을 통해 흐릿해지거나 뒤섞인 신체적, 주관적 시각을 포함한다. 그리고 어떻게 상상 속의 도시의 정체성이 시간이 흐름에 따라 생성된 사물들과 경험이 축적되었는지를 탐구할 필요성이 있다. 그러므로 도시는 현재의 사회정치적 관점을 통해 경험된 물리적 실체만큼이나 역사적인 곳이다. 본 서의 목표는 도시의 맥락에서 지각의 프랙탈적 성격이 제공되는 것(투사된 이미지)과 필요로 하는 것 또는 경험하는 것(인식된 것)의 조합으로 어떻게 구성되는지를 표현할 필요성을 포함한다. 개념적 개요는 다음과 같다.

· 관광지 이미지, 기호학 및 표현, 그리고 이와 관련하여 스마트 관광 측면에서 상상된 도시와의 관계에 관한 이론의 기본적인 정의를 제공한다.
· 개별 경험과 비교하여 도시의 정신 물리적 범위 또는 규모와 그 대표성을 설명한다.
· 도시에서의 개별적인 현상학적 경험과 그 대표성을 이전 연구들의 관점에서 기술한다.
· 상상된 도시에서의 현실과 욕구의 결합에서 온라인 또는 스마트 기술의 프랙탈화 메커니즘에 대해 설명하고, 앞서 언급한 '개별적 경험'과 이러한 신흥 사회 규범을 대조한다.
· 완전히 실현된 관광 스마트 도시에 대한 기대 속에서 상상된 도시와 그 프랙탈적 성질의 영향을 탐구한다.

앞서 언급했듯이 도시는 물리적 · 사회적 · 역사적으로 복잡하기 때문에 개인이 파악하기에는 너무 방대하다. 개인은 도시의 크기를 완전히 이해하기에는 너무나도 작은 존재이다. 대신에, 모바일 기기, 데이터 처리 시스템, 네트워크 및 콘텐츠의 발달과 확산으로 사람들은 아마도 이전보다 정보에 더 많이 노출된다. 증강현실은 방문객들과 거주자들에게 관광 경험, 뉴스 리포트 또는 명소나 서비스에 대한 비판적 리뷰를 매우 다채로운 묘사가 될 수 있는 스마트 도시의 자기 참조적 내러티브를 제공한다. 이 이야기들은 사진의 플랫폼에서 순환한다. 이것은 이용자가 갖고 있는 기대치와 개인적 경험을 모두 포함하는 자신의 주관적 서술의 템플릿으로 사용할 수 있기 때문에 매우 효과적인 표현 형식이다. 목록이나 기사 양식의 지도와 구두 정보는 강의 사진, 기념비적인 구조물, 장소 및 도시경관, 그리고 더 넓은 도시 범위 내에서 개인적인 경험을 정의하는 기능적인 상업 시설에 형태와 방향을 제공한다. 스마트 도시와 스마트 관광에서, 연구자들은 빠르게 변화하는 스마트 기술의 현실에 더 밀접하게 부합하도록 지속적으로 그들의 설명과 정의의 방법을 수정해나가야 한다. 이런 의미에서 이 책은 관광과 정보기술 연구에 있어서 이러한 끊임없는 도전에 대한 하나의 발판으로 작용한다.

Willam Cannon Hunter (경희대학교 컨벤션경영학과)

참고문헌

Ⅰ 모빌리티와 관광, 그리고 스마트 도시

구철모, "스마트 관광: 모빌리티와 관광, 그리고 스마트 도시", 『한국관광정책』, 75(봄호), 2019.

구철모 · 정남호, 『스마트 관광』, 백산출판사, 2019.

정남호, "지역경제를 활성화시키는 스마트관광: 한류의 관광정보화 정책도 맞춤형 정보디자인이 필요하다", 지역정보화, 2016, pp.19-20.

Crouch, G. I. and Ritchie, J. B., "Tourism, competitiveness, and societal prosperity", Journal *of Business Research,* 44(3), 1999, pp.137-152.

Harrison C et al., "Foundations for Smarter Cities". *IBM Journal of Research & Development.* 54(4), 2010, pp.1-16.

Heidegger M, "Building dwelling thinking", *in BasicWritings*(Routledge, London), 2002, pp.347-363.

Koo, C., Ricci, F., Cobanoglu, C, Okumus, F., "Special issue on smart, connected hospitaliyand tourism", *Information Systems Frontiers,* 19(4), 2017, pp.699-703.

Koo, C., Park, J., Lee, J-N., "Smart tourism: traveler, business, and organizational perspectives, 54(6), 2017, pp.683-836.

Mckinsey Global Institute, *SMART CITIES: DIGITAL SOLUTIONS FOR A MORE LIVABLE FUTURE,* 2018.

Sheller. M and Urry. J., "*The new mobilities paradigm", Environment and Planning,* Vol. 38, 2006, pp.207-226.

The Travel & Tourism Competitiveness Report, *The World Economic Forum*, 2006.

II 함께 잘 사는 스마트 관광 도시

구철모 · 김정현 · 정남호, "스마트 관광 생태계의 이론화와 활용", *Information Systems Review,* 16(3), 2006, pp.69-87.

김수경 · 이상용, "한국의 ICT 산업의 발전과 고용 간의 인과관계에 관한 실증적 분석", *Information Systems Review,* 제16권, 제2호, 2014, pp.77-95.

이병철 · 변효정, "온라인 리뷰가 관광상품 구매행동에 미치는 영향", 관광 · 레저연구, 26(7), 2014, pp.59-79.

정남호 · 한희정 · 구철모, "정교화 가능성 모델을 이용한 온라인 여행 커뮤니티 구성원의 관광 정보탐색행동과 이용동기별 차이분석", 관광학연구, 37(5), 2013, pp.219-240.

Guo, Y., Liu, H., Chai, Y. "The embedding convergence of smart cities and tourism internet of things in China: An advance perspective" *Advances in Hospitality and Tourism Research.* 2(1), 2014, pp.54-69.

Lee, P., Hunter, W. C., & Chung, N. (2020). Smart Tourism City: Developments and Transformations. Sustainability, 12(10), 3958.

Liang, Z. X. and Bao, J. G., "Tourism Gentrification in Shenzhen, China: Causes and Socio-spatial Consequences", *International Journal of Tourism Space, Place and Environment,* 17(3), 2015, pp.461-481.

Mendes, L., "Tourism Gentrification: Touristification as Lisbon's New Urban Frontier of Gentrification" '*Tourism Gentrificaton and City Making' Conference,* 2016.

Neirotti, P., De Marco, A., Cagliano, A. C., Mangano, G., Scorrano, F., *Current trends in Smart City initiatives:* 38, 2014, pp.25-36.

Neuhofer, B., Buhalis, D., Ladkin, A., "Conceptualising technology enhanced destination experiences" *Journal of Destination Marketing & Management,* 1(1-2), 2012, pp.36-46

Pacione, M.(2005), Urban Geography: A Global Perspective. 2nd ed., Routledge, New York.

Zubizarreta, I., Seravalli, A., Arrizabalaga, S. "Smart city concept: What it is and what it should be" *Journal of Urban Planning and Development,* 142(1), 2015, 04015005.

Ⅲ 공유경제의 스마트 관광 도시

고영태, "우버의 기업가치는 얼마일까?... 구팡은 5조원 27위" KBS뉴스, 2018. 5. 21(http://mn.kbs.co.kr/news/view.do?ncd=3652472)

신미진, "에어비앤비 아시아 총괄 도시 아닌 관광지에는 규제 간소화 필요, 매일경제, 2018. 10. 10 (http://news.mk.co.kr/newsRead.php?year=2018&no=631011)

손재권, "우버 기업가치 130조...'미국車 빅3'보다 커졌다", 매일경제, 2018. 10. 17 (http://news.mk.co.kr/newsRead.php?year=2018&no=648390)

박문수 외, "공유경제 활성화를 통한 서비스업 성장전략", 산업연구원, 2016

박주영, "오버투어리즘 현상과 대응방향" 한국문화관광연구원, 2018

박현철, "오버투어리즘 시대, 관광객이 무섭다", 한겨레, 2018. 5. 26 (http://www.hani.co.kr/arti/society/society_general/846336.html)

정태웅, 이랏샤이마세 소도시 관광 띄우자, 日여행 '덕후' 쏟아졌다", 한국경제, 2019. 1. 23 (http://news.hankyung.com/article/2019012343731)

크라우드산업연구소, "서울, 공유경제를 만나다" 기념 연구보고서, 『새로운 대한민국을 꿈꾸는 기업들을 통해 살펴본 공유경제』, 2013.

한국관광공사 2018년 외래관광객 실태조사(2018. 2분기)

Airbnb & APEC 연구보고서 (2018).

Cohen, S. A., and Hopkins, D., "Autonomous vehicles and the future of urban tourism" *Annals of Tourism Research,* 74, 2019, pp.33-42.

Kim, M., 공유경제의 안정적 성장을 위한 정책방향 "Government Policy for the Stable Growth of the Sharing Economy" , 2017.

Maru/Matchbox, "Building Trust: A Learning Journey for the Sharing Economy and Big Brands", 2017 (https://marumatchbox.com/blog/building-trust-learning-journey-sharing-economy-big -brands)/(2017.7.3. 접속)

Observatoire Valaisan du Tourisme, "Significance of the AirBNB phenomenon in Wallis and in Switzerlan, Observatoire Valaisan du Tourisme", 2014, (www.tourobs.ch/media/302949/Airbnb_FR.pdf)

PWC, Consumer Intelligence Series "The Sharing Economy", 2015.

Technical Policy Institute, "The competitive effects of the sharing economy: How is Uber changing taxis? Technology Policy Institute", 2015 (http://techpolicyinstitute. org/files/wallsten_the%20competitive%20effects%20of%20uber.pdf)

Tourism and the sharing economy, European Parliamentary Research Service, 2017(https://

www.theatlas.com/charts/HyjvbqfD)

Uriely, N., The tourist experience: Conceptual developments. Annals of Tourism Research, 32(1), 2005, pp.199-216.

Ⅳ 관광 서비스와 스마트 관광 도시

경기연구원(2018), "새로운 혁신플랫폼 '리빙랩' 등장과 시사점", GRI 이슈진단, 2018.9.20.

김해뉴스(2019), "김해시 '스마트 시티 특화단지 사업' 선정", 2019.2.12., http://www.gimhaenews.co.kr/news/articleView.html?idxno=26387

대한무역투자진흥공사(2018). "스페인 마드리드 FITUR, 미래 관광 패러다임의 변화를 엿보다." 해외시장뉴스. 2018.1.25.

서울시(2016), "북촌 사물인터넷(IoT) 시범 서비스". 7월.

야놀자 매거진(2018), "인공지능과 숙박업", 9월호, pp.56-64.

정병옥(2015), "ICT 신기술을 활용한 스마트관광의 추진사례 분석 및 활성화 방안 연구". 한국콘텐츠학회논문지, 15(11). pp.509-523.

조선비즈(2017), "호텔 체인지업: 첨단기술 도입", 2017.11.03.,http://biz.chosun.com/site/data/html_dir/2017/10/19/2017101902216.html

제주특별자치도(2017), "제주특별자치도 스마트관광 생태계 구축 전략", 2017.4.20.

KT경제경영연구소(2018). "2018 한국을 바꾸는 10가지 ICT 트렌드". 한스미디어. KT. "KT '교동 기가 아일랜드' 평화와 통일의 관광섬 만든다".홍보센터, 보도자료. 2017.3.29 https://corp.kt.com/html/promote/news/report_detail.html?datNo=12967

호텔레스토랑 매거진(2018). "호텔 적합 IoT 솔루션 분석", 2월호, https://hoteltrend.tistory.com/454

Ivanov, S. H. and Webster, C. (2017). Adoption of Robots, Artificial Intelligence and Service Automation by Travel, Tourism and Hospitality Companies – A Cost-Benefit Analysis. Prepared for the International Scientific Conference

"Contemporary Tourism – Traditions and Innovations", Sofia University, October 2017.

Kim, B., Buhalis, D., and Inversini, A. (2015). Conceptual smart tourism destination dimensions. Information and Communication Technologies in Tourism 391-403.

TripAdvisor(2013). "TripAdvisor Survey Reveals Travelers Growing Greener."

Open Access Government(2019). The top technology trends in hospitality for 2019. https://www.openaccessgovernment.org/technology-trends-hospitality/57445/

Sharma, D., Bhondekar, A. P., Shukla, A. K., and Ghanshyam, C. (2018). A Review on technological advancements in crowd management. Journal of Ambient Intelligence and Humanized Computing. 9(3), pp 485-495.

World Economic Forum, Travel and Tourism Competitiveness Report 2017.

V 온라인 리뷰와 스마트 관광 도시

구철모 · 정남호, 『스마트 관광』, 2019, 백산출판사.

Baek, H., Ahn, J., and Choi, Y., "Helpfulness of Online Consumer Reviews: Readers' Objectives and Review Cues", *International Journal of Electronic Commerce*, 17(2), 2012, pp.99-126.

Chaiken, S., "Heuristic versus Systematic Information Processing and the Use of Source versus Message Cues in Persuasion", *Personality and Social Psychology*, 39(5), 1980, pp.752-766.

Gao, J., Zhang, C., Wang, K., and Ba, S., "Understanding Online Purchase Decision Making: The Effects of Unconscious Thought, Information Quality, and Information Quantity", *Decision Support Systems*, 53(4), 2012, pp.772-781.

Hlee, S. Lee, H., and Koo, C., "Hospitality and Tourism Online Review Research: A Systematic Analysis and Heuristic-Systematic Model", *Sustainability*, 10, 2018, 1141(1-27).

Hlee, S., Lee, J., Yang, S. B., and Koo, C., "The Moderating Effect of Restaurant Type on Hedonic versus Utilitarian Review Evaluations", *International Journal of Hospitality Management*, 77, 2019, pp.195-206.

Lee, K. Y., and Yang, S. B., "The Role of Online Product Reviews on Information Adoption of New Product Development Professionals", *Internet Research*, 25(3), 2015, pp.435-452.

Litvin, S. W., Goldsmith, R. E., and Pan, B., "Electronic Word-of-Mouth in Hospitality and Tourism Management", *Tourism Management*, 29(3), 2008, pp 458-468.

Mudambi, S. M., and Schuff, D., "What Makes a Helpful Review? A Study of Customer Reviews on Amazon.com", *MIS Quarterly*, 34(1), 2010, pp.185-200.

Rhee, H. T., and Yang, S. B., "Does Hotel Attribute Importance Differ by Hotel? Focusing on Hotel Star-Classifications and Customers' Overall Ratings", *Computers in Human Behavior*, 50, 2015a, pp.576-587.

Rhee, H. T., and Yang, S. B., "How Does Hotel Attribute Importance Vary among Different

Travelers? An Exploratory Case Study based on a Conjoint Analysis", *Electronic Markets,* 25(3), 2015b, pp.211-226.

Rhee, H. T., Yang, S. B., and Kim, K., "Exploring the Comparative Salience of Restaurant Attributes: A Conjoint Analysis Approach", *International Journal of Information Management,* 36(6), 2016, 1360-1370.

Yang, S. B., Hlee, S., Lee, J., and Koo, C., "An Empirical Examination of Online Restaurant Reviews on Yelp. com: A Dual Coding Theory Perspective", *International Journal of Contemporary Hospitality Management,* 29(2), 2017a, pp.817-839.

Yang, S. B., Shin, S. H., Joun, Y., Koo, C., "Exploring the Comparative Importance of Online Hotel Reviews' Heuristic Attributes in Review Helpfulness: A Conjoint Analysis Approach", *Journal of Travel & Tourism Marketing,* 34(7), 2017b, pp.963-985.

Ⅵ 데이터와 스마트 관광 도시

서형준, "국내 공공데이터 개방수준을 통해서 본 OECD의 Open, Useful, Reusable Government Data Index에 대한 비판적 논의: Open Data Barometer와의 비교를 중심으로", 정보화정책, 24(2), 2017, pp. 43-67.

이민화, "[이민화의 혁신경제 훈수두기] 기술 · 욕망 융합체 '스마트시티'", 디지털타임스, 2019.01.20. (http://www.dt.co.kr/contents.html?article_no=2019012102102269061001)

이민화, [이민화의 4차 산업혁명] 스마트트랜스폼 3종 기술이 핵심, 서울경제, 2018.04.18. (https://www.sedaily.com/NewsView/1RYB0IG8HW)

이민화, 4차 산업혁명과 데이터, 2018 데이터 그랜드 컨퍼런스 발표자료, "Korea Creative Economy Research Network (KCERN)", 2018(https://www.dqc.or.kr/wp-contetuploads/2018/11/1-1.-KCERN-이민화-이사장-4차-산업혁명과데이터.pdf)

정남호, 4차 산업혁명과 스마트관광도시, 2018 경북문화관광심포지엄, 2018.06.28. 클라우스 슈밥,『클라우스 슈밥의 제4차 산업혁명』, 새로운현재, 송경진 역, 2016.

이병희, "4차 산업혁명 실천전략 '스마트 트랜스폼'", 키뉴스, 2018, http://www.kinews.net/news/articleView.html?idxno=203882

한국정보화진흥원(NIA), 데이터 경제의 부상과 사회경제적 영향, IT & Future Strategy 보고서, 제7호, 2018.11.19.

함주연 · 최수정 · 구철모 (2018), "도보여행 안전정보의 유형별 중요도 및 우선순위 도출: 오픈데이터 활용을 중심으로", 지식경영연구, 19(1), 2018, pp. 59-77.

조문술, "4차혁명 '스마트 트랜스폼'으로 경쟁국 추월 가능", 헤럴드경제 2018 http://news.heraldcorp.com/view.php?ud=20181023000814

Buhalis, D., "Marketing the competitive destination of the future", *Tourism Management,* 21(1), 2000, pp. 97-116.

Davies, T., Open Data Barometer: 2013 Global Report; World Wide Web Foundation and Open Data Institute.

EC, Communication on data-driven economy, 2014.

Gartner, How to Plan, Participate and Prosper in the Data Economy, 2011.

Gretzel, U., Sigala, M., Xiang, Z., Koo, C., "Smart tourism: foundations and developments", *Electronic Markets,* 25(3), 2015, pp.179-188.

Gretzel, U., Ham, J., and Koo, C., *Creating the City Destination of the Future: The Case of Smart Seoul,* In Wang Y., Shakeela A., Kwek A., and Khoo-Lattimore C. (Eds), Managing Asian Destinations, 2018, pp.199-214, Singapore: Springer.

IBM, The Rise of the Data Economy, 2016.

Iglesias, C., and Robinson, K., Open Data Barometer Global Report: Third Edition; World Wide Web Foundation, 2016.

Jetzek, T, "Managing complexity across multiple dimensions of liquid open data: The case of the Danish basic data program", *Government Information Quarterly*, 33, 2016, pp.89-104.

Lourenço, R.P., "An analysis of open government portals: A perspective of transparency for accountability", *Government Information Quarterly*, 32, 2015, pp. 323-332.

Maccani, G., Donnellan, B., and Helfert, M., "Open data diffusion for service Innovation: An inductive case study on cultural open data services", In *Proceedings of Pacific Asia Conference on Information Systems,* PACIS 2015, p173, Singapore.

MIT Technology Review, The Rise of Data Capital, 2016 (https://www.technology review.com/s/601081/the-rise-of-data-capital/)

Open Knowledge Foundation, (http://okfn.org)

The Economis, The world's most valuable resource, 2017.05.06.(https://www.economist.com/leaders/2017/05/06/the-worlds-most-valuable-resource-is-no-longer-oil-but-data)

Ⅶ 빅데이터 분석과 스마트 관광 도시

구민정 · 안현철, “종합 평점과 다기준 평점을 선택적으로 활용하는 협업필터링 기반 하이브리드 추천시스템,” 지능정보연구, 제24권, 제2호, 2018, pp. 85-109.

이륜경 · 정남호 · 홍태호, “딥러닝을 이용한 온라인 리뷰 기반 다속성별 추천 모형 개발,” 정보시스템연구, 28(1), 2019, pp. 97-114.

이태원 · 홍태호, “SVM+MTL을 이용한 감성분류 통합모형: 온라인 쇼핑몰의 고객리뷰를 중심으로,” Entrue Journal of Information Technology, Vol. 16, No. 1, 2017, pp. 81-95.

홍태호 · 니우한잉 · 임강 · 박지영, “LDA를 이용한 온라인 리뷰의 다중 토픽별 감성분석-Tripadvisor 사례를 중심으로-,” 정보시스템연구, 제27권, 제1호, 2018, pp. 89-110.

홍태호 · 김은미, “데이터마이닝을 이용한 세분화된 고객집단의 프로모션 고객반응 예측,” Information Systems Review, 12(2), 2010, pp.75-88.

Medhat, W., Hassan, A., and Korashy, H., “Sentiment analysis algorithms and application: Asurvey,” Ain Shams Engineering Journal, Vol. 5, 2014, pp. 1093-1113.

Su, X. and Khoshgoftaar, T. M., “A survey of collaborative filtering techniques,” Advance inArtificial Intelligence, Vol. 2009, 2009, pp. 1-19.

Zhang, N., Ding, S., Zhang, J. and Xue, Y., “An overview on restricted Boltzmann machines,” Neurocomputing, Vol. 275, 2018, pp. 1186–1199.

Ⅷ 스마트 관광 도시의 경제성 평가

문화체육관광부. “2017 국민여행 실태조사”, 2018 (http://www.tour.go.kr/)

이현애 · 양성병 · 정남호, “스마트 관광 도시 부산의 지역 내 · 외적 경제적 파급효과: 지역간 산업연관모델을 이용하여”, 관광레저연구, 2019, 출간 예정.

이충기 · 조윤미, “CVM을 이용한 체험관광의 가치평가”, 관광연구저널, 18(2), 2004. pp.217-232.

이충기, “CVM을 이용한 DMZ 생태관광자원의 가치평가”, 관광레저연구, 17(4), 2005, pp.65-81.

정찬영 · 이훈, “축제의 경제적 지속성을 위한 축제 입장료 지불 가치 추정”, 관광연구논총, 26(2), 2014, pp.153-174.

정남호, "지역경제를 활성화시키는 스마트관광-한류의 관광정보화 정책도 맞춤형 정보디자인이 필요하다", 지역정보화, 98, 2016, pp.18-21.

정희정 · 이현애 · 엄태휘 · 정남호, "스마트 관광 생태계 분석을 통한 공유가치 창출 방안", 서비스경영학회지, 18(5), 2017, pp.165-186.

정희정 · 구철모 · 정남호, "스마트관광의 경제적 지속성을 위한 스마트관광 체험의 지불가치 추정: CVM을 이용하여", 지식경영학연구, 20(1), 2019, pp.219-234.

한국은행, "2010년 및 2013년 지역산업연관표", 2015, 정부간행물.

홍병문, "[2012 여수 EXPO 유치] 의미와 파급효과", 서울경제, 2007.11.27.

Buhalis, D. and Amaranggana, A., *Smart tourism destinations*, In Xiang, Z. and Tussyadiah, I.(Eds), Information and Communication Technologies in Tourism, 2014, pp. 553-564. Heidelberg, Germany: Springer.

Koo, C., Park, J., and Lee, J. N., "Smart tourism: Traveler, business, and organizational perspectives", *Information & Management,* 54, 2017, pp.683-686.

Porter, M. E., and Kramer, M., Creating shared value: Redefining capitalism and the role of the corporation in society. *Harvard Business Review*, 89(1/2), 2011 pp.62-77.

저자소개

정남호 (경희대학교 호텔경영학과)

성균관대학교 경영학과에서 경영정보학전공으로 박사학위를 취득하고 현재 경희대학교 호텔경영학과 교수로 재직 중이다. 영국 서리대학교 방문연구원으로 활동했다. 주요 연구분야는 소비자의 정보시스템 사용과 지식공유활동이며 최근에는 연구분야를 호텔 및 관광분야로 확장하여 스마트 관광과 관련된 다양한 연구와 과제를 수행중이다. 6년째 SSK스마트 관광사업단을 이끌고 있으며 그간의 업적을 인정받아 경희대학교 명예의 전당에 이름을 올렸다. 이 책의 8장을 집필했다.

구철모 (경희대학교 컨벤션경영학과)

경희대학교 호텔관광대학 컨벤션경영학과 부교수로 재직하고 있으며 현재 영국 서리대학교 방문연구원으로 활동 중이다. 미네소타대학교 MIS Research Center에서 포닥 연구원으로, 마샬대학교 경영학과,

조선대학교 경영학부에서 MIS전임교수로 재직했다. 주요 연구분야는 스마트 관광과 컨벤션 산업 관련 분야다. 2018년 그간의 업적을 인정받아 경희대학교 명예의 전당에 이름을 올렸다. 이 책의 1장을 집필했다.

이팜 (경희대학교 호텔관광대학)

대만국립정치대학교를 졸업하고 경희대학교에서 관광학 박사학위를 받았다. 경희대학교 스마트관광연구소의 연구교수로 재직했으며, 현재 경희대학교 호텔관광대학에서 객원교수로 재직 중이다. 주요 연구분야는 목적지 이미지, 심리적 거리, 스마트 관광, K-culture 이다. 이 책의 2장을 집필했다.

이선영 (경희대학교 스마트관광연구소)

경희대학교 컨벤션전시경영학과에서 박사학위를 받고 현재 경희대학교 스마트관광연구소에서 연구교수로 재직 중이다. 주요 연구분야는 스마트 관광의 빅데이터와 관광마케팅이다. SSCI 급 국제 학술지에 주요 논문을 발표했으며, 18여 편의 논문을 국내 등재 학술지에 게재했다. 이 책의 3장을 집필했다.

윤아영 (경희대학교 스마트관광연구소)

펜실베니아주립대학교에서 호텔경영학을 전공하고 경희대학교에서 관광학 박사학위를 받았다. 경희대학교 스마트관광연구소의 연구교수로 재직했으며, 현재 세종대학교에서 호텔경영 및 서비스마케팅을 강의하고 있다. 주요 관심 분야는 관광 마케팅 및 관광객 행동심리이며, 최근에는 지역관광개발에 관심을 갖고 관련 연구를 진행하고 있다. 이 책의 4장을 집필했다.

양성병 (경희대학교 경영학과)

서울대학교 지구환경시스템공학부를 졸업하고 KAIST에서 경영공학 박사학위를 받았다. 맥길대학교 경영대학 박사후 연구원과 한성대학교 경영학부 전임강사, 아주대학교 e-비즈니스학과 조교수를 거쳐, 현재 경희대학교 경영학과 부교수로 재직 중이다. 주요 연구분야는 스마트 투어리즘, 빅데이터 분석, 온라인 리뷰, 지식경영 등이다. 국내외 저널에 다수의 논문을 국내외 학술지에 게재했다. 이 책의 5장을 집필했다.

함주연 (경희대학교 스마트관광연구소)

고려대학교 경영학과에서 경영정보시스템으로 박사학위를 받고 현재 경희대학교 스마트관광연구소에서 연구교수로 재직 중이다. 주요 연구분야는 오픈데이터, 데이터 경제, 개방형 혁신, 스마트 관광 도시, 지식경영 등이다. 다수의 논문을 국내외 학술지에 게재했다. 이 책의 6장을 집필했다.

홍태호 (부산대학교 경영학과)

KAIST에서 경영정보시스템으로 박사학위를 받고 현재 부산대학교 경영학과 교수로 재직 중이다. 딜로이트 컨설팅에서 시니어 컨설턴트로 활동했으며, 주요 연구분야는 오피니언 마이닝, 데이터 마이닝을 이용한 고객관계관리, 비즈니스 애널리틱스 등이다. 주로 인공지능 및 정보시스템 학술지에 논문이 게재되었으며 정보시스템연구의 편집위원장을 역임했다. 이 책의 7장을 집필했다.

William Cannon Hunter (경희대학교 컨벤션경영학과)

텍사스 A & M 대학교에서 사회학, 인류학 및 문화 연구로 박사학위를 받고 경희대학교 컨벤션경영학과 교수로 재직중이다. 제주대학교에서 방문교수로 활동했다. 주요 연구분야는 관광목적지 이미지, Q 및 V를 이용하는 문화적 대표성, 주관성 및 기타 해석학적 방법론이다. 유엔기구인 ICLEI (지속가능성을 위한 지방정부) 와 협력해 아시아지격의 문화 및 관광 관련주제에 대해 강의 및 연구를 수행하고 있다. 이 책의 에필로그를 집필했다.

스마트 관광 도시 포용적 혁신의 플랫폼

초판 1쇄 발행 2019년 6월 25일
초판 2쇄 발행 2020년 9월 2일

지은이 정남호 외
펴낸이 한균태
펴낸곳 경희대학교 출판문화원
주소 서울시 동대문구 경희대로 26
전화 02-961-0106~8
팩스 02-961-0291
설립 1960년 9월 16일 제5-8호
등록 1977년 11월 8일 제6-5호
홈페이지 www.khupress.com
전자우편 press@khu.ac.kr

ISBN 978-89-8222-636-6 93320

* 이 책에 사용된 도판은 모두 저작권자의 동의를 얻어 수록된 것입니다. 일부 저작권자를 찾지 못한 도판은 확인되는 대로 통상의 사용료를 지불하겠습니다.